上海出版资金项目
Shanghai Publishing Funds

世界经济新格局·中国经济新常态论丛

姚勤华　权　衡　主编

中国企业对外直接投资与全球投资新格局

CHINESE ENTERPRISES' OFDI AND THE NEW PATTERN OF GLOBAL INVESTMENT

○○ ● 赵蓓文　等著

上海社会科学院出版社
SHANGHAI ACADEMY OF SOCIAL SCIENCES PRESS

丛书编委会

本书作者

本书是上海社会科学院创新工程“国际投资学”创新型学科的系列成果之一。它是在“中国企业对外直接投资与全球投资新格局研究”课题最终成果的基础上修改完成，是大量集体讨论形成的成果，所有课题组成员均深入讨论，相互启发，为集体成果作出了贡献。具体分工如下：

课题负责人：赵蓓文

第一章　吴雪明

第二章　张广婷

第三章　张广婷

第四章　吕文洁

第五章　吕文洁

第六章　赵蓓文

第七章　赵蓓文

第八章　贺晓琴

第九章　贺晓琴

第十章　吴雪明

赵蓓文负责对全书的统稿、删减、补充、调整和最终定稿。

目　　录

第一章　全球投资总体格局与中国的国际投资地位

通过对近一二十年外商直接投资(FDI)流入与流出有关指标的分析和各区域的国际比较,我们发现全球吸收外资与对外投资的竞争都呈现出了更加广泛、更加深入、更加复杂的特点。中国在全球投资格局中的国际投资地位经历过几轮上下波动后,目前处于稳中有升的状态。从中长期看,中国在吸引外资方面已具有一定的综合优势,十分受全球投资者和投资促进机构的青睐,同时在对外投资方面更是表现出强劲动力和巨大潜力,在全球投资格局中的地位进一步提升,向双向投资大国地位不断迈进。

第一节　金融危机以来的全球投资总体走势

2008年金融危机以来,全球吸收外资和对外投资流量都发生了较大幅度的上下波动。从2007年到2009年,全球吸收外资和对外投资分别下降了37%和48%,分别降到约1.19万亿美元和1.1万亿美元(约数,下同);之后两年均出现较大回升,达到2011年的约1.56万亿美元和1.59万亿美元,上升幅度分别为32%和44%;最近三年则又有下降趋势,2014年约分别为1.23万亿美元和1.35万亿美元,比2011年各下降了22%和15%。

一、全球吸收外资的总体走势

自2008年全球金融危机爆发以来,全球吸收外资流量出现了剧烈波动(图1-1)。在2007年全球FDI流入量达到1.87万亿美元的历史高点后,随着美国次债危机爆发并波及世界主要国家,全球FDI流入量连续两年大幅下挫,累计下降幅度达到37%，到2009年降到了1.19万亿美元。此后两年，随着各国经济刺激政策效应的逐步显现以及全球宏观经济协调的加强，全球投资者重拾信心，全球直接投资出现了大幅回升，2011年达到了1.56万亿美元，两年里累计上升了32%。不过，随着美国、欧盟、日本等主要经济体主权债务危机的不断演化，全球宏观经济的脆弱性进一步显现，各国刺激经济与鼓励投资的政策也存在诸多不确定性，使得全球直接投资的强劲反弹没能得以延续，2012—2014年总体呈下滑趋势，2014年大幅下降至1.23万亿美元，与2011年相比下降了22%。

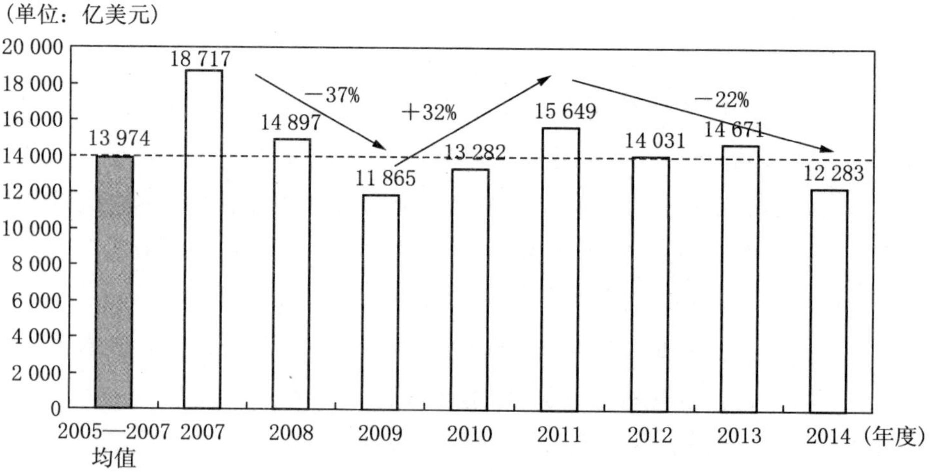

图 1-1　2007—2014 年全球吸收外资流量的总体走势

数据来源：UNCTAD, *World Investment Report 2015*。

UNCTAD在2014年底发布的《世界投资前景调查(2014—2016)》中，对164家跨国公司(TNCs)和80家投资促进机构(IPAs)进行了问卷调查，反馈的结果是，对2014—2016年全球投资环境的判断总体上持中立或比较乐观的态度，而且认为正在逐步向好(图1-2)。跨国公司和投资促进机构对于2016年投资环境持"乐观或很乐观"态度的比重分别达到了48%和87%。在综合评判这些调查结果的基础上，UNCTAD对2015—2016年的全球直接投资总体上持谨慎乐观的态度，根据《世界投资报告(2015)》，2014年全球FDI流入量为1.23万亿美元，比2013年大幅下降16.3%，但预计2015年和2016年将分别增长11.4%和8.4%，达到1.37万亿美元和1.48万亿美元。①

① UNCTAD, *World Investment Report 2015*.

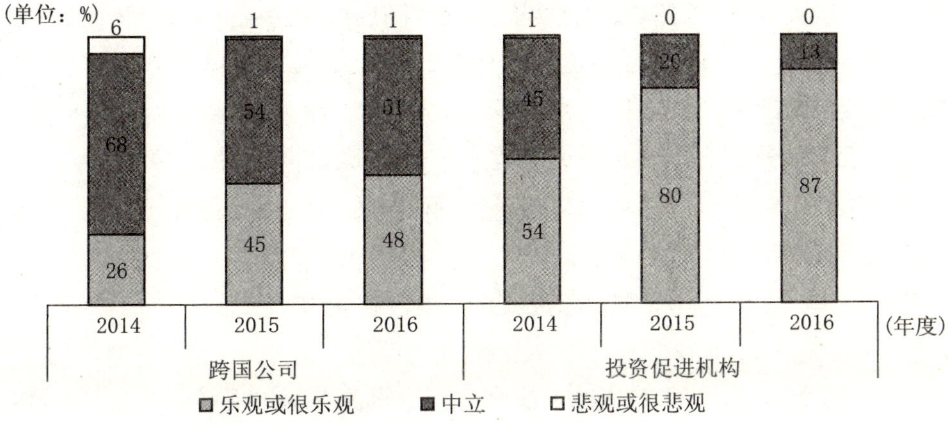

图 1-2　跨国公司和投资促进机构对 2014—2016 年全球投资环境的判断

说明：图中数据为在各自反馈问卷总数中所占的比重。
数据来源：UNCTAD，*World Investment Prospects Survey 2014—2016*，December 2014。

二、全球对外投资的总体走势

从 2007 年到 2014 年，全球对外投资流量与吸收外资流量的总体走势是一致的，但变化幅度相对而言更大一些(图 1-3)。2007 年，全球对外投资流量一度达到 2.13 万亿美元，但在全球金融危机影响下，全球对外投资在两年里大

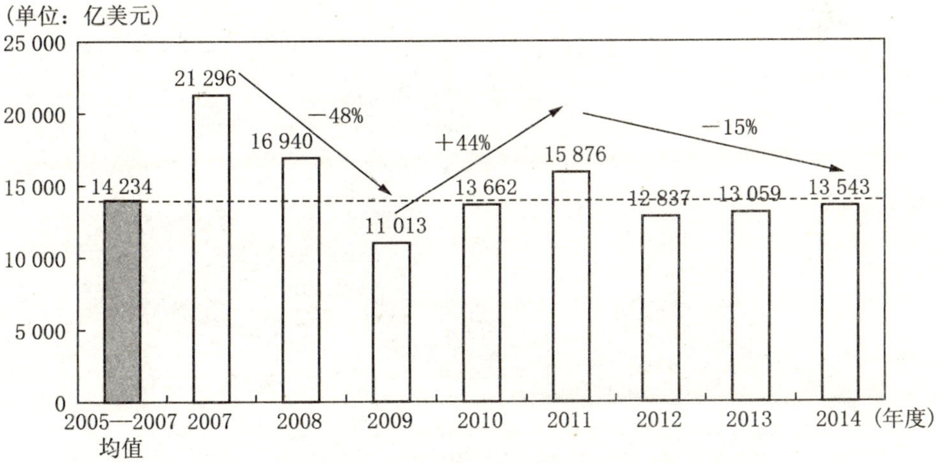

图 1-3　2007—2014 年全球对外投资流量的总体走势

数据来源：UNCTAD，*World Investment Report 2015*。

幅下挫48%，2009年下降至1.1万亿美元。随后两年的上升幅度相对而言也更大，达到44%，到2011年一度回升至1.59万亿美元。2012年，全球对外投资出现较大幅度下降，降到了1.28万亿美元，2013年和2014年都略有回升，但还是没有回升到金融危机前的平均水平。从2011年到2014年，总体下滑幅度也达到了15%，2014年全球对外投资流量为1.35万亿美元。

第二节　全球直接投资流量规模的中长期走势

从中长期走势看，全球吸收外资和对外投资流量都出现过多次大起大落，其中对全球走势起决定性影响的是发达经济体的流量变化，不过发展中经济体的影响有所上升。

一、全球吸收外资流量近20年走势分析

长期以来，在全球FDI流量中，发达经济体的表现是起决定性作用的，发达经济体FDI流入量的走势总体上决定了全球FDI流入量的基本走势。20世纪90年代中期以来，全球吸收外资流量经历过好几次大起大落，都是由欧美主要发达国家引领或导致的，不过发展中经济体的份额与作用正在逐步提升(图1-4)。

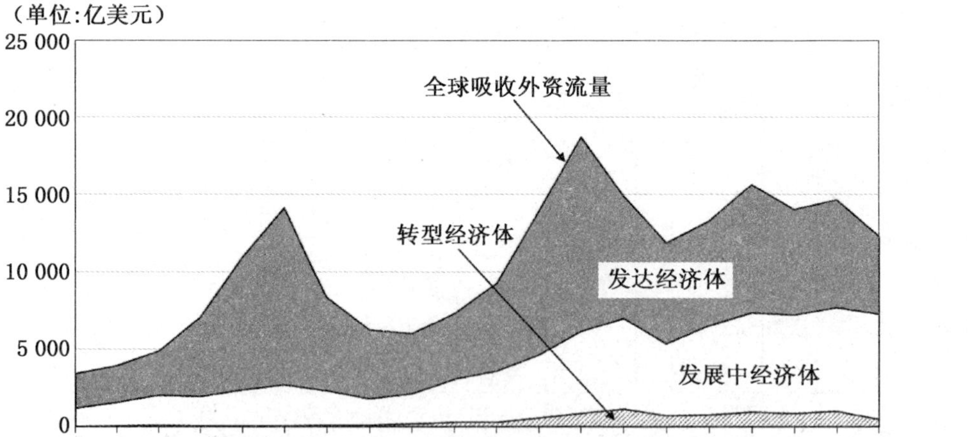

图1-4　1995—2014年全球吸收外资流量走势及其构成

数据来源：UNCTAD, *World Investment Report 2015*。

全球吸收外资流量的第一次大起大落是发生在 2000 年前后。由于信息技术的大发展，在欧美新经济带动下，发达经济体投资规模急剧攀升，吸收外资流量从 1995 年的 2 224.8 亿美元大幅上升至 2000 年的 1.14 万亿美元，是 1995 年的 5.1 倍。在发达经济体的强力拉升下，全球吸收外资流量在 2000 年也达到了一个历史高峰，达 1.4 万亿美元，是 1995 年的 4.1 倍。不过，进入 21 世纪后，由于发达国家对于 IT 产业特别是互联网技术的过度投资，互联网泡沫的破灭带来了 IT 企业的倒闭潮，从而也引发了发达经济体吸收外资水平的急剧萎缩，从 2000 年的 1.14 万亿美元直线下降至 2003 年的 3 768.1 亿美元，大幅缩水 67%。全球吸收外资流量从 2000 年的 1.4 万亿美元急剧下降至 2003 年的 5 869.6 亿美元，大幅缩水 58.1%。

第二次大起大落是发生在 2007—2009 年。从 2003 年开始，主要发达国家以宽松的财政与货币政策，推动全球金融产业、房地产业等实现空前发展，加上一批新兴国家在经济全球化浪潮中抓住了国际产业转移等机遇走上了快速发展与崛起之路，刺激了全球 FDI 的新一轮扩张浪潮。从 2003 年到 2007 年短短五年时间里，全球吸收外资流量从 6 000 亿美元左右的低谷疯狂上升至 2007 年最高峰时的 1.87 万亿美元，大幅增长了 211.3%。其中，发达经济体贡献了主要增量，从 2003 年的 3 875 亿美元急剧上升到 2007 年的 1.25 万亿美元，大幅增长了 223.8%。在这五年时间里，发展中经济体的 FDI 流入量增长幅度也相当大，从 2003 年的 1 937.5 亿美元上升至 2007 年的 5 285.4 亿美元，增长幅度也达到了 172.8%，不过从增量规模上还是比发达经济体小了很多。在 2007 年美国次债危机的触发下，一场规模空前的全球金融危机席卷了世界各国，全球直接投资随之受到重创，从 2007 年的历史高峰，大幅下降 136.6% 至 2009 年的 1.19 万亿美元。其中，发达经济体下降幅度更大，高达 148%，从 2007 年的 1.25 万亿美元大幅下降至 2009 年的 6 523 亿美元。

最近一次，是 2010—2011 年较为强劲的回升后于 2012—2014 年又出现一定幅度的回调。虽然算不上大起大落，但其幅度也不小，全球 FDI 流入量在过去这三年里就下降了 21.5%，这主要是由发达经济体的大幅下降造成的，发达经济体 FDI 流入量从 2011 年的 8 284.5 亿美元下降至 2014 年的 4 987.8 亿美元，总体降幅达到了 39.8%。所幸的是，在这次波动中，发展中经济体的表现相对稳定，在 2010—2011 年大幅上涨后，2014 年与 2011 年相比还略增

6.6%，对全球吸收外资流量有一定的增量贡献。

二、全球对外投资流量近 20 年走势分析

与全球吸收外资流量的中长期走势相比，最近 20 年来，全球对外投资流量也经历了多次大起大落，而且 2007 年前后这一波起落幅度相对更大，发达经济体对全球对外投资中长期走势变化的影响也更大，不过发展中经济体的影响也在增加，对于稳定全球对外投资的波动方面起了积极作用（图 1-5）。1995 年全球对外投资流量约为 3 566.5 亿美元，到 2000 年大幅增长了 2.3 倍，达到 1.17 万亿美元，这主要是由发达经济体对外投资的扩张引领的，当时发展中经济体和转型经济体的对外投资流量还很小。此后，由于互联网泡沫的破灭，从 2000 年到 2002 年，发达经济体和发展中经济体的对外投资流量均下降了一半以上，全球对外投资流量下降到了不到 5 000 亿美元，下降幅度达到 58%。从 2002 年到 2007 年，跨国公司在全球的投资再度膨胀，特别是全球并购投资发展迅猛，全球对外投资流量从 2002 年的 4 914 亿美元一度上升到 2007 年的 2.13 万亿美元，大幅增长了 3.3 倍。其中发达经济体贡献了全球对外投资增量的主要部分，但发展中经济体的增长幅度更大，从 366 亿美元猛增

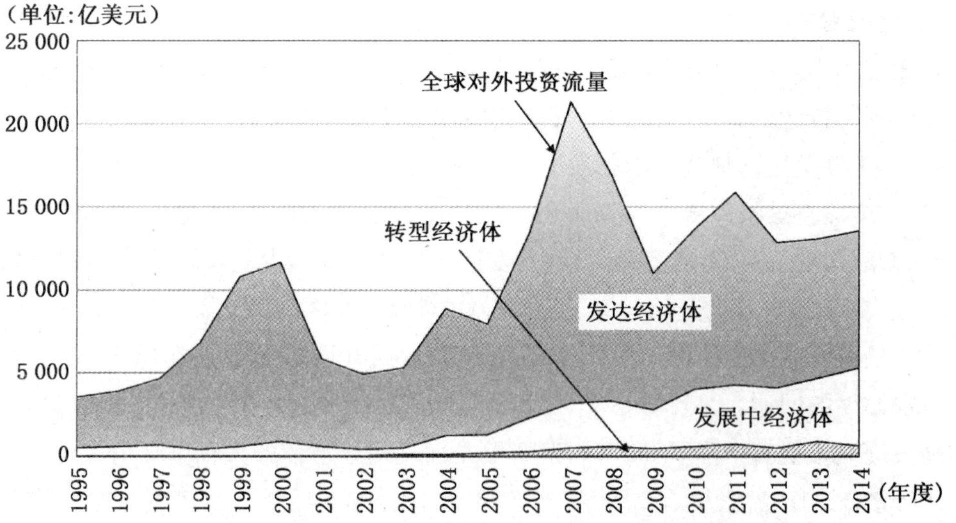

图 1-5　1995—2014 年全球对外投资流量走势及其构成

数据来源：UNCTAD，*World Investment Report 2015*。

至 2 696 亿美元，增幅高达 6.4 倍。自 2007 年以来的这段时期，全球对外投资流量是先大幅下降 48%，降至 2009 年的 1.1 万亿美元，后面两年又增长 44%，回升至 2011 年的 1.59 万亿美元，但并不稳定。2012 年再度下降近 20%，回调至 1.28 万亿美元。最近两年，虽然发达经济体的对外直接投资流量持续下滑，但由于发展中国家保持了对外投资的上升势头，全球对外投资流量保持了小幅增长，2014 年为 1.35 万亿美元。

第三节　全球直接投资的总体格局发生重要变化

进入 21 世纪以来，发展中经济体吸收外资和对外投资都在快速增长，在全球投资格局中的份额和地位正在大幅提升，特别是吸收外资流量的全球份额已开始超越发达经济体，而且对外投资流量的增长势头比较强劲，对外投资潜力非常大。在发展中经济体中，无论是吸收外资还是对外投资，中国的表现都是最引人注目的，是引发全球直接投资总体格局发生重要变化的主要因素。

一、吸收外资的全球格局分析

在 2008 年金融危机的深刻影响下，尽管发达经济体 FDI 流量变化趋势很大程度上还决定着全球 FDI 流量的走势，但全球直接投资的总体格局正在发生重大变化，发展中经济体的份额与影响正在赶上甚至超过发达经济体。

（一）发达经济体与发展中经济体的整体比较

如图 1-6 所示，发达经济体在全球直接投资格局中长期处于优势，其所占比重大部分时候大大超过 50%，有不少年份都在 80%以上。不过，从发达经济体与发展中经济体占全球 FDI 流入量的比重的总体趋势看，在最近 30 多年来，两者在上下大幅波动中逐步趋近。特别是最近这次金融危机，对发达经济体的引资水平造成了重创，发展中经济体的引资也受到很大冲击，但相比之下影响较小，而且部分新兴国家在危机中还把握了一些新的投资机遇。因此，全球吸收外商直接投资流量的总体格局正在发生重要变化。

从图 1-6 中可以看出，自 2007 年以来，发展中经济体吸收外资流量的全球份额正在迅速上升，从 2007 年的 28.2%大幅上升至 2010 年 43.7%；同期发达经济体的比重从 67.1%急剧下降到 50.7%，第一次跌落到 51%以下。2011 年

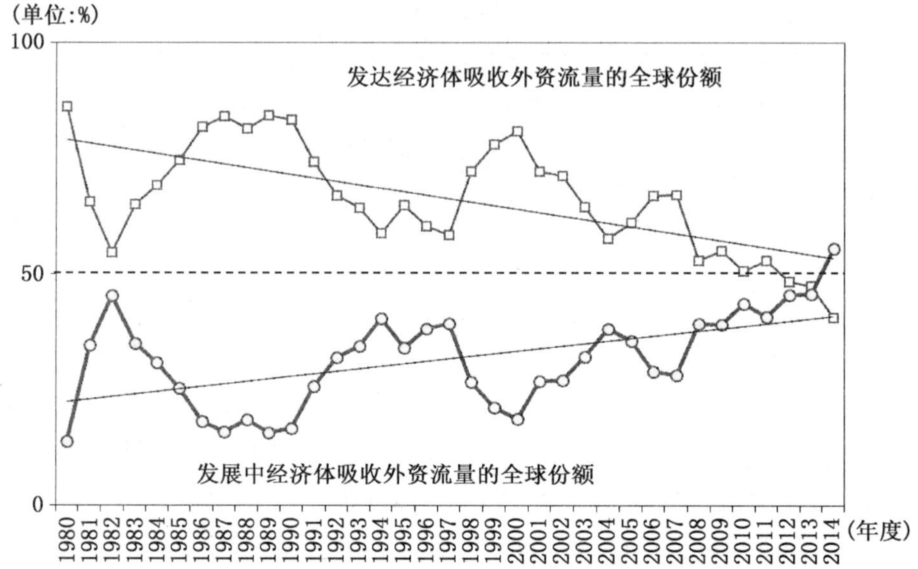

图 1-6　1980—2014 年发达经济体与发展中经济体吸收外资流量全球份额对比

数据来源:UNCTAD，FDI 数据库,2015 年 6 月更新。

发达经济体吸收外资流量的比重有所上升,不过最近三年再次持续降低,全球份额已大幅下降至 2014 年的 40.6%,而发展中经济体所占比重在 2011 年略为下降后,于 2014 年突破 50%,达到了 55.5%,高出发达经济体所占比重 15 个百分点。

而且我们注意到,在发展中经济体中,亚洲、非洲和拉丁美洲在吸收外资方面都有良好表现,特别是非洲和拉丁美洲对 FDI 的吸引力正在提升,在 2012 年全球直接投资普遍下降之际,还分别实现了 5.5%和 7.2%的增长。从未来趋势看,随着发展中经济体此起彼伏的崛起与快速发展,特别是部分新兴经济体对外投资能力的逐步提升,在南南投资的扩张带动下,发展中经济体在全球直接投资格局中的地位还会进一步提升,对全球吸收外资走势的影响还会进一步显现。

(二) 全球吸收外资流量的区域格局

下面我们就重点对比看一下不同区域的发展中经济体在吸收外资流量方面的表现(图 1-7)。

2001—2008 年,亚洲、非洲、拉丁美洲发展中经济体吸收外资流量总体上

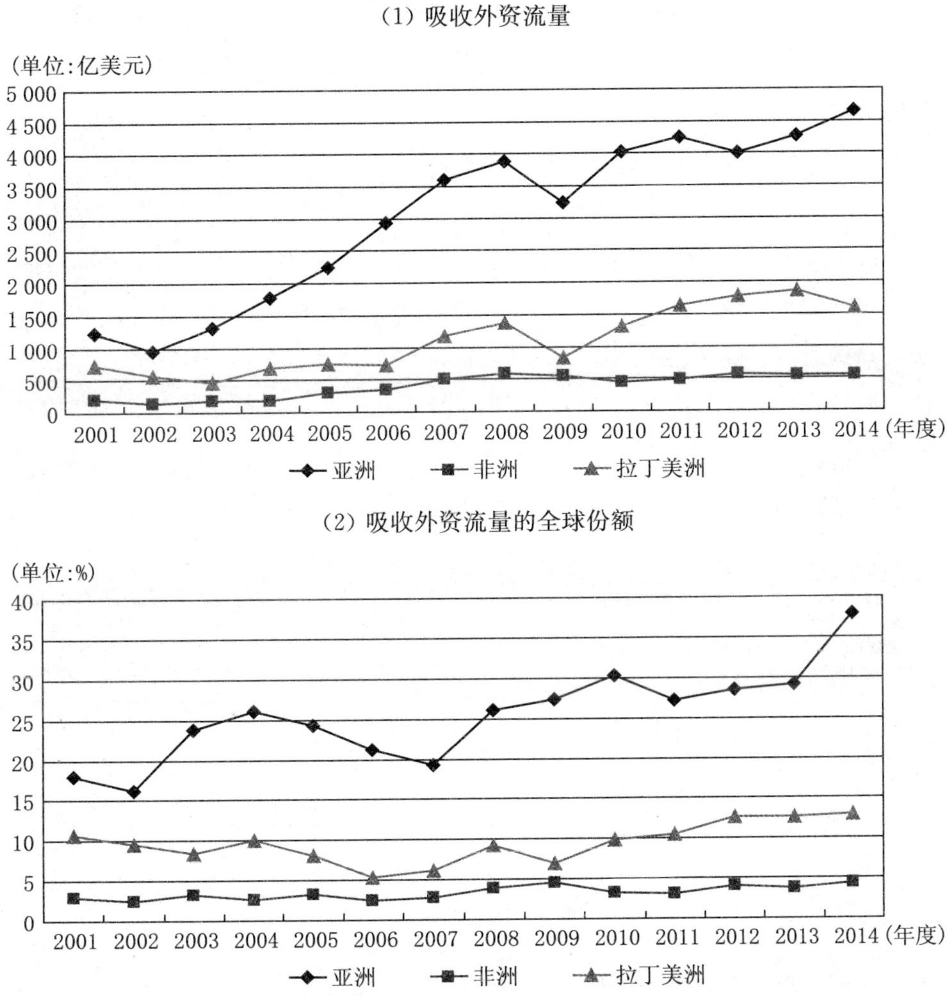

图 1-7　亚洲、非洲和拉丁美洲发展中经济体吸收外资流量走势

数据来源:UNCTAD, *World Investment Report 2015*。

呈持续上升趋势,2008 年分别达到 3 878 亿美元、578 亿美元和 1 377 亿美元。在危机冲击下,2009 年这几个区域的 FDI 流入量分别出现不同幅度的下降,分别下降到 3 238 亿美元、543 亿美元和 835 亿美元,总体降幅不大。2010 年以来,亚洲和拉丁美洲的 FDI 流入量再次呈现较为强劲的增长势头,2014 年分别达到了 4 653 亿美元和 1 594 亿美元,比 2009 年分别增长了 44%和 91%,非洲近几年则基本保持在 540 亿美元上下的水平。从占全球 FDI 流入量的比重看，亚洲和拉丁美洲发展中经济体的上升势头十分突出，分别从2007年的19.3%和6.2%上升到了2014年的37.9%和13%。2014年非洲吸收外资的全球份额约为4.4%。

（三）发展中经济体吸引外资指数分析

UNCTAD在《世界投资报告（2001）》中开始引入FDI吸引力指数（Inward FDI Attraction Index），用以衡量各国吸引外商直接投资的成功程度。①与十年前相比，有不少发展中经济体和转型经济体的FDI吸引力指数排名大幅提升，有部分还进入了前十（表1-1）。从2001年到2011年，进入FDI吸引力指数排名前十位的发展中经济体和转型经济体总体上有所增加。2011年，FDI吸引力指数排名前十位的经济体分别是中国香港、比利时、新加坡、卢森堡、爱尔兰、智利、哈萨克斯坦、蒙古、土库曼斯坦和黎巴嫩。

表1-1　若干年份FDI吸引力指数排名前十的经济体

排名	2001年	2003年	2005年	2007年	2009年	2011年
1	中国香港	爱尔兰	中国香港	中国香港	比利时	中国香港
2	荷　兰	新加坡	新加坡	新加坡	中国香港	比利时
3	瑞　典	比利时	比利时	比利时	新加坡	新加坡
4	新加坡	荷　兰	卢森堡	保加利亚	保加利亚	卢森堡
5	爱尔兰	中国香港	阿塞拜疆	荷　兰	哈萨克斯坦	爱尔兰
6	丹　麦	卢森堡	保加利亚	冰　岛	沙特阿拉伯	智　利
7	英　国	安哥拉	黎巴嫩	英　国	荷　兰	哈萨克斯坦
8	安哥拉	斯洛伐克	智　利	约　旦	智　利	蒙　古
9	捷　克	捷　克	荷　兰	埃　及	黎巴嫩	土库曼斯坦
10	智　利	哈萨克斯坦	罗马尼亚	刚　果	越　南	黎巴嫩

数据来源：UNCTAD, *World Investment Report 2012*。

① 在《世界投资报告（2001）》中，UNCTAD用一个国家在世界FDI流入量中所占份额除以该国在三个总量指标（GDP、就业和出口）中的全球份额得到的三个比率的加权平均来计算FDI吸引力指数。在《世界投资报告（2002）》中，UNCTAD对该指标进行了简化，用一国FDI流量占全球FDI流量的比重与其GDP占全球GDP比重的比率来衡量，该指标的排名则对该数据进行三年移动平均处理后在选定的样本国家中进行排名，2002年报告的样本国家为140个，2012年报告的样本国家已扩展到182个国家。

我们注意到，在最近十多年时间里，有一大批发展中经济体和转型经济体的 FDI 吸引力指数排名实现了大幅提升。2001 年以来该指标排名上升幅度最大的十个经济体分别是尼日尔、沙特阿拉伯、刚果(金)、伊拉克、印度尼西亚、利比亚、加纳、几内亚、土库曼斯坦和马达加斯加，排名上升幅度差不多都超过了 100 位(表 1-2)。

表 1-2 FDI 吸引力指数排名上升幅度最大的十个经济体(2001—2011 年)

排名上升	经济体	2001年	2002年	2003年	2004年	2005年	2006年	2007年	2008年	2009年	2010年	2011年
133	尼日尔	158	159	169	168	167	165	164	140	79	42	25
131	沙特阿拉伯	143	141	138	131	67	42	35	18	6	6	12
130	刚果(金)	145	134	94	65	89	127	56	32	25	13	15
119	伊拉克	170	177	112	95	69	132	120	102	47	45	51
105	印度尼西亚	177	181	181	146	106	101	104	113	116	90	72
105	利比亚	173	158	161	150	134	110	80	77	46	57	68
102	加纳	118	140	145	152	153	145	130	123	91	40	16
102	几内亚	153	162	147	144	138	130	109	98	102	118	51
102	土库曼斯坦	111	108	112	113	116	94	106	89	17	9	9
98	马达加斯加	132	135	141	147	149	130	95	44	31	30	34

数据来源：UNCTAD, *World Investment Report 2012*。

另外，如果将 FDI 吸引力指数与 UNCTAD 另一个指标 FDI 潜力指数(FDI Potential Index)进行对比，我们可以发现，包括阿尔巴尼亚、柬埔寨、马达加斯加和蒙古等在内的一批发展中经济体和转型经济体通过改善国内投资环境、推行投资激励措施等设法吸引了比预期更多的外商直接投资。而其他一些经济体(如阿根廷、菲律宾、斯洛文尼亚和南非等)吸收的 FDI 则低于其国内经济发展所体现的引资潜力。

总体上看，随着越来越多的发展中经济体和转型经济体更深层次地融入到经济全球化中，以及这些国家投资环境、基础设施和引资政策等的不断改善；同时，由于世界经济复苏步伐较慢、欧美主要经济体的对外投资能力尚未完全恢复,全球在吸收 FDI 方面的竞争也就显得更为激烈。

(四) 金砖国家在吸收外资方面的竞争与合作

UNCTAD 于 2013 年 3 月发布的特别报告指出,金砖国家(BRICS)在发展中经济体超越发达经济体成为吸收全球 FDI 的主体方面发挥了重要推动作用。①1998—2012 年以来金砖国家吸收 FDI 的综合表现如图 1-8 所示。

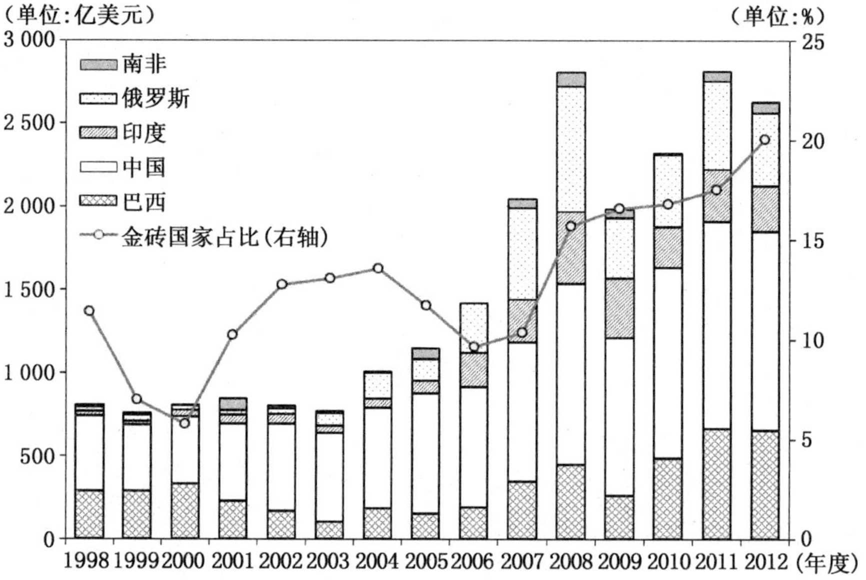

图 1-8 金砖国家吸收 FDI 水平及占全球 FDI 流入量比重(1998—2012)

数据来源:UNCTAD, *Global Investment Trends Monitor* (Special Edition), 25 March 2013。

第一,从 2003 年到 2008 年,金砖国家 FDI 流入量大幅增长,从 766.6 亿美元急剧攀升至 2 808 亿美元,其中中国与俄罗斯的贡献最为突出,分别从 2003 年的 535 亿美元和 79.6 亿美元大幅上升到 2008 年的 1 083 亿美元和 750 亿美元,两国的 FDI 流入量增量贡献了金砖国家增量的 60%左右。

第二,2008 年金融危机爆发后,金砖国家的 FDI 流入量虽然也受到很大冲击,不过恢复相对较快。在 2009 年大幅下挫 30%后,2010 年和 2011 年分别较上年上升了 17%和 21%,于 2011 年恢复到了峰值水平,达到 2 810 亿美元,略超过 2008 年的水平。自 2000 年以来,特别是在这次危机之后,金砖国

① UNCTAD, *Global Investment Trends Monitor* (Special Edition), 25 March 2013.

家的国际投资地位进一步凸显，其 FDI 流入总量占全球的比重从 2000 年的 5.8%上升到 2012 年的 20.1%，增长了近 2.5 倍。随着金砖国家 FDI 流入流量的大幅增长，其 FDI 流入的存量规模也越来越大，目前大约占全球 FDI 存量的 11%左右。

第三，从金砖国家的内部结构看，2012 年，中国吸收 FDI 占金砖国家的 45.5%，随后是巴西、俄罗斯、印度和南非，分别占 24.8%、16.8%、10.4%和 2.4%。不过从五个国家占比的长期趋势上看(图 1-9)，金砖国家吸收 FDI 水平近年来呈现出趋同的趋势。1998—2000 年，中国和巴西 FDI 流入量之和占金砖国家 FDI 总量的比重均超过 90%，其他三个国家所占比重很小。从 2000 年到 2003 年，中国所占比重持续攀升，一度占到了近金砖国家总量 70%，此后几年俄罗斯和印度吸收 FDI 水平开始提速，在金砖国家中的比重开始明显上升，打破了中国在吸引 FDI 方面的绝对优势地位。到 2008 年，中国在金砖国家中的占比急剧下降到了 40%以下。2009 年以来，中国在金砖国家中的 FDI 份额总体上较为稳定，接近于金砖国家总量的一半，而巴西、俄罗斯和印度的水平比较接近，在金砖国家中的 FDI 份额此起彼伏、互相交替。南非所占比重近两年也略有上升，不过与其他四个国家相比，规模还较小。

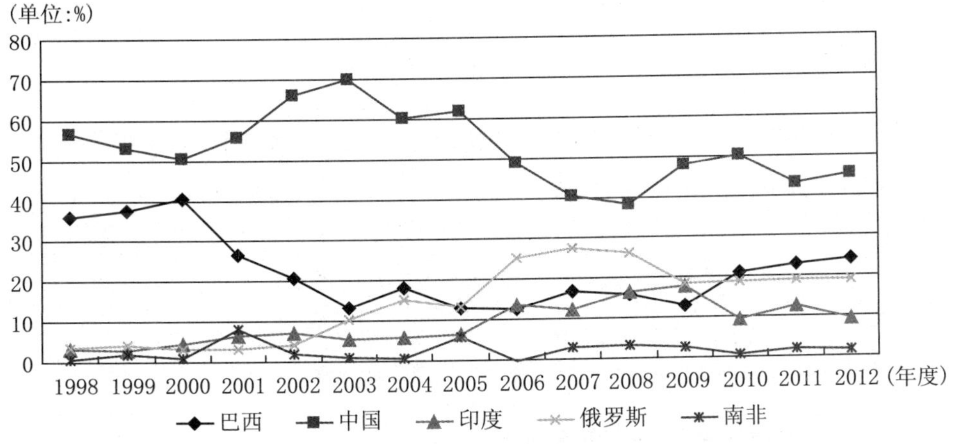

图 1-9　1998—2012 年金砖五国吸收外资占比变化

数据来源：UNCTAD, *Global Investment Trends Monitor* (Special Edition), 25 March 2013。

第四,金砖国家内部的相互投资与合作有了一定程度的提升,不过目前规模还较小,合作潜力有待进一步开发(表1-3)。金砖国家双边投资存量从2003年的2.6亿美元大幅上升到了2011年的286亿美元,增长幅度高达百倍。金砖国家双边直接投资存量合计占金砖国家FDI存量总量的比重从2003年的0.1%上升到了2011年的2.5%。从国别来看,南非对于其他金砖国家的直接投资规模与比重都是最高的,2011年其对另外四个国家的直接投资存量达到了154亿美元,占其对外直接投资存量总量的1/5左右。中国对其他金砖国家的直接投资存量规模也较大,达到了95.5亿美元,其中大部分投资在了南非和俄罗斯,分别为40.6亿美元和37.6亿美元,分别是中国对外直接投资存量的第八大和第九大接受国。中国在这两个国家的直接投资以服务业为主。巴西对其他金砖国家的直接投资规模最小,到2011年存量规模仅为5亿美元,大部分是在中国的专业服务业投资。印度与俄罗斯之间的相互投资规模较大,占到了各自对其他金砖国家投资存量规模的3/4以上。

表1-3 金砖国家相互间直接投资存量规模及占比(2011年)

(单位:百万美元)

FDI来源地	FDI目的地							占比(%)
	金砖国家	巴　西	中　国	印　度	俄罗斯	南　非	世界其他地区	
金砖国家	28 599.5	1 222.4	13 570.8	1 795.6	7 671.5	4 339.1	130 238	2.5%
巴　西	514.1	—	447.5	15.8	0.1	50.7	202 586	0.3%
中　国	9 552.5	1 071.8	—	657.4	3 763.6	4 059.7	424 781	2.2%
印　度	1 987.1	73.9	228.7	—	1 490.4	194.1	62 600	3.2%
俄罗斯	1 139.9	—	123.1	982.3	—	34.5	361 738	0.3%
南　非	15 405.8	76.8	12 771.5	140.1	2 417.4	—	78 533	19.6%

数据来源:UNCTAD, *Global Investment Trends Monitor* (Special Edition), 25 March 2013。

二、对外投资的全球格局分析

全球对外投资流量的总体格局变化没有吸收外资流量的变化那么大,发达经济体在全球对外投资流量中仍占据大头,2014年仍超过60%。但从变化趋势看则基本相似，发展中经济体在全球对外投资流量中的比重越来越大，特别是最近几年呈直线上升趋势。

(一) 发达经济体与发展中经济体对外投资流量的整体比较

从图 1-10 可以看出，在 20 世纪 90 年代前，全球对外直接投资流量的 94%左右都是发达经济体的，发展中经济体对外投资流量份额仅为 5%左右。在 20 世纪 90 年代，发展中经济体的对外投资有过一次比较强劲的增长，对外投资流量一度从 1991 年的 111.3 亿美元增长到了 1997 年的 652.9 亿美元，占全球总量的比重从 5.6%上升到 14%。但是受到 1997 年亚洲金融危机的冲击和影响，发展中经济体对外投资流量份额在 1999 年曾一度回落至 5.2%。进入 21 世纪以来，在中国等新兴经济体对外投资快速发展的带动下，发展中经济体的对外投资流量开始快速增长，占全球总量的比重从 1999 年的 5.2%大幅上升至 2014 年的 34.6%。

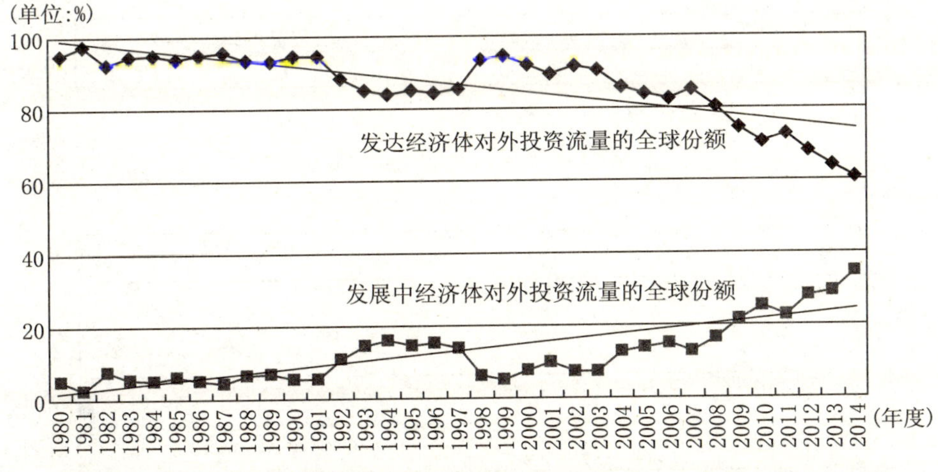

图 1-10　1980—2014 年发达经济体与发展中经济体对外投资流量全球份额对比

数据来源：UNCTAD, FDI 数据库，2015 年 6 月更新。

(二) 全球对外投资流量的区域格局分析

对于发展中经济体近几年的强劲增长势头，我们还可以细分一下，看一下几个主要区域的流量与份额的基本走势。从图 1-11 可以看出，在对外投资流量的区域分布上，亚洲发展中经济体的地位显得特别突出。2001—2014 年，拉丁美洲和非洲发展中经济体的对外投资流量有增有减，但总体规模较小，年平均分别为 250 亿美元和 70 亿美元。而亚洲发展中经济体的对外投资流量在最近这十年里增长非常快，从 2002 年的 310 亿美元大幅增长至 2014 年的 4 316 亿美元，增长了近 13 倍，占全球对外投资流量的比重从 2002 年的 6.3% 迅速上升到 2014 年的 31.9%。

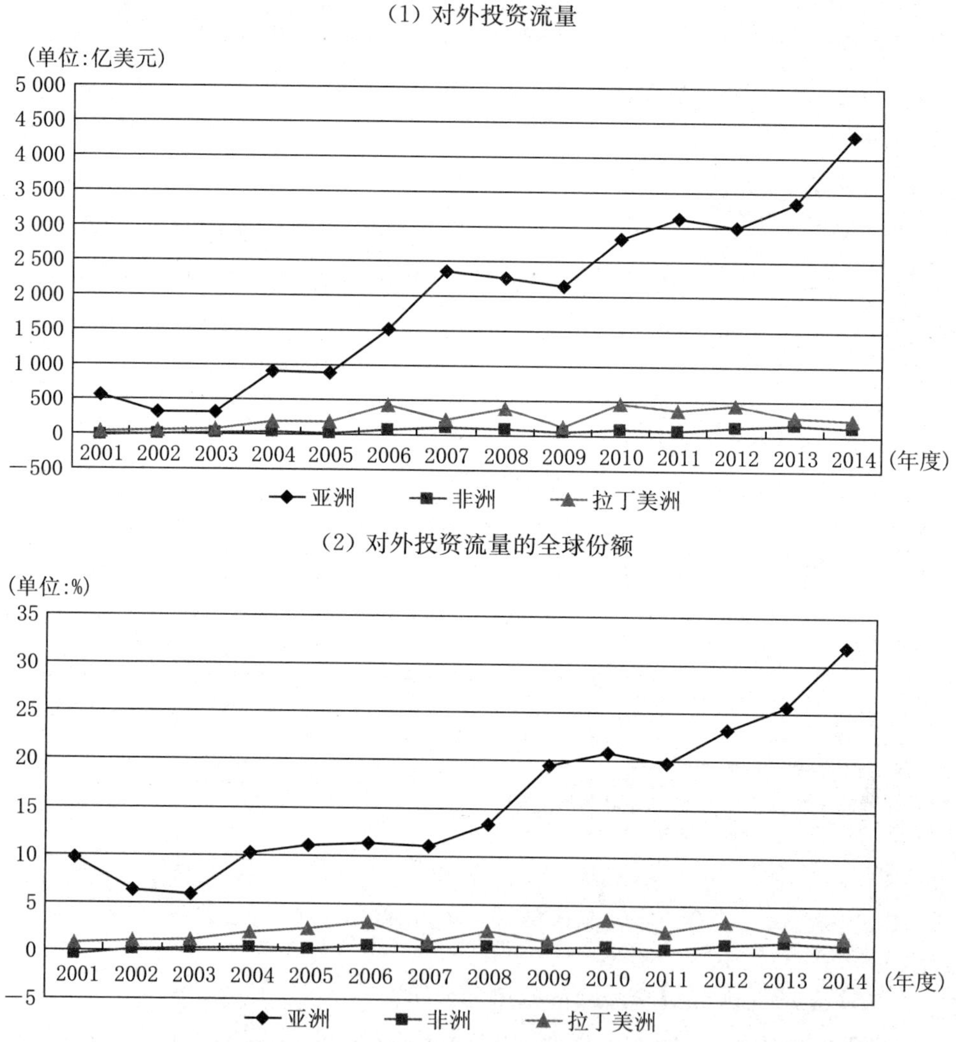

图 1-11　2001—2014 年亚洲、非洲和拉丁美洲发展中经济体对外投资流量走势

数据来源：UNCTAD, *World Investment Report 2015*。

第四节　中国在全球投资格局中的地位与潜力

自改革开放以来，特别是在中国加入世界贸易组织之后，中国吸收外资和对外投资的能力与水平都不断提升，从总量和占全球份额等指标来衡量，中国已逐步成长为双向投资大国，其表现十分引人注目，成为引起全球投资格局发生巨大变化的最重要变量。

一、中国吸收外资的地位与潜力

改革开放以来，中国比其他大部分发展中经济体和转型经济体较早开始在外商直接投资领域推行优惠政策与鼓励措施，中国在全球投资格局中的地位经历了先升后降然后再逐步巩固的过程（图 1-12）。

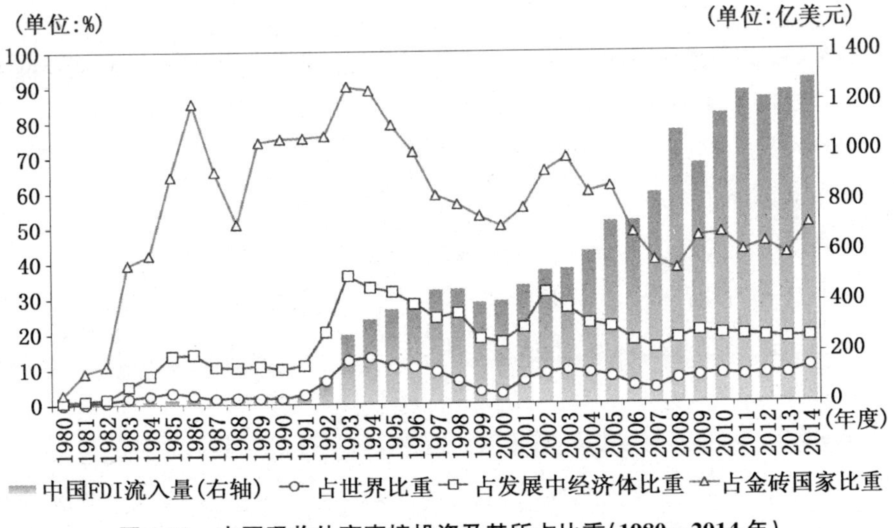

图 1-12　中国吸收外商直接投资及其所占比重（1980—2014 年）

数据来源：UNCTAD, *World Investment Report 2015*。

进入 20 世纪 90 年代后，在中国国内市场的开放效应和外资优惠政策的推动下，中国 FDI 流入量进入了一个快速增长通道，从 1980 年不到 1 亿美元，大幅增长到 90 年代中期近 400 亿美元，中国吸收外资流量的比重也大幅提高，1993 年占发展中经济体和金砖五国的比重分别达到了 36%和 90%，1994 年占全球 FDI 流入量的比重达到了 13.2%。

从 1993 年到 2000 年，中国 FDI 流入量稳步增长，不过在这段时间里，包括其他四个金砖国家在内的一批发展中经济体都推出了各种引资政策，吸收 FDI 金额的增长幅度超过了中国，中国的国际投资份额持续下跌，占金砖国家的比重从最高点的 90%直线下降到 2000 年的 50%左右，占发展中经济体的比重从最高点的 36.3%大幅下降到 2000 年的 17.5%，占世界总量的比重也从最高点的 13.2%下降到 2000 年的 2.9%。

进入 21 世纪以来，以加入世界贸易组织为标志，中国从政策性开放向体制性开放过渡，中国获得引资竞争新优势，中国 FDI 流入量占金砖国家、发展中经济体和世界总量的比重又有过一波较大幅度的提升，分别上升到了 69.8%(2003 年)、31.6%(2002 年)和 9.7%(2003 年)的相对高点。不过总体上看已不再是“风景这边独好”，全球吸收外资竞争的广度和深度都大大提高，中国吸收 FDI 的份额此后又有过一次比较大幅度的下滑，中国 FDI 流入量占金砖国家、发展中经济体和世界总量的比重一度曾下跌到 38.1%(2008 年)、15.8%(2007 年)和 4.5%(2007 年)。

在 2008 年金融危机中，中国在国内市场、投资环境、基础条件和宏观经济等方面还是表现出了吸引 FDI 流入的中长期竞争优势，相比之下 FDI 流入量的波动幅度明显小于其他经济大国，因此中国吸收 FDI 的份额在危机后也呈现了稳中有升的良好势头，2009—2014 年中国 FDI 流入量占金砖国家、发展中经济体和世界总量的比重平均达到 46.3%、19.3%和 8.7%，其国际投资地位总体上得到了巩固。

据科尔尼咨询公司(A.T.Kearney)2012 年发布的报告，中国在其 FDI 信心指数排行中自 2002 年以来就一直位居榜首，而且 2012 年的得分优势依然比较突出(图 1-13)。①印度、巴西的表现也相当不错，在 2012 年调查和评估中超过了美国，分别排在了第二位和第三位。

另外，根据 UNCTAD 对全球 140 多个经济体 FDI 吸引力指数和潜力指数的综合评估与排名，中国的 FDI 吸引力指数与 FDI 潜力指数的排名均处于

① A.T.Kearney, *Cautious Investors Feed a Tentative Recovery*, 2012.

第一梯队，吸收 FDI 的潜力与空间仍然很大。[①]根据联合国贸发会议对全球主要跨国公司的调查结果显示，中国仍是跨国企业在未来两年全球投资的首选地。如图 1-14 显示，2014—2016 年最受跨国公司青睐的投资目的地依次是中国、美国、印度尼西亚、印度、巴西、德国、英国、泰国、越南、俄罗斯、澳大利亚、法国、波兰、墨西哥、马来西亚、日本和新加坡，而且中国的优势仍十分显著。

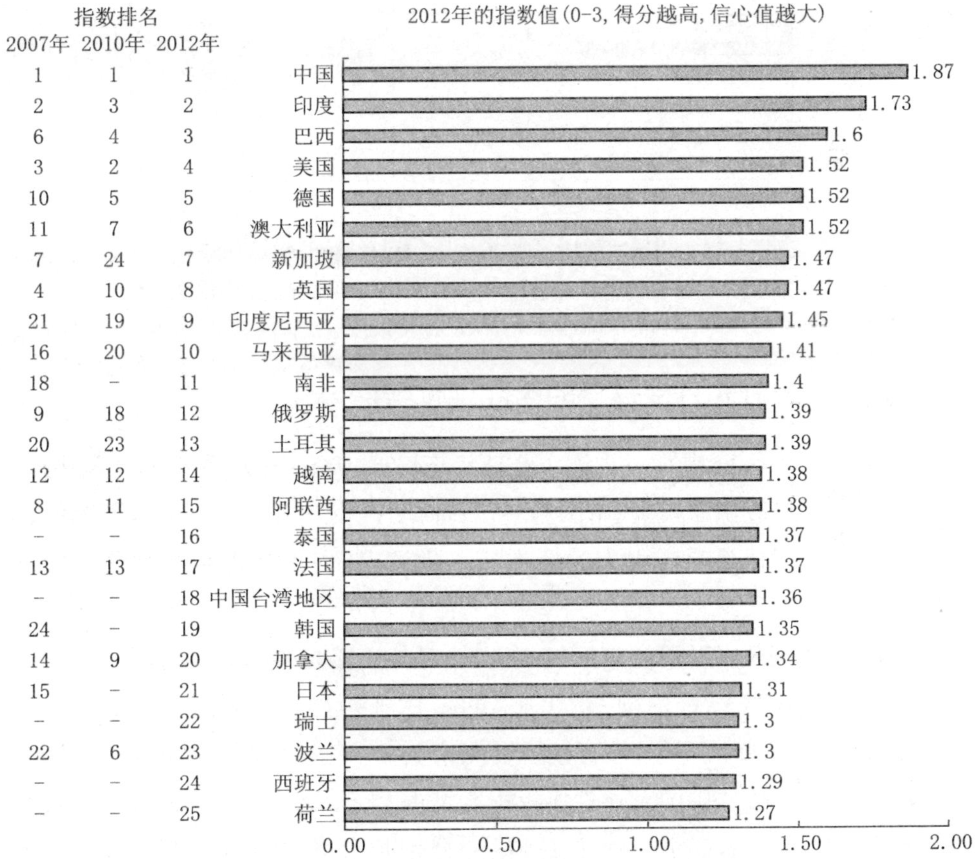

图 1-13　2012 年主要国家/地区 FDI 信心指数排行

数据来源：*A.T.Kearney Foreign Direct Investment Confidence Index*，2012。

---

① UNCTAD 对所有样本国家（地区）的 FDI 吸引力指数和潜力指数分别进行排名，并按照四等分，分成四个梯队，每个梯队有 43—44 个国家（地区）。

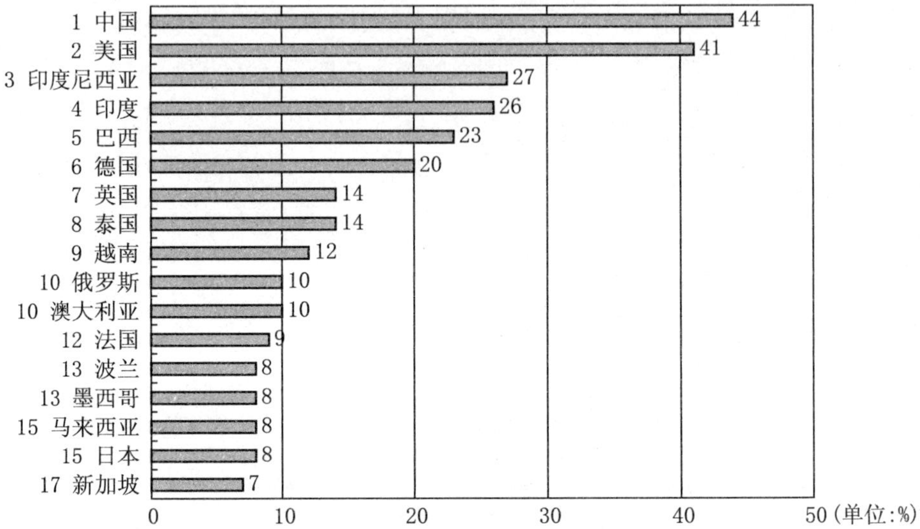

图 1-14　2014—2016 年最受跨国公司青睐的投资目的地

说明:图中柱状图数据表示将该经济体作为首选投资目的地的受访对象比例。

数据来源:UNCTAD, *World Investment Prospects Survey 2014—2016*, December 2014。

二、中国对外直接投资的国际地位与潜力

2008 年以来,金融危机重塑了全球经济格局。对于全球资本来说,中国最大的魅力,已经逐渐从投资“中国制造”,转向了投资“中国消费”。但更大的转变还在于,中国从最具吸引力的资本流入大国,转向了几乎对等的资本输出大国。

在 20 世纪 80 年代和 90 年代,中国的对外直接投资规模一直很小。2001 年中国加入 WTO 后,中国“走出去”的步伐开始加快。如图 1-15 所示,从 2002 年到 2014 年,中国对外直接投资流量从 25 亿美元激增至 1160 亿美元,大幅增长了 45 倍。中国对外直接投资流量占金砖国家、发展中经济体以及全球总量的比重基本都呈持续上升趋势,分别从 2002 年的 25.6%、6.9%和 0.5%大幅上升至 2014 年的 62.5%、24.8%和 8.6%。

根据联合国贸发会议对投资促进机构(IPA)的调查,总体上发达经济体还是全球对外直接投资的主要来源地,不过金砖国家、韩国、阿联酋和土耳其等也被认为是越来越重要的投资来源地。从调查结果来看,未来三年,美国和中国被认为是最有潜力的两大对外投资国,受访的投资促进机构中,分别有 62%

和57%选择了美国和中国作为最主要的投资来源地(图1-16)。

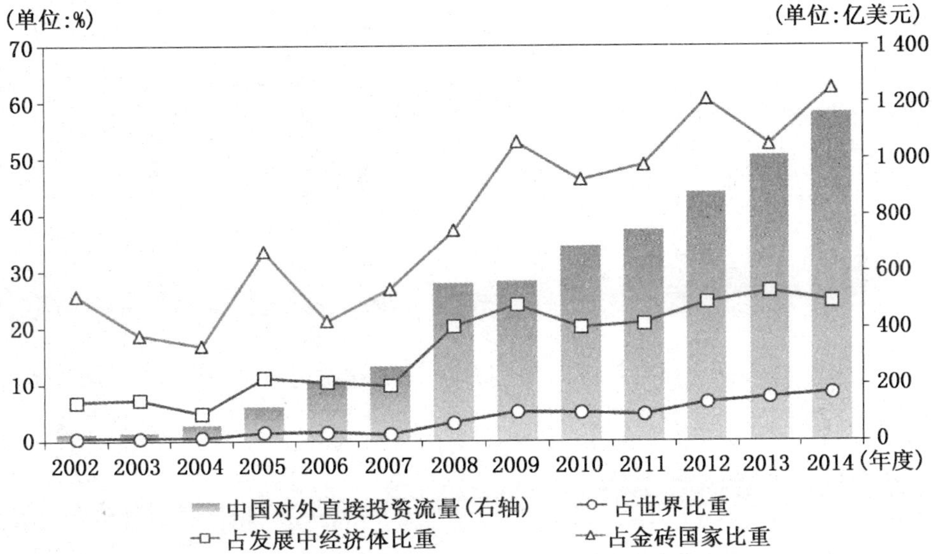

图1-15　中国对外直接投资及其所占比重(2002—2014年)

数据来源:UNCTAD, *World Investment Report 2015*。

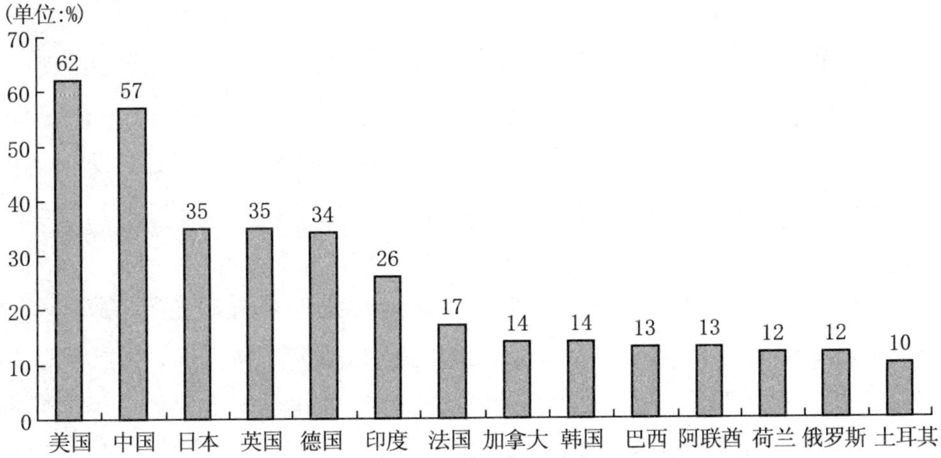

图1-16　对2014—2016年对外直接投资主要来源地调查结果

说明:图中数据表示将该经济体选作对外直接投资主要来源地的投资促进机构的比例。

数据来源:UNCTAD, *World Investment Prospects Survey 2014—2016*, December 2014。

第二章　双向投资对中国宏观经济增长的影响分析

经济全球化正使得国与国之间的经济越来越紧密地联系起来，一国在吸引外资流入的同时也伴随着国内资本对外投资。外资流入为东道国发展带来所需资金、技术和管理经验，而对外投资可以加快本国经济结构调整步伐，充分利用各国比较优势高效生产，同样可以带动东道国经济增长。相比较而言，发达国家大都经历了引进外资和对外投资大规模增长的阶段，最初靠利用外资促进本国经济发展，随着经济水平和企业竞争力的不断提高，开始逐步扩大对外投资规模，最终形成引进外资与对外投资相互协调的发展态势，最大化地发展经济。由此可见，引进外资和对外投资与东道国经济发展水平之间存在着密切的联系。

在中国，随着改革往纵深方向推进，引进外资对经济增长的推动作用效果已经十分显著，而对外投资也开始呈现蓬勃发展之势，但目前还是滞后于引进外资力度。相比较，中国经济总量已经位列世界第二位，人均 GDP 水平也由 1978 年的不到 200 美元大幅升至目前 7 000 多美元，其中，上海、北京、深圳等一线城市已经超过 1 万美元。根据邓宁的国际投资理论，中国开始进入大规模对外投资阶段，对外投资对促进中国经济转型发展，并推动经济持续高速增长意义重大。现阶段，促进中国企业对外投资和引进外商直接投资协调发展对中国转变经济增长方式、应对国际贸易变化趋势和提高企业乃至国家国际竞争力都具有重要的战略意义。

第一节　中国引进外资与对外投资总体发展形势分析

自 1978 年改革开放以来，中国经济以市场化改革为导向，并辅以对外开放政策，取得了令人瞩目的成就。引进和吸收外商直接投资是中国对外开放的重心，中国以其丰富的劳动力资源、良好的基础设施、巨大的潜在市场等优势，吸引着来自世界各地的 FDI。在长久保持资本流入大国地位的同时，近年来中国也逐渐成为全球主要的资本输出国，中国企业对外直接投资开始取得蓬勃发展之势，成为参与经济全球化的重要力量。根据中国商务部的统计数据，2014 年，全国设立外商投资企业 23 778 家，同比增长 4.4%；实际使用外资金额 1 195.6 亿美元，同比增长 1.7%。另外，2014 年，中国境内投资者共对全球 156 个国家和地区的 6 128 家境外企业进行了直接投资，累计实现投资 1 028.9 亿美元，同比增长 14.1%，累计非金融类对外直接投资 6 463 亿美元。①利用外资和对外投资成为促进中国经济持续、快速、健康发展的重要因素，外资及对外投资企业在促进国民经济增长、带动产业技术进步、扩大出口和提供就业机会等方面发挥着日益重要的作用，为中国经济迅速融入国际经济体系作出了令人瞩目的贡献，成为中国经济活动中不可分割的部分。

一、引进外资和对外投资格局的历史性变化

（一）中国外商直接投资发展历程

自 1979 年外商直接投资首次进入中国，至今已有 30 多年历史，其间外商直接投资随着中国改革开放的进程，从无到有，由少到多，规模不断扩大，进入的地区与领域不断深入，对中国经济发展也产生了深远的影响。②依据外商直接投资进入中国的规模，并结合中国改革开放的重大进程，可将外商直接投资在中国的发展分为四个阶段。

第一阶段（1979—1991 年）：中国利用外资的起步阶段。1979 年全国人大颁布了《中华人民共和国中外合资经营企业法》，允许外国投资者与国内企业组建合资企业，以此为标志拉开了中国利用外商直接投资的帷幕。随后，深圳、珠海、汕头、厦门经济特区成立，《外商独资企业法》的颁布取消了对外资所有权的控制。1986 年 10 月，国务院发布了《关于鼓励外商投资的规定》，明确了对外商投资企业中的先进技术企业和产品出口企业在所得税、土地、水电、

---

① 资料来源：中国商务部外资司网站“2014 年 1—12 月全国吸收外商直接投资快讯”。

② 田素华：《外商直接投资进入中国的结构变动与效应研究》，中央编译出版社 2013 年版。

用工费用、利润汇出、进出口配额、关税减免、外汇调剂等方面给予优惠,保障外商投资企业享有按照国际惯例进行经营管理的权利。这些探索性政策的出台,奠定了中国利用外资初级阶段的政策基础,也标志着中国利用外资工作进入探索和起步阶段。1989 年以后,外商直接投资开始超过对外借款,逐步取代对外借款成为中国利用外资的首选方式。不过,这一时期的外商直接投资还主要是以点、线的形式在沿海和开放城市展开,尚未在全国全面铺开。外资来源主要以港、澳、台地区为主,投资规模偏小,增长速度较慢。投资主要集中于东部沿海以经济特区为中心的加工工业区。1984 年中国实际利用外资金额突破 10 亿美元,1985 年突破 20 亿美元,1988 年突破 30 亿美元,1991 年突破 40 亿美元。

第二阶段(1992—2001 年):中国利用外资的快速发展阶段。1992 年,邓小平同志视察南方并发表重要讲话,明确大胆利用外资是中国发展经济和对外开放的一项全新的事业。另外,1994 年中国汇率制度发生改革,人民币的官方汇率由从前的 5.76∶1 调整为 8.62∶1,人民币的贬值导致出口激增,因而吸引了更多的出口型 FDI 。①于是,随着对外开放的体制和环境不断得到改善,全国掀起了吸收外商直接投资的热潮,外资开始大规模进入中国投入生产。全球 500 强大型跨国公司纷纷来华投资,制造业成为这些大公司进军的主要领域。此时,欧洲、美国、日本等成为这一阶段中国利用外资的主要来源。利用外资的区域以沿海和开放城市为中心,并在全国迅速扩张,形成了长三角、珠三角、环渤海湾等吸引外资进行加工生产的开放区。从 1992 年开始,外商直接投资成为中国利用外资的主流方式,当年中国实际利用外资金额首次突破 100 亿美元,较 1991 年增长 152%。从 1993 年始,中国已经成为世界第二大吸引外商直接投资的国家,当年吸引投资额突破 200 亿美元,较 1992 年增长 151%。但随后受国内宏观调控和亚洲金融危机影响,中国实际利用外资金额增长缓慢,甚至在 1999 年出现小幅下滑。然而,整个 20 世纪 90 年代,中国外商直接投资额占发展中国家外商直接投资额的 50%。

第三阶段(2002—2008 年):中国利用外资的稳定增长阶段。2001 年底中国加入 WTO,为兑现承诺,中国的对外开放程度也进一步扩大。2002 年中国

① 邓利华:《中国外商直接投资发展历程、特征及评价分析》,《现代商贸工业》2010 年第 3 期。

吸收外资又开始迈上第二个台阶，当年中国实际利用外资金额首次突破 500 亿美元，并且首次超越美国，成为当年全球 FDI 流入最多的国家。期间世界经济与贸易联系不断扩大，中国经济发展的内外部环境向好，外商直接投资大量流入。2004 年突破 600 亿美元，2005 年突破 700 亿美元，2007 年突破 800 亿美元，2008 年更是突破 1 000 亿美元。[①]在这一阶段，国际直接投资联动形成的经济规模已经相当庞大，并以其自身特殊的行为模式影响着中国国民经济的成长，中国对外开放的深度和广度不断扩大，与世界经济的联系更加紧密。

第四阶段(2009 年至今)：中国利用外资下滑盘整阶段。2008 年底由次贷危机引发的全球金融危机爆发，全球经济环境恶化，导致 2009 年中国实际利用外资金额有所回落，但随后在美欧等发达经济体不景气的状况下，跨国公司寄望于在中国等新兴市场经济体的增长，并相应提高重视程度，加大投入力度。2011 年中国实际利用外资金额达 1 160 亿美元，再创历史新高。之后，中国以开放促改革，促发展，扩张上海自由贸易实验区范围，新设广东、天津、福建自由贸易试验区。稳定出口，增加进口，出口占国际市场份额继续提升。2014 年中国实际使用外商直接投资 1 196 亿美元，居世界首位。但是相对前期高速发展阶段，这个阶段中国外商直接投资规模和增速都开始呈现疲弱态势，取而代之的是，中国对外直接投资开始起飞，并加速发展。

综观中国引进 FDI 的发展过程，在改革开放初期，中国以其廉价熟练的劳动力资源、良好的基础设施和诸多优惠政策，吸引着来自世界各地的 FDI，并由此奠定了自身作为“世界工厂”的地位。而目前中国成为全球第二大经济体，中国巨大的市场对于跨国公司的全球竞争具有越来越重要的作用，未来中国将继续吸引大量 FDI 的流入。

(二) 中国对外直接投资发展历程

改革开放以来中国对外直接投资的起点一般以 1979 年 11 月北京市友谊商业服务总公司与日本东京丸一商事株式会社在日本合资开办中国在境外的第一家合资企业(京和股份有限公司)为标志。中国将“走出去”战略作为正式的国家战略，最早见于 2000 年。在 2000 年以前，中国的国际投资政策是以鼓励吸引外资、限制对外投资为主要特征的。2000 年以后，中国政府在对外直接

① 数据来源：中国商务部，http://www.mofcom.gov.cn/article/tongjiziliao/v/? 7。

投资政策方面进行了调整，从限制对外投资逐渐向放松对外投资管制至鼓励对外投资转变。依据中国对外直接投资的规模，结合中国经济发展阶段和中国在对外直接投资上的制度与政策变化，可将中国对外直接投资的历程划分为四个阶段。

第一阶段(1979—1991 年)：对外直接投资尝试阶段。在 1982 年以前，所有对外直接投资项目须经国务院批准，这是由于当时国家外汇储备极为短缺。1983 年，原国家外经贸部得到国务院授权，制定了《关于在境外举办非贸易型企业的审批和管理规定(试行稿)》，建立由原外经贸部为审批主体，其他部门和省、市相关部门层层审批上报的管理体制，审批对外直接投资项目，并对国际化经营企业加以管理，对外投资主体主要为国有大型企业。[①]在这一阶段，中国的社会主义经济市场化改革仍然是在"摸着石头过河"，企业缺乏资金和经验，经营规模和自主权都十分有限，真正自发地实施对外直接投资活动的企业很少，绝大多数的对外直接投资项目和决策都是政府行为。对外投资的主要特点是规模小，始终未突破 10 亿美元，对外投资最高年份为 1991 年，仅为 9.1 亿美元，并且对外直接投资受到政策的严厉监管与控制。

第二阶段(1992—2001 年)：对外直接投资逐步形成阶段。以邓小平 1992 年"南方讲话"为转折点，中共中央吹响了进一步深化经济体制改革的号角。1992 年中共"十四大"提出扩大对外投资和跨国经营的指导思想，政策的放松和鼓励、国内政治经济形势的变化导致 1992—1993 年中国对外直接投资出现一波小高潮，连续两年突破 40 亿美元，但同时也显著地呈现出"大起大落"的波动特征。2000 年 3 月，全国人大九届三次会议首次将"走出去"作为国家战略提出。对外直接投资流量在 1992 年曾猛增到 40 亿美元，而 2000 年又降到 9.2 亿美元，降回到了 1992 年以前的水平。2001 年又猛然增长到 68.9 亿美元。[②]这种"大起大落"，快速又不稳定的增长，反映出在当时中国市场化经济体制改革的展开和对外开放进程加快的背景下，国内企业获得了更多的经营自主权，开始有意识地、探索性地扩大对外直接投资。但受各方面条件的制约，

---

① 国际贸易经济合作研究院联合课题组：《谁审批谁监管　谁投资谁负责——中国企业"走出去"战略管理政策分析及改革思路》，《国际贸易》2002 年第 7 期。

② 国家商务部、国家统计局、外汇管理局：《2002 年中国对外直接投资统计公报》，中国统计出版社 2002 年版。

此时企业的对外直接投资受偶然和短期利益目标的驱动明显，并非真正起因于企业的长期经营发展需要，大多企业的对外直接投资缺乏清晰的投资目标和长远的战略定位。

第三阶段(2002—2008 年)：对外直接投资快速发展阶段。2001 年加入 WTO，进一步扩大了中国对外开放的领域和层次，中共“十六大”报告进一步指出，坚持“引进来”和“走出去”相结合。中国企业对外直接投资出现迅猛增长，2002 年被称为“中国并购元年”，出现了 TCL 集团并购“施耐德”，中国网络通信集团收购“亚洲环球电讯”，华立集团收购“飞利浦 CDMA 手机芯片”等重大并购项目。2004 年商务部下发《关于境外投资开办企业核准事项的规定》，在全国范围内下放境外投资核准权限，对推动中国企业对外直接投资起到了积极作用。2005 年，财政部、商务部联合下发《关于印发〈对外经济技术合作专项资金管理办法〉的通知》，对境外直接投资采取直接补助和贴息方式予以支持。2005 年中国对外直接投资首次突破 100 亿美元，2006 年即突破 200 亿美元，2008 年进一步突破 500 亿美元。在此期间，随着 TCL、联想等国内知名企业以及中国能源和矿业企业积极的海外并购活动，中国的对外直接投资引起国内外广泛关注。

第四阶段(2009 年至今)：对外直接投资的新战略实施阶段。在全球金融危机的背景下，国际资本流动、跨国投资并购活动急剧萎缩。据联合国贸易和发展会议《世界投资报告(2010)》分析，2009 年全球对外直接投资下降了 39%。中国在“十二五”期间，将对外直接投资上升为国家战略，同时为了稳定外需和带动对外直接投资，陆续出台了一系列支持企业“走出去”的措施，如《境外投资管理办法》《对外承包工程资格管理办法》《企业境外经营行为规范》等，通过政策指引、精简审批流程、下放权力等方式，从制度上规范了境外经营秩序。同时又编写了《对外投资合作国别(地区)指南》，对投资国政治、经济、人文等因素进行分析，指出投资项目的潜在风险，为企业对外投资提供参考。建立了《对外投资合作信息服务系统》，商务信息平台和运行监管系统不断完善，为企业提供了更多的信息，进一步节约了企业对外直接投资的信息成本。另外，国内金融业的发展，为中国企业对外投资提供了更方便快捷的金融服务，人民币升值以及外汇资金管理的宽松为中国企业对外投资带来了更多的机遇。由于中国积极统筹对外直接投资，又慎重规避风险，实现了非金融类对外直接投资的逆势上扬,2009 年全年累计实现非金融类对外直接投资 433 亿美元,比上年增加了 6.5%。而且跨国并购国外资源表现也极为活跃,2009 年中石化以 72.4 亿美元收购了瑞士 Addax 石油公司的全部股份,中色集团收购澳大利亚 TZN 公司和赞比亚卢安夏铜矿,2010 年吉利汽车以 18 亿美元收购沃尔沃汽车公司 100%的股权等,中国对外投资进入全新战略实施阶段。

二、中国对外投资发展的结构性特征

(一) 以商务服务、金融业、采矿业和批发零售业等投资为主

从行业覆盖面上看,截至 2014 年底,中国对外直接投资的行业分布已经基本覆盖了所有行业,主要可分为资源开发领域类、装备制造领域类、生活消费类、科技类等。但从投资规模看,投资主要集中于租赁和商务服务业、金融业、采矿业、房地产业等领域。根据《2013 年中国对外直接投资统计公报》,到 2013 年止,租赁和商务服务业占中国对外直接投资存量的 25.1%、采矿业为 23%、金融业为 14%、批发和零售业为 13.6%、制造业为 6.7%。这四大主要行业的投资流出量超百亿,占据对外投资规模的 75.7%,构成了中国对外直接投资的主要行业。其中对外投资存量最大的行业是商务服务业,达到 1 957 亿美元;其次是金融业,达到 1 170 亿美元;接着是采矿业,达到 1 062 亿美元;另外是批发零售业,为 877 亿美元;第五是制造业,为 420 亿美元。

(二) 商务服务业崛起迅速,投资结构更加合理

通过分析 2003 年至 2013 年中国对外直接投资各行业占比可知,中国企业对外投资结构趋于合理,如采矿业占总流量的比重由 2003 年的 48.4%下降至 2013 年的 29.7%。而商务服务业也已由 2003 年的 9.8%上升至 2013 年的 25.1%。商务服务业对外投资所占比重的增长迅速,一方面与中国行业结构优化和贸易改善有很大关系,许多企业走出国门主要是为了拓展消费市场,建立国际性的消费网络,纷纷在国外建立分支机构。另一方面,相对其他行业而言,商务服务业是技术门槛比较低的行业。在经济全球化浪潮下,各国在这个领域也逐渐放松了警惕,减少投资限制,这为中国企业投资于商务服务业提供了良好的发展机遇,促进了中国商务服务业大规模发展。

另外,中国对外投资中金融业规模也开始超过制造业,如 2003 年中国对外投资中制造业占总流量比重高达 21.8%,而 2013 年这一比例也仅有 6.7%,

相反,2013 年金融服务业占比已经高达 14%。中国对外投资结构中金融业投资持续增长,说明了中国对外投资企业实力的不断增强以及企业海外并购活动的增加。此外,科学研究和技术服务业与信息传输、软件和信息技术服务业等技术、知识密集型产业近年发展势头也很迅猛。虽然中国对商务服务业的直接投资大多仍以贸易投资为主,但总体正经历着由以资源和初级制造业为主向资源、制造业、金融和商务服务业等多行业发展的变化,产业结构有着逐渐高级化发展的趋势。

(三) 从总量看,以对发展中国家投资为主;从增速看,以对发达国家投资增长较迅猛

根据发展中国家对外投资的技术地方化理论,发展中国家更加偏好投资于与其发展水平和阶段相一致或接近的国家,在经济发展程度提高后才逐步扩展到发达国家,这与中国企业对外投资演变轨迹相吻合。例如,根据商务部的对外投资统计公报,截至 2013 年中国对发展中国家投资流入量高达 917.3 亿美元,占中国对外投资总量的 85.1%;而对发达国家投资流入量仅为 138.3 亿美元,占比仅为 12.8%,其中流入美国 38.73 亿美元、澳大利亚 34.58 亿美元、英国 14.2 亿美元、加拿大 10.09 亿美元。

虽然,流向发达国家资金规模相对较小,但最近几年中国对发达国家的投资占比逐年攀升,已经由 2009 年的 7.4%上升至 2013 年的 12.8%,增长了 11.8%。这意味着中国企业的国际竞争力水平已经显著提高,国内大量企业开始将注意力转向发展程度更高的发达国家,以挖掘更广阔的发展空间,对发达国家的投资规模正在强劲地扩大,而这也与国际对外直接投资先行国的发展轨迹相类似,也说明了随着国内投资环境不断改善,以前为了避税目地将资金大量输入到离岸金融中心的企业开始将目光投向市场更加广阔的欧美等发达国家。

(四) 投资主体仍以国企为主,但民营企业成后起之秀

从投资主体参与规模来看,中国对外投资的主导力量还是大型国企,但民企的企业实力也在不断增加,所占比重不断上升。根据 2013 年对外投资统计公报显示,2013 年底,中国非金融类对外直接投资总额为 5 434 亿美元,其中国有企业占了 55.2%,有限责任公司占据 30.8%,超过总额的三成,其余股份有限公司、股份合作企业、私营企业等占余下超过一成的比例,可见国有企业是中国对外直接投资的主力军。然而，对比 2009 年的各投资主体的比例来看，国企占比为 69.2%，接近七成，有限责任公司占比为 22%，余下部分占比不到 1%。国企占比开始持续下降，由占据七成降到不到六成，而有限责任公司、股份公司、私营企业等占比上升十分明显。可见，中国对外投资主体开始出现多层次、多元化特征，这十分有利于激发国内多元主体更深层次的投资潜力，推动企业向高质量、高效率转型升级。

另外，从参与主体的投资数量上看，国有企业处于下风，而中小民营企业开始在国际投资舞台上表现更加活跃。

根据《2012 年度对外直接投资统计公报》显示，2012 年末，中国有对外直接投资活动的企业达到 1.6 万家，从登记注册的具体情况来看，有限责任公司占企业总数的 62.5%，国有企业占 9.1%，私营企业占 8.3%，股份有限公司占 7.4%，不难发现有限责任公司已经是中国对外直接投资最为活跃的群体。

第二节　对外投资超越引进外资对中国宏观经济增长影响分析

目前，中国吸引外资已经连续 22 年居于发展中国家首位，为“世界第二大引资国”。这意味着中国“引进来”战略的巨大成功。在对外投资方面，中国也“连续两年成为世界第三大对外投资国”，联合国贸发会议将中国列为“最有前途的 FDI 来源地”。这显示出中国“走出去”战略已经进入全面发展阶段。与此同时，中国对外投资规模不断增长并具有超越引进外资之势，有利于推动中国经济发展，而深入研究对外投资给中国带来的影响不仅可以丰富发展中国家对外投资的理论和实践，还可以扩大对外投资的影响，带动更多的企业“走出去”，有利于中国经济发展形成良性循环，具体表现为：一是对外投资带动投资国技术进步，并逐渐形成经济效应。在获得国外先进技术和管理经验的基础上，提高投资主体的技术水平，在产业内外形成反馈效应。二是对外投资有利于投资国的产业升级发展。投资国国内的过剩产能和产业线被拓展和延长，不仅可以获得更多的收益，还有助于将这部分产业空间置换出来，有利于新产业发展，推动产业升级换代，优化产业结构。三是对外投资还间接促进贸易发展，创建新型比较优势。2008 年全球金融危机过后，新一轮贸易保护主义盛行，企业出口变得困难重重，而对外投资可以更好地规避贸易壁垒，为企业出口带来更多的便利渠道。由此可见，随着中国对外开放程度的加深，对外投资超越引进外资的趋势不断发展，对外投资对中国宏观经济的直接刺激作用将会逐步扩大，不断发挥其加快经济增长、技术引进力度、产业结构转型升级及其对贸易的带动作用。

鉴于此，中国需要不断扩大企业对外投资积极性，引导企业更好、更快地走出去，推动经济更广泛和深入地融入到世界经济中，享受全球化带来的高效率和高收益，获得更高的国际竞争力。这些都是目前中国宽领域、多层次、全方位对外开放格局的真实写照。然而，随着对外投资规模不断扩大，企业“走出去”面临国家多、领域宽、政治、经济、文化、外交及市场等多因素交错，这增加了企业对外投资发展的不确定性和难度。因此，对外直接投资到底为中国经济乃至企业带来怎样的影响，其影响作用程度如何，目前已成为关注的热点问题，需要深入研究。它将为中国对外投资战略提供决策依据，为企业更好地“走出去”出谋划策。

一、中国对外投资与引进外资的相互关系分析

从理论上来看，发展中国家对外投资进程一般滞后于引进外资，中国的对外发展过程也充分体现了这一规律，事实上，这是由发展中国家国际化的先后顺序所决定的，但也区别于发达国家的发展过程，即一定需要等到经济高度发展后，才开始对外投资，在发展中国家，当经济发展到一定阶段后，国家和企业对生产要素需求呈现出多方面和多层次的特征时，就需要通过对外投资获得全球生产要素，提高国际竞争力。对外投资和引进外资作为发展中国家对外开放的手段和方式，在很大程度上是相辅相成、相互促进的辩证统一的关系，在中国，这种统一协调的关系体现得更加明显，具体分析如下。

（一）引进外资为对外投资提供物质基础

伴随着中国改革开放的发展，引进外资见证了中国经济飞速发展的辉煌阶段，其对中国经济发展各方面的推动作用效果显著。尤其是 1992 年至 2007 年期间，经济开始进入高速增长期，外商直接投资对促进中国经济增长作用明显。如表 2-1 所示，1984—2014 年中国 GDP 的年平均增长率为 10.01%，其中 1992—2007 年的平均增长率高达 10.68%，成为全球增速最高的国家之一，外

表 2-1　1984—2014 年中国外商直接投资对经济的影响程度

对比项	全国固定资产投资中利用外资额（单位:亿元）	外商直接投资的项目数（单位:个）	实际利用外商直接投资额占出口额比重（单位:%）	GDP 增长率（单位:%）	人均 GDP（单位:美元）
1984 年	70.66	1 856	4.81	15.20	248.29
1985 年	91.48	3 073	7.15	13.50	291.77
1986 年	137.31	1 498	7.25	8.80	279.19
1987 年	181.97	2 233	5.87	11.60	249.41
1988 年	275.31	5 945	6.72	11.30	280.97
1989 年	291.08	5 779	6.46	4.10	307.49
1990 年	284.61	7 273	5.62	3.80	314.43
1991 年	318.89	12 978	6.07	9.20	329.75
1992 年	468.66	48 764	12.96	14.20	362.81
1993 年	954.28	83 437	29.99	14.00	373.80
1994 年	1 768.95	47 549	27.90	13.10	469.21
1995 年	2 295.89	37 011	25.22	10.90	604.23
1996 年	2 746.60	24 556	27.62	10.00	703.12
1997 年	2 683.89	21 001	24.76	9.30	774.47
1998 年	2 617.03	19 799	24.75	7.80	820.86
1999 年	2 006.78	16 918	20.68	7.60	864.73
2000 年	1 696.30	22 347	16.34	8.40	949.18
2001 年	1 730.73	26 140	17.62	8.30	1 041.64
2002 年	2 084.98	34 171	16.20	9.10	1 135.45
2003 年	2 599.35	41 081	12.21	10.00	1 273.64

续表

对比项	全国固定资产投资中利用外资额（单位:亿元）	外商直接投资的项目数（单位:个）	实际利用外商直接投资额占出口额比重（单位:%）	GDP增长率（单位:%）	人均GDP（单位:美元）
2004年	3 285.68	43 664	10.22	10.10	1 490.38
2005年	3 978.80	44 001	7.92	11.30	1 731.13
2006年	4 334.31	41 473	6.50	12.68	2 069.34
2007年	5 132.69	37 871	6.13	14.16	2 651.26
2008年	5 311.94	27 514	6.46	9.62	3 441.22
2009年	4 623.73	23 435	7.49	9.23	3 800.47
2010年	4 986.76	27 406	6.70	10.63	4 514.94
2011年	5 061.99	27 712	6.11	9.48	5 574.19
2012年	4 468.78	24 925	5.45	7.75	6 264.64
2013年	4 319.44	22 773	5.32	7.68	6 991.85
2014年	4 042.10	23 778	5.10	7.35	7 593.88

资料来源：WIND(万得)数据库。

商直接投资的项目数年平均高达 36 861 个，全国固定资产投资额中年平均利用外资金额高达 2 524.06 亿元，实际利用外资占出口金额的年平均比重达到 17.94%，最高比例甚至接近 30%，这推动中国成为对外贸易大国，并积累了大量外汇储备。可见在此期间，外商直接投资对中国经济巨大的带动作用，对中国经济高速增长起着至关重要的作用。而且 1984—2014 年，中国人均 GDP 也飞速上涨，由 1984 年的 248.29 美元，涨至 2014 年的 7 593.88 美元，涨了将近 30 倍。

同时，从对外投资与引进外资净流入量来看，对外投资与引进外资呈现出一定正相关系，尤其是 2005 年之后的流入规模。这主要是因为中国近年来对外直接投资得到较大力度的推动，增长势头强劲（图 2-1）。由此可知，中国引进外资为对外投资奠定了良好的经济基础。

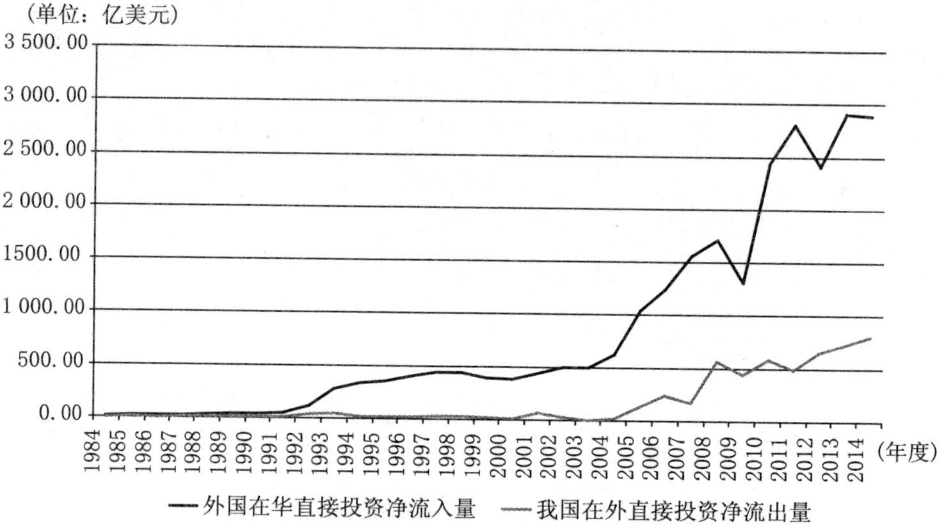

图 2-1 中国外商直接投资和对外直接投资净流入量

资料来源:中国外汇管理局的国际收支平衡表。

(二) 对外投资弥补引进外资的不足

在外商直接投资大规模流入中国的同时,虽然有力地推动了经济增长,但也带来一些问题,如过度引资所带来的国际收支一直双顺差的局面,使得中国一直面临贸易摩擦,而且产生的大量外汇储备一直没有被很高效地利用。外资企业一直竞相占领中国重要的产品市场,使得中国市场上的许多产品和产业出现饱和以及过剩的现象。这加剧了国内竞争力度,影响内资企业的转型发展,甚至有些行业出现被外资垄断的局面。然而随着中国企业"走出去"规模的不断加大,中国国际收支双顺差的局面有望得到改善,从而解决我们国际收支长期失衡的问题。同时,对外投资还能够为中国过剩的外汇储备提供更加高效的投资渠道,在危机发生时,还可以降低货币错配带来的风险。另外,对外投资由于更靠近原材料、消费终端市场等,大大改善了中国对外贸易关系,突破贸易壁垒,增强中国企业的国际竞争力。

再则,对外投资为国内企业提供新的增长空间。现阶段,中国经济发展面临转型改革的需要,许多行业出现过剩产能和市场饱和的状态,而发达国家跨国企业垄断着最新的技术,占据巨大优势,使得国内企业由于强大的竞争力而面临剧烈冲击,另外,中国企业自身创新能力又处于较低水平,生产空间受到挤压甚至产生挤出效应。因此，国内企业纷纷通过对外主动地开拓市场以获取各种所需资源以及市场空间，为企业更好的发展提供新动力。

二、中国对外投资的宏观经济效应分析

对外投资不仅能够为企业带来经济收益，还能够为投资国带来巨大的宏观经济效应，具体表现在对外贸易、就业、经济增长、技术进步、产业结构调整等多方面，这也是各国积极鼓励本国企业对外投资活动的重要原因。

对外投资对投资国的宏观经济的影响主要通过内外部机制表现出来。首先，内部效应主要机制为：投资国通过对外直接投资来提升本国人力资本水平，促使该国的知识、技术、管理技能、全球化经营水平等各方面得以提高，提高本国生产效率，推动经济增长。外溢效应主要机制有：投资国企业通过对外投资获得先进的企业经营水平，增强自身抗风险能力和国际竞争力，不仅获取在本国内无法获得的资源储备和原材料来源，还将推动产业结构改进，提高就业水平，改善国际收支情况，增强投资国政治影响力和国际地位。具体来看，表现在以下几个效应上：贸易效应、产业结构调整效应、技术进步效应、经济增长效应等。

然而，除了这些积极效应，它也可能给该国带来消极效应。一是对外投资可能造成投资国国内资金大量流出，并可能对国内部分投资产生挤出效应。二是对外投资可能会造成国内产业空心化现象，假如该投资国在大规模进行对外投资过程中，国内传统产业向外转移后，需要的新型产业并未及时产生或发展，则会出现新旧产业之间青黄不接的现象，对国内经济发展来说是一个严重打击。三是大规模对外投资如果是对国内生产和出口产生替代效应的话，将会造成国内原本存在的就业机会显著减少，造成国内大量失业现象，影响经济的正常发展。因此可见，投资国在大规模对外投资过程中需要考量其带来的宏观经济效应的正负方面，因势利导地降低或规避其负面影响，扩大其正面影响。

（一）投资国对外投资的贸易效应

对外投资是作为弥补对外贸易方面不足而产生的一种国际经济交流方式，目前二者之间的互相作用程度日益加深，如对外投资不仅影响对外贸易的流向、规模以及结构等，还影响投资国的贸易条件和出口市场的规模。但是对外投资与对外贸易之间关系究竟如何主要取决于二者之间是替代关系还是互

补关系。在中国,对外投资对贸易产生的效应主要有:出口创造效应、出口替代效应、进口创造效应和进口替代效应这四大类。

1. 出口创造效应

(1) 中间产品的出口增长

具体表现在生产过程中的原材料、零部件等中间产品的出口增长上。中国企业对外投资方式主要还是绿地建设,即在海外新建子公司,由于在经营过程中与其他子公司发生业务整合等活动,考虑到合作的稳固性和长期性,一般会从投资国进口原材料、零部件等所需中间产品,这直接提高了投资国中间产品的出口,这方面最主要的体现者是以寻求资源和市场为主的对外投资企业。如寻求资源型的企业在他国开采能源资源过程中不仅会增加对投资母国相关挖掘器械、采矿设备等产品的出口,还会伴随着这些能源资源的不断运输回投资母国,增加母国关于资源能源加工或制成品的出口。同时,寻求市场型的对外投资企业通过扩大国外产品的消费市场,直接带动了投资母国相关产品的出口,甚至还会间接带动原材料、器械设备、加工组装零部件等中间产品以及相关服务业的出口。

(2) 高附加值产品出口的增长

高附加值产品的出口的增长效应主要体现在寻求技术型对外投资企业中。中国企业由于缺乏高新技术以及创新资源,而加大对如欧美等发达国家高技术研发地的投资,以期获得所需技术和智力资源,在习得相关技术后,再将该技术反向输送回投资母国,来提高母公司的相关技术水平和管理经验,使得相关产品的技术含量和附加值都得到提高,在母国还会通过企业间、上下游间的扩散效应使得相关企业以及产业的技术水平都得到大幅提升,由此增加母国的出口竞争力,并扩大对外贸易规模和提升贸易结构。如中国的一些航天航空、电子、生物工程等领域的大型企业为了学习外国的先进技术和管理经验,满足企业战略发展的需求而展开对外投资。

2. 出口替代效应

这种类型的对外投资效应主要体现在以转移投资母国过剩生产能力为主的企业中。例如,在中国,对外投资企业将产品生产基地从国内转移到国外,生产出产品后直接在国外销售或者转移到其他国家销售。其实这会部分抑制中国国内相关产品的生产和出口,甚至间接阻碍与此相关的上下游产业的发展。

同时，东道国也会通过学习该企业生产工艺和管理技能，进行相关产品的生产和销售，这又会进一步降低中国相关产品的生产和出口。更甚者，2008 年全球金融危机过后，发达国家对中国出口的相关产品进行高力度的反倾销调查，只能迫使国内相关企业将国内生产的基地转向国外，以规避严苛的调查标准。这也是对中国国内产品出口替代的一种方式。然而，这部分对外投资企业虽然生产在国外，但生产所需的原材料仍取之于国内，这也可能促进国内原材料的出口，抵消了部分贸易替代效应。但总体来看，在中国，这种效应大小还不确定。

3. 进口创造效应

进口创造效益在以效率寻求型、资源寻求型以及技术寻求型的企业中均可体现。例如在中国。首先，当国内企业以获取更高的效率而进行对外直接投资时，其所产生的贸易效应将是进口创造效应。国内企业可将企业生产活动放在其他发展中国家，而获取相对国内价格更加低廉的生产要素等资源，接着再将该产品进口国内，以满足国内的消费需求，这就增加了中国进口规模，即进口创造效应。其次，寻求资源型对外投资企业的生产经营活动也具有这种效应，其如果在其他国家获取所需资源能源，并将相关产品转回国内销售，直接增加国内对他国能源资源的进口需求，带来进口创造效应。再次，寻求技术型对外投资也将会带来进口创造效应，它通过并购其他国家的高技术企业和研发部门，或者以合资设立研发公司等形式，利用当地生产工艺和高科技生产出相关中间产品，再以贸易的形式将其出口进入中国国内，使得中国在获得高技术产品的同时，增加企业进口规模和速度。

4. 进口替代效应

中国企业对外直接投资不仅会产生进口创造效应，即增加本国进口，还可能产生进口替代效应，即降低本国进口规模。首先，假如中国企业生产所需的原材料等中间产品从国外进口获得，在将生产基地转移该国时，可以直接从当地购买所需原材料，这样将会减少中国中间品的进口规模。例如，在效率寻求型企业中，企业一般追求更高效的生产经营，当其将生产基地转移到比在国内进口原材料生产更有效的国家时，必将会降低中国相关原材料的进口，产生替代效应。其次，假如中国企业将以进口高技术含量的中间品进行生产活动的方式，改为在国外并购相关高技术含量的企业或研发机构，又或者建立高新技术合资企业，直接获得该地的高新技术产品，也会导致中国相关进口规模的降低。

（二）投资国对外投资的产业结构调整效应

企业对外投资往往会改变投资母国的产业结构，并直接影响该母国整个投资战略的实施，而企业对外投资选择往往具有不同的投资动机（资源寻求、战略资产寻求、市场寻求、技术寻求等），因此，下面就依照企业对外投资动机，分析企业对外投资过程中，影响母国产业结构进而影响母国宏观经济的具体路径。

1. 资源寻求型企业对外投资的产业结构优化效应

由于各国蕴含的资源有差异，本国企业在发展过程中避免不了受到某些关键资源的限制，因此，投资母国企业通过对外直接投资获得所需资源，稳定生产经营活动，提高效率，将直接促进该母国相关产业的发展，提高其在国际上的竞争能力。当该产业具有国际竞争力时，其创新活动也将不断涌现，这将大大提升和优化该产业的生产方式，逐渐降低对传统稀缺资源的依赖，通过竞争效应、资源配置效应、关联效应等渠道来促进其他产业的发展，进一步促进产业结构优化。

2. 战略资产寻求型企业对外投资的产业结构优化效应

当企业因期望获得如品牌、管理、市场营销等战略资源而对外进行直接投资时，其对投资母国的产业结构优化效应最明显。一是企业通过获得相关战略资源，其自身生产和经营能力必将大幅度提升，企业规模也将不断壮大，其品牌知名度也将显著提升，有利于提高市场对该企业产品的消费需求，增加企业出口水平，带来出口效应，并带动上下游产业共同发展壮大，产生结构优化效果。二是企业获得所需战略资源后，企业的生产效率也将会得到提高，生产成本降低，在该产业链中，必将会对其他企业形成示范效应和竞争效应，被行业内企业学习和效仿，并扩散至行业外的其他产业，带动其他产业效率的提高，最终促使整个产业结构的优化升级。三是由于获得了所需的战略性资源，企业在提高生产率的基础上，获得了领先优势，提升了企业甚至整个产业的竞争力，有能力整合现有资源，推动产业向高端化方向发展，优化整个产业结构。

3. 市场寻求型企业对外投资的产业结构优化效应

在中国，经济经历了三十多年的高速发展，部分行业已经出现需求饱和的现象，以致产生产能过剩，由此企业需要向海外拓展消费市场。然而贸易途径一方面短时间里难以解决贸易壁垒的限制，另一方面面临远离消费市场的窘境，因此企业通过在国外直接设立子公司进入他国市场，有效地绕过贸易壁垒，释放过剩产能，并可能转移某些国内传统产业，释放生产空间，可以集中国内优势资源生产和发展高端产品，推动产业往纵深方向发展，不仅能够增加投资收益，还可以培养新兴产业。另外，国内过剩产能直接转移到他国进行消化，不仅解决了如关税、配额以及其他以前限制这些过剩产能出口的壁垒，提升了国内出口规模，优化了出口结构，推动本国贸易升级，并间接优化国内产业结构。

4. 技术寻求型企业对外投资的产业结构优化效应

一般情况下，企业对外寻求技术，其实就是一种以“资本换技术”的获取资源方式，通过靠近研发密集区，获得最新技术的外溢效应，提升企业研发水平，增强企业创新能力和产品竞争力，还会通过逆向传导效应对母国相关技术水平的提升起到促进作用，为母国产业优化升级带来助推力。母国总公司对拥有先进技术和智力资源的他国企业进行兼并、收购，或者与该国企业建立技术联盟，或者合资成立新企业，或者独自在该国建立研发机构等，突破技术壁垒，获得所需高技术资源，这样母国总公司就有能力腾挪更多资金和空间做一些和主营业务更相关的核心项目的研发活动，并通过效仿效应、竞争效应以及企业内外部员工的技术传授等，最终将这些技术反馈到母国，促进母国产业结构的优化升级。

(三) 投资国对外投资的就业效应

一般情况下，国内经济发展的过程必将带来就业机会和质量的提高。目前，对外投资的就业效应对投资母国宏观经济的影响也是一个十分重要的研究议题。然而，目前尚未有完整的理论论证分析其对宏观经济的具体影响，所得结论也并未统一。据此，接下来，本部分将通过从就业总量和结构两大方面分析探讨对外投资对母国就业的带动效果，以及对宏观经济的影响。

1. 从就业总量方面

从就业总量来看，对外投资将会通过贸易传导、国内投资传导等途径影响母国就业。

首先，在贸易传导方面，企业对外投资主要通过影响母国对外贸易而间接带动本国就业。当企业将在国外进行直接投资时，由于生产的需要，将会带动相关国内生产要素向国外转移，由此带动资本品和中间投入品的出口，带来贸易创造效应，有利于国内与该种出口相关的企业增加生产，雇佣更多的劳动力。尤其是当该出口的中间产品为劳动密集型，对就业的增加效果更加明显。伴随着出口的与日俱增，该出口部门的生产效率也将得到提高，于是，生产要素资源也将源源不断地聚集于该部门，产生规模效应，增加劳动者的需求。

其次，在国内投资传导方面，企业对外投资活动将会通过产业间的关联效应和行业内外的外溢效应影响母国国内的投资结构，从而间接影响国内就业形式。当企业加大对外投资力度时，其必将增加对生产性资本或资源的需求，促使企业生产规模扩展，尤其是当企业在对外投资过程中获得所需的战略性资源后，企业自身实力的扩大，将进一步体现在扩大再生产上，直接增加对劳动力需求，带动母国就业的增长。于是带动该企业所在行业生产经营活动都对劳动力产生旺盛需求，并通过外溢效应传导到其他各个行业，产生连锁反应，并大面积增加就业机会。

2. 从就业结构方面

从就业结构来看，对外投资将会通过人力资本传导、技术创新传导等途径影响母国就业。

首先，在人力资本传导方面，为了适应经济全球化和国际竞争的需要，发展对外直接投资要提升母国的人力资本水平，培养大批了解国际法律规范、具有国际视野的相关专业人士。人力资本水平的提高意味着劳动力素质和技术水平的提高，从而使劳动力在二、三产业的就业能力不断增强，就业机会相应增多。当劳动力收入水平提高后，会带动整个社会消费水平的提高和消费结构的改善，扩大内需进而拉动经济增长，进一步增加就业机会，使经济增长和就业增加处于良性发展之中。

其次，在技术创新传导方面，一国进行技术创新的方式主要有自主研发、购买国外技术设备、对外直接投资等。从实践来看，对外直接投资在促进母国技术创新方面的效果较好。虽然新技术的应用和管理方法的改进提高了劳动生产率，产生了技术和资本对劳动的替代，导致就业机会的减少，但是，企业实现技术进步之后，使用原材料和能源的效率会提高，生产成本会降低，这会增加企业的利润。利润增加后企业会进一步扩大生产规模，引致企业劳动力需求的增加。而且在海外学习到的先进技术通过跨国公司的内部转移、国内的技术转移以及国内企业对于新技术的吸收、改进和创新等，可以提升母国相关产业的技术水平，并通过对工人的技术培训等方式提升母国劳动力的素质水平。

第三章　引进外资与对外投资相对平衡发展的政策

引进外资与对外投资都是促进中国经济发展的重要途径和联系国内外市场的重要纽带，也是当前经济全球化日益深入条件下中国企业吸收世界先进技术、提高自身竞争力的重要渠道。引进外资为中国带来资金的同时，还带来了技术、管理和组织知识，甚至还能带来市场。对外投资能够优化国内的资源配置，带动中间产品的出口，促进产业结构的升级。如同国际贸易的进口与出口，引进外资与对外投资之间也存在密切联系，外国资本流入东道国，该外国企业流动的所有权优势与本国不可流动的区位优势互补，这有利于该国比较优势的充分利用。反过来，一个国家资本对外流出，该国企业所有权优势与其他国家的区位优势相结合，可以充分利用其他国家的比较优势。因此，研究引进外资与对外投资之间如何协调发展更有利于中国宏观经济发展和人民福利水平的提高，显得尤为重要。从引进外资与对外投资的规模、结构和质量等方面分析，中国引进外资与对外投资之间还存在一些问题。在经济全球化不断深入的条件下，为了充分利用国内外两种资源，促进经济增长方式转变和提高企业国际竞争力，中国应加快制度设计步伐，尽快出台相关政策措施，促进引进外资和对外投资二者之间平衡协调发展。

第一节　中国引进外资与对外投资协调发展分析

引进外资与对外投资均是推动中国经济增长，增加中国与外部市场联系的重要渠道，也是中国企业谋求发展，提高自身竞争力的重要途径，改革开放以来，中国对外开放的重心放在引进外资上，采取多项举措招商引资，吸引大量外部资金流入国内，极大地促进了中国经济飞速发展。伴随经济全球化不断深入发展，中国对外开放进程也不断拓展，尤其是近几年，中国对外投资工作开始崭露头角，呈现加速发展的势头。据商务部数据显示，2014 年中国非金融类外商直接投资流入量高达 1 195.6 亿美元，仅次于美国，居全球第二。在对外投资方面，中国在 2010 年首次超过日本，达到 688 亿美元，2014 年对外投资规模达到 1 028.9 亿美元。中国已经超过美国成为全球范围内对外直接投资最具吸引力的经济体，成为全球三大对外投资国之一。然而，尽管中国引进外资与对外投资方面都取得了蓬勃发展，但仍存在问题。不可否认的是，中国对外投资仍然非常落后，既落后于世界水平，也落后于中国的经济发展水平。同时，与引进外资相比，中国对外投资发展还相对滞后。而引进外资与对外投资的协调发展可以对中国利用国内外两个市场和两种资源，加快产业结构调整，缓和国际贸易摩擦，促进国际收支平衡等方面起到重要的作用。

一、中国引进外资与对外投资发展存在的主要问题

（一）引进外资与对外投资之间发展不平衡

首先，与引进外资相比，中国对外投资规模仍相对偏小。在引进外资方面，中国已经连续多年成为仅次于美国的全球第二大外商直接投资流入国，目前已超越美国成为第一大引资国。引进外资无论是从总量还是从人均水平来看，都是发展中国家之首。然而，对比来看对外投资，尽管目前中国对外投资规模也与日俱增，在发展中国家中仍是第一位，但是从人均流出量来看，与印度、巴西等发展中国家所差无几。2014 年，美国、法国等发达国家对外直接投资流出量占本国 GDP 的比重分别为 2.4％和 3.25％，中国这一比重仅为 0.99％，不但低于大多数发达国家水平，也落后于许多发展中国家，这与中国经济发展水平不相称。

其次，引进外资与对外投资的结构都存在一些问题。在引进外资方面，外商直接投资在中国三个产业之间的分布很不均衡。例如，2014 年中国外商直接投资在第一、第二和第三产业的比例分别为：1.27％、36.75％和 61.97％。可见外资流入第一产业极少，尤其是基础行业，占比很低；流入第二产业虽然也不低，但主要流入以一般加工制造为主的行业中，如纺织业、食品工业，而流入高端机械制造、精密电子等行业偏少；在第三产业内，外资也主要流入房地

产和金融业，而流入设计、信息等领域偏少。在对外投资方面，其结构也不合理。2014 年，流入第一产业占比为 65%，与全球的 19.5%相比，中国以农业和采矿业为主的第一产业境外并购投资占比明显较高；流入制造业占比为 14%，服务业为 20%，与全球制造业的 36.1%和服务业的 44.4%的份额相比，明显偏低。这显示出中国经济与世界经济在产业互补方面的差异和特点。也反映出中国企业整体生产技术水平还不高，未能发展起足够的所有权优势，还不足以大规模走出去发展。中国企业对外直接投资发展相对落后，对外投资规模偏小，这与中国目前的经济规模和发展水平不相称。

（二）引进外资预期不符，且质量偏低

首先，大量外资流入并未带动中国自主创新能力提高。中国引资目的远未达到预期。中国自改革开放以来，开始实行以“引进技术”为目的的引资政策，旨在通过“引进外国技术”来提升中国技术水平。一方面，对中国那些本身具有自主研发部门的企业，引进外资可以帮助其学习国外先进技术，以此提高自身的技术水平，主要方式是技术许可以及技术知识的转移。另一方面，针对自身不进行研发活动的企业，引进外资可以帮助其形成研发能力，主要方式是建立合资公司等。然而，大量引进外资反而使得中国企业越来越依靠外国技术，沦为附庸，在丢了市场的同时还未学到技术，甚至成为阻碍中国本土企业进行自主研发的羁绊。研发投入不足，消化吸收薄弱，缺少自主创新能力，使得中国企业在与跨国公司的技术引进谈判中，不具备相应的谈判能力。外商投资仅以品牌和服务即可获取市场，不会主动转让先进技术，甚至会采取种种手段限制技术扩散。跨国公司的技术锁定战略削弱了“以市场换技术”战略的实施效果，加大了中国获取国外先进技术的难度。

其次，各级地方政府激烈竞争的引资政策导致盲目引资，对内资企业形成冲击。中国大规模引进外国直接投资的主要目的，就是要通过学习而获得相关高新技术和先进的管理经验，为此中国已经出台了很多优惠政策，包括税收优惠、土地优惠、地区优惠、投资优惠等。但是从外资进入中国后的效果来看，外资企业的高新技术很少转移入中国本土企业中，远未达到预期目的，国内自主创新能力提高与外资进入速度和规模相比相差甚远。具体来看，进入中国的外资企业，带来的技术水平远低于其母公司，技术溢出效应很小，而各级地方政府为了吸引外资落户，争相出台了很多优惠政策，给予外资企业“超国民待遇”。这其实降低了外资企业运用先进技术的积极性,并对内资企业形成强有力的竞争效应,降低了内资企业的天然优势,从而对内资企业产生挤出效应,阻碍了中国企业的发展壮大。在中国,自改革开放以来,各级地方政府都把引进外资的数量作为重要的政绩考核指标,这造成许多地方政府在引进外资过程中,只重视数量而不重视质量。此外,随着研发国际化趋势的进一步加强,跨国公司为了保护自己的技术垄断地位,技术转移有进一步内部化的趋势。跨国公司凭借技术优势,以及跨国经营的组织优势和管理优势,把技术资源在公司内部进行调配,使技术转移出国但不出公司,加大了本地企业获得技术的难度。

(三)尚未形成引进外资与对外投资相互协调发展的内在机制

首先,需要注意引进外资和对外投资之间密切的联系。因为,在一国对外贸易中,出口国的该要素相对丰富,而进口国相对稀缺,这样有利于两国整体福利水平的提高。同理,引进外资与对外投资对引资国和投资国也同样存在整体福利水平改进的问题,当引资国大量吸引外部资金流入时,流入该国的外资企业可以流动的所有权优势与引资国不可流动的资源优势之间必然构成了区位优势互补,外资企业对其充分利用,将十分有利于其扩大市场规模和提高收益,这使得该引资国的比较优势得到最高效的应用。反之,投资国对外投资,该国企业的所有权优势与他国的比较优势充分结合,增强投资国企业的竞争力,对该国还有贸易创造效应,利于本国经济增长和福利水平的提高。由此可见,引进外资与对外投资之间是相辅相成的关系,需要将二者进行统筹协调发展,使引资国和投资国在国际分工中形成有利于财富和福利创造的经济发展结构。

其次,中国对外投资具有较强的政策驱动性,准备不充分。在对外投资方面,中国企业主要以大型国企为主,在规模上占据主导优势。然而这些企业较少根据自身所有权优势和所要投资国家的资源、区位等优势做出综合考量;并未就此考虑如何最大化形成优势互补,共同获得收益等。这使得中国对外投资的国企经常出现亏损。另外,许多国家对中国以大型国企为主导的对外投资形式报以谨慎的态度,经常以国家安全为由拒绝相关投资项目,这些使中国企业丧失了大量的竞争优势和投资机会,进一步阻碍了中国国民福利水平的提高。再则,中国对外投资企业往往缺乏长远的投资规划,目标模糊,有时就是一种单纯的政策推动行为，缺乏严密的科学论证，成为一种随机行为。例如，有些对外投资企业对国际投资方面的法律法规、会计制度、资产评估以及风险防控等方面缺乏应有的准备，以致在日后经营过程中出现资产损失。

二、引进外资与对外投资协调发展的必要性分析

目前，中国总体经济发展水平相较从前已经有了大幅度提高，对外投资与引进外资一样成为推动中国经济转型发展的一剂良药，具有同等的重要地位，在引资中注重质优的同时，需要有步骤地推动有能力的企业“走出去”。因此，引进外资与对外投资之间协调发展尤其必要。

（一）引进外资和对外投资协调发展是提高国民福利水平的重要切入口

经过三十几年的飞速发展，中国经济实力和国际竞争力都显著提升，然而，与引资相比，中国对外投资发展相对滞后。根据国际收支平衡表数据显示，2014 年中国对外直接投资净流出量仅占外资在华直接投资净流入量的 27.8%，这与中国经济发展水平不相称。目前中国整体经济水平已经有了很大的提高，部分省市人均 GDP 已经达到中等发达国家水平，按照邓宁的国际投资周期理论，目前中国经济已经发展到大规模对外直接投资阶段。随着经济全球化不断深入，各国间经济联系更加密切。扩大对外开放、积极参与国际竞争，是经济落后国家摆脱贫困、加快经济发展的必由之路。改革开放以来中国一直十分重视引进外资工作并取得了很好成绩，但片面强调外资数量、不注重外资质量已经不能适应当前经济发展的需要。有些生产技术水平较低的行业，由于外资、内资大量投入，各地重复建设严重，导致生产出现了大量产能过剩。产能过剩的出路主要有两条：一是出口，二是通过对外直接投资转移生产能力。产品的大量出口会威胁到进口国相关企业的生存及进口国的就业，导致出口受到阻碍。近年来中国出口大幅度增长，挤占了一些国家的市场，使这些国家部分相关企业面临严峻的生存压力，不少国家对中国许多产品出口采取了贸易保护措施。在这种背景下，中国企业加快对外直接投资以绕开贸易壁垒、充分利用国外比较优势、扩大市场是必然选择。

（二）引进外资和对外投资的协调发展是中国经济实现转型的必要途径

在封闭经济条件下，生产效率的提高和经济结构的转变是需求与供给相互作用下循序渐进的过程，这通常需要经历一个较长的时期。在开放经济条

件下,通过国际贸易和国际投资等途径,一国可以吸收世界先进的技术和管理,从而大大缩短这一进程。经过三十多年的持续高速增长,中国经济总量和结构比改革开放前有了质的飞跃,工业化和城市化达到了一个新的高度。生产能力的提高和生产规模的扩大一方面造成了原材料的短缺,土地、能源和矿产等自然资源的紧张以及环境的污染。另一方面,不断扩大的生产能力又造成了供给的过剩,比如家电行业中的洗衣机、电冰箱和微波炉等产品存在大量产能过剩。尤其是2008年全球金融危机过后,全球有效需求萎缩,导致中国贸易大幅下滑。中国经济内部面临转型改革的需要,过剩的生产能力需要新的消费市场。长期以来,中国经济增长主要靠增加投入扩大规模的粗放型增长方式实现。随着经济规模的不断扩大,粗放型经济增长方式再也无法维持,那种不加区别地盲目追求数量的引资政策已经不能适应当前经济发展的需要。为适应转变经济增长方式的需要,对外开放要有新举措,在注重引进外资质量的同时,国家要制定中长期规划,鼓励有条件的企业走出去发展,通过对外直接投资,把中国过剩的产能和落后的产业逐渐转移出去,以缓解中国资源紧张的压力,使有限的资源能够集中到中国更有优势的产业发展上。这将有利于中国经济结构的转变。

(三) 引进外资和对外投资协调发展是提高中国企业国际竞争力的重要方式

企业是一国微观经济的主体,企业竞争力的强弱决定了一个国家经济发展的前景。在经济一体化日益深入的今天,企业跨国经营与企业的国际化是企业发展的必由之路。由于中国长期实施引进外资政策,外国公司的大量进入使中国国内市场上企业之间的竞争日益表现为国际竞争,企业国内的竞争地位取决于其在全球的竞争地位。经济全球化下中国企业必须走国际化道路,只有积极开展国际经营,主动走向国际市场,才能在竞争中胜出,企业才可能做大做强。经过改革开放几十年,中国企业数量和规模都有了很大的发展,2014年《财富》世界500强企业排行榜中,中国共有100家公司进入榜单,首次达到3位数,接近美国企业(128家),其中有3家企业进入前10名,可见,中国企业国际竞争力已经有了很大提高。但从总体看,中国企业国际竞争力还不强。在500强中,中国企业(含香港、不含台湾)的平均利润(32.2亿美元)略低于世界500强企业的总平均利润(39.1亿美元),却远远低于美国的平均利润

(62.4 亿美元)。可见,中国企业在全球舞台上有待努力,需要提高体现企业竞争力的数据,即企业平均利润和人均利润,以缩短与全球尤其是美国公司的差距。因此,除了继续坚持大力引进外资,发挥外资对中国经济增长的促进作用外,中国还要大力发展对外直接投资,鼓励国内企业到国外投资,以积累丰富的国际生产和经营经验,只有这样才能不断提高国内企业的国际竞争力,为经济持续发展打下坚实的基础。

第二节　中国引进外资与对外投资协调发展的政策建议

随着中国改革开放进程不断深化,中国对外投资规模逐渐显现出蓬勃之势,中国需要从国内外两个角度高度审视资本的“引进来”和“走出去”,努力促进二者均衡协调发展,统筹运用好两个市场和两种资源,国际和国内两个市场融通加深,需要中国政府在全球范围内综合考虑供需的变化,进行科学的宏观调控,实现内需、外需的平衡,进出口平衡,以及“引进来”和“走出去”的平衡。但从目前发展态势看,二者还存在一定的脱节,缺乏有效的互动。前期大规模引进外资的先进技术和管理经验等还未完全转化为对外投资的强大优势,而对外投资所获得的各种能源和资源也存在着配置能力不强的缺陷,对提升引进外资质量作用不明显,这些都是缺乏统筹均衡考虑引进外资和对外投资的结果。因此,加快完善相关体制机制的建设,显得尤为必要,对提高引进外资质量和充分释放对外投资的外溢效应意义重大。

要实现对外投资和引进外资的持续发展,除了需要进一步加强完善市场机制,依靠市场规律调节经济资源配置外,还需要中国政府的大力支持和引导,尤其是对外投资方面。中国市场经济发展较晚,各方面经验和机制还比较欠缺,企业在经历经济全球化的过程中,还缺少生产和经营经验,需要政府给予一定的辅导和支持。自 2008 年全球金融危机过后,中国经济增速开始放慢,对外贸易面临瓶颈,降低了其对经济的推动作用。因此,在新的国际经济形势下,新的机制调整必将伴随新的发展战略的调整。根据中国基本国情和企业发展的阶段性特征,首先需要明确引进外资和对外投资均衡发展的主要任务和发展方向。由于中国面临转型改革的需要,高级生产要素的缺乏一方面制约着转型的进程,另一方面又直接导致中国企业在全球生产链中处于低端。因此,需要将寻求先进技术和更广阔的市场作为中国下一阶段引进外资和对外投资的战略重点。

一、中国引进外资的政策选择

随着新一轮国际分工和直接投资的热潮,中国应该充分利用此次契机,充分吸引具有先进技术的跨国公司,并在此基础上培育国内企业换代升级的创新能力,在科学发展管理的指导下,创新引资思路,完善相关政策,提高引资质量,制定和实施更符合中国国情的引资策略。

(一) 创造良好的跨国并购条件,为高质量的跨国企业提供便利

随着经济全球化进程不断加深,以及中国利用外资规模的迅速增长,利用外资的方式也发生了重要变化,其中合作经营、合资经营等成为东道国利用外资的重要方式之一。因此,外资跨国并购国内产业也不断加大,这不仅能够促进国内存量资产的流动和配置,还在一定程度上加大了国内产业结构调整和资源优化配置的强度。另外,通过国际知名跨国企业与中国企业间的并购合作,中国企业及早获得了与国际先进生产力对接的机会,可以有效地参与国际分工体系。在此前提下,随着外资不断加大流入,中国政府应该因势利导,利用这种优势,为中国经济转型发展建设服务,其中最重要的是创建一个良好的合作环境,在完善相关法律基础的前提下,放松外资参与国内资产重组的限制,推进正当且高质量的外资并购项目,尤其是为具有外溢效应的高技术合作提供便利。其中最重要的是建立相关制度,完善跨国企业并购的法律法规体系,出台相关细则,在配合中国国企改革的背景下鼓励外资参与国企优化改革。同时,建立科学合理的产权评估体系,加快构建全国统一的、健康的产权交易规则和交易市场,维护市场的公正、公平,并加大对并购企业的保护力度,营造良好且高效的外资合作氛围。

(二) 通过设定激励性政策吸引高质量的外资企业在华进行研发投资活动

外资企业的研发活动具有较大的外溢效应,随着先进技术的扩散和传播,并被当地消化吸收,能够极大地促进中国企业的技术含量,对培育中国所有权优势和提高企业自主创新能力,调整产业结构,转变净增长方式等都具有重要

作用。现如今中国企业在技术创新上具有极强的依赖性，自主创新能力缺乏。然而，近几年中国也已成为全球跨国企业重要的研发基地之一，在中国进行研发投资已经成为新一轮的外资企业投资热潮。因此，针对这种现象，中国应该制定并出台相关便于研发投资活动的政策措施，吸引更多的研发企业进入。另外，针对国内高新技术项目的规划和部署，可以对外资企业留有部分空间，放松限制，允许其参与国内的研究项目的招投标活动，并为外资企业进行跨国研发技术交流活动提供便利措施，落实相关在华研发人员的国民待遇，并对为技术创新作出卓越贡献的研发人员给予一定的奖励，例如给予相关税收优惠等。政府部门、相关行业和企业还可以通过设定共同投资基金来吸引从事研发投资活动的外资企业参与，共享相关资源，推动本地区企业的技术研发活动，同时将本地区的技术研发方向转向开放性自主创新上来。只有这样，才能够打破跨国企业对中国技术的垄断，才能够在国际产业链中具有主动优势。因此，在政策制定当中需要综合考虑自主创新、吸引高新技术以及利用外资这三方面。

（三）合理引导外资的产业流向，高新技术产业是重点，基础性产业是关键

积极吸引和利用外资进入的产业分布，也是中国在经济转型调整中的重点和难点，在政策制定过程中需要详细制定利用外资的产业政策框架，明确利用外资的各产业重点。首先，在高新技术领域，利用外资始终是着力推进的重点，高新技术是中国产业结构调整和升级的重要支撑，需要消除过去“以资源换技术”的引资方式。其次，基础工业和相关设施产业也需要密集利用外资，需要更多的资金投入。例如，要积极鼓励外商投资更多地流入以公路为重点的交通以及重要原材料的建设项目，积极拓展和优化建设—经营—转让（BOT）、公私合营模式（PPP）等引资方式。引导外资进入农业领域，明确外商投资农业的重点领域，重点鼓励外商直接投资于农业新技术和综合开发项目，引进农作物优良品种和先进的种植管理技术，促进中国农业产业化发展的进程，改变中国农业主要以借款为主的现状，提高农业综合利用外资的占比。对于逐步深度融入国际金融市场的中国而言，在农业、高新技术、工业和基础设施产业、现代服务业等产业引进外来投资对于缓解资金压力、促进经济增长、增加就业和提高国际竞争力具有十分重要的意义。

二、中国对外投资的政策选择

虽然经历了三十多年的改革开放，中国企业经历了快速发展的黄金阶段，但是大部分企业仍旧面临技术落后、创新能力低下、产能过剩、国际化程度低等问题。因此，一方面中国政府应该积极推动国内企业根据自身所需走出国门，向海外投资，寻求更多的生存空间；另一方面，政府还应该通过设定符合现阶段国情的引资政策，真正吸引那些高技术且外溢效应明显的外资企业进入，提高审批质量。总体而言，中国企业无论在对外投资还是引进外资上，都需要注重根据自身所需进行投资或引资，从而推动国内技术乃至产业升级。

（一）在制度建设层面：完善国家相关支持性政策体系

一是理清和完善法律法规体系，设立相应专职机构。对外投资的法律法规体系是通过立法手段支持和保护中国企业对外投资的前提条件，虽然自改革开放以来，中国制定和实施了许多的相关法律措施，但是对外投资的相关法律仍存在不系统和不全面，且多头管理、相互缺乏沟通协调的现象。因此，政府需要在理清前期法律法规的基础上制定出对外投资的基本法律，并逐步完善，规范企业对外投资行为，并保障其相应的权利。在专职机构设立方面，可以从国家宏观层面着手，建立一个由国家各部委如商务部、外交部、财政部和外汇管理局等部门联合管理的政府专门服务和管理机构，精简流程，减少对外投资企业面临的多部门审批、效率低下等问题。还可以专门研究企业对外投资的战略规划、指导政策等方面的辅导和协调。另外，配合企业走出去的步伐，建立统一且完备的对外投资信息服务平台，解决企业在走出去过程中面临的信息分散和滞后、相关信息服务平台水平不高等问题，还可以建立由政府部门、驻外机构、贸易投资促进机构以及商会组织等相关机构联合互通的工作机制，实现各类信息整合、渠道通畅，为企业更好地了解投资国政治经济、法律法规、相关习俗等情况提供便利。

二是加大财税支持力度，加快相关金融制度改革步伐。在发达国家中，在企业对外投资过程中给予其相应的财税支持是一般的做法。因此，中国可以在借鉴发达国家实际经验的基础上，综合中国国情，制定相关企业对外投资的财税支持措施。例如，在税收优惠上，政府可以通过税收减免、抵免和延付等政策措施给予海外投资企业支持；在财政便利上，国家可设立企业对外投资的支持基金，综合国家相关战略规划给予符合条件的对外投资企业补贴。这样不仅可以强化企业走出去的步伐，还可以支持相关行业企业的发展，对产业机构的优化升级具有促进作用。同时，在对外投资的金融体系建设上，也要跟上国际步伐，加快金融制度改革步伐，为企业对外投融资活动提供金融支持。首先在资本市场建设方面，要不断发展和健全国内资本市场体系，形成一批健康、成熟、高效的金融服务机构，鼓励金融市场往广度和深度方向发展，在兼顾安全可控的前提下，鼓励各类金融创新发展，丰富相关交易工具和产品。其次，加大政策性金融机构对海外投资企业的支持力度，如政策性银行以其自身优势，为对外投资企业投资高风险领域提供贷款，解决相关企业的资金难题，降低其整体的财务成本。再次，完善中国外汇制度，降低企业对外投资的汇率风险。在金融风险整体可控的条件下，对部分企业对外投资活动实施资本项目可兑换，并逐步放宽范围。同时适度放宽企业的外汇管制，精简审批程序，确保企业及时获得所需资金来进行业务整合等。

二是扶持一批具有国际竞争力的企业集团开展对外投资。中国对外投资的主体中，国有企业仍占据主要份额，然而大部分国有企业缺乏先进的企业制度，这导致其投资决策、执行以及监督的过程缺乏科学性和稳健性，常常因为没有全面且准确的市场分析而面临损失。同时部分对外投资的国有企业还面临经营权的扭曲带来的经营绩效的降低，进一步导致经营失败等情况。中国虽然经过多年的国有企业改革，仍未真正建立起高效的现代企业运营制度，国有产权存在所有者缺位的问题就会导致对海外投资的约束和监管不足，这不仅可能造成经营决策的盲目和随意，也会出现国有资产的流失。国内大中型国有企业目前仍然面临人员冗杂、社会责任过重的问题，在没能完成现代公司治理机制的改造前，在海外开展有效的跨国投资阻力重重。因此，如若在欧美等发达国家和地区开展对外投资活动，就需要依照市场经济的法治规范进行现代企业制度建设。例如，明确界定市场的边界，努力实现真正的政企分开，弱化企业经营中存在的政府意愿和政治因素影响，杜绝政府在企业海外经营中的微观干预，减少并完善政府补贴机制，强化企业经营中的风险意识，真正提高经营效率和自身竞争实力。其中一是要完善现代企业制度，提升企业经营绩效。健全企业内部激励机制和约束机制，促进国有企业向现代企业制度的转变。只有这样才能最终在制度层面提升中国企业的所有权优势，提高国内企业开展跨国经营的国际竞争力。二是加快国有企业股份制改革，冲淡国有企业的政府色彩。三是对民营企业进行扶持，实现对外投资主体结构的均衡发展。中国企业在对外投资过程中，民营企业必将成为主力军，因此，在对外投资过程中应该减少制度设计上的不公和歧视，关注和扶持目前还处于弱势的民营经济和中小企业，使其能够顺利地开展对外投资业务。另外，这些民营经济在对外投资中具有如经营机制灵活、适应能力较强、进入和退出较为便利等优势，甚至具备一定规模的技术优势，因此，扶持这些企业"出海"对推动企业创新升级具有促进作用。

（二）在企业投资能力建设层面：培养企业核心竞争力

一是培养企业跨国管理水平，提升核心竞争力。对外投资企业若要适应国外环境必然需要与之同步的跨地区经营水平和能力，这要求企业具有以下几个条件：首先，企业需要发展具有某种优势的产业和产品，培育其自身的核心竞争力，并根据市场的变化进行调整，创造相关条件，促进自身竞争水平的提高。其次，实施人才战略，拥有相关专业技术人才。企业在跨国生产活动时，必将需要具有国际化并熟悉本地经营管理的相关技术人才，例如在财务、法律体系、本地销售和推广等领域的专业技术人才，在企业现代管理和战略发展等领域的管理人才等。企业可以面向人才市场进行选拔和聘用，还可以通过在本地进行公司内部培养等方式获得相关人力资本。在此，企业需要建立和完善自身的管理和决策机制，在规范企业日常管理的基础上，加强企业学习本地化经营的理念，以企业自身特点和本地化特征进行企业生产决策，提高企业国际化经营标准，降低对外投资风险。

二是创新企业对外投资方式，培育企业国际化品牌。除了国有企业外，中国民营企业和中小企业在对外投资中，大都呈现出规模小和抗风险能力弱的特征。针对这种情况，企业之间可以通过互相参股和合资等形式联合对外投资，建立跨国投资联盟，提高竞争力，并实现资金、技术等优势互补。同时，企业还可以与投资国企业进行相关合作，在技术和产品生产方面建立联盟关系等。另外，企业在国外生产、经营过程中，需要注意培养自己的品牌，认识品牌的价值，塑造品牌竞争力，将科技含量、质量保障、企业特征和优势等相关方面进行结合，创新生产工艺，生产出符合市场需求的产品，打造企业品牌，为企业成功实现国际化经营后的发展壮大打好基础。需要注意的是再生产过程中应加强品牌的保护，深入了解国外相关商标的法律法规，并进行良好且有效的宣传，畅通企业相关产品信息，消除对外投资企业与本地民众在文化等方面的差异，这样还可以为品牌创造更好的传播条件，间接提高产品的核心竞争力。

三是在对外投资过程中加大企业的多余产能转移。一般情况下，企业在开展对外投资时，需要首先考虑该行业的发展前景和投资利润，但是在行业的整体规划上，还应该体现国家的产业结构政策和战略目标。目前中国经济仍处在改革转型的关键时期，需要努力转变经济发展方式和调整产业结构。因此，可以通过企业对外投资实现技术的传递和市场空间的拓展，对投资母国的产业发展及其优化升级起到辐射和带动作用，推动中国经济发展从量的增加到质的提高转变，为经济健康且高速增长开辟新路径。然而，现阶段，在国际市场中，中国部分企业由于国际化程度低，与欧美等发达国家的企业拥有世界先进技术相比，不具备比较优势。根据小岛清的边际产业扩展理论，可将这部分产业分批转向国际分工层次低的其他发展中国家。这样不仅可以促进国内多余产能和生产空间的释放，还可以推动其他发展中国家经济发展。例如，中国的纺织业、轻工业和化学、机械加工等劳动密集型产业，其本身在国内市场已有严重产能过剩，行业整体的经济效益不高，又如以家电为代表的制造业生产已经进入成熟期，相关生产技术已经很纯熟，国内市场也已趋于饱和，且竞争激烈，需要借助对外投资绕过各种贸易壁垒，最大化利用全球生产资源，提高生产效率，扩大生产空间，将成功适用于发展中国家的小规模适应性技术传输入技术稀缺的国家，进而带动相关原材料等中间产品的出口。

因此，现阶段，依据中国产业发展水平的特征，中国企业在对外投资的产业选择中，需要侧重于国外高技术优势，并致力于获取稀缺的能源资源以及广阔的市场空间。其中在海外开发获取稀缺紧俏的生产要素是中国企业对外投资的重点目标，可以带动国内产业机构优化升级。

第四章　中国对外直接投资的国内制度

改革开放以来，中国的境外投资制度从无到有，境外投资管理的目标也从严格限制发展逐步转向支持鼓励，制度体系不断完善。随着"走出去"战略的提出和推进，中国境外投资的管理逐渐放松，形成了一些针对对外直接投资的支持政策。特别是在投资核准、外汇管理、金融支持、税收政策等各方面，境外直接投资管理措施不断改善，境外直接投资便利化水平不断得到提升。

第一节　中国对外投资管理制度的演进和体系框架

中国对外投资制度的体系框架主要包括国内制度和国际规则体系。梳理目前对外投资管理的行政职责分工，根据具体政策领域介绍境外直接投资具体政策的现状和发展趋势，分析目前国内管理制度面临的主要问题，对于进一步完善中国的对外投资管理制度具有十分重要的意义。

一、中国对外投资制度的演进

从企业视角看，影响企业境外投资的制度包括投资目的地制度、母国制度和各类国际规则，国际规则主要为双边、多边投资贸易协议以及税收协议等。在本国政府可影响的制度范围内，境外直接投资制度主要为国内制度和国际规则，虽然一些高标准国际规则能对签约国的国内经济管理制度产生影响，但这种影响是通过国际规则间接实现的。

改革开放以来，中国境外投资国内制度从无到有逐渐建立，境外投资管理的目标从严格限制发展至支持鼓励，境外投资国内制度体系不断完善。[①]1978年，中国才开始允许企业出国办企业，但基于外汇有限，仅个别企业能到境外开办企业；20世纪90年代中国逐渐建立起严格的境外投资审批制度和管理办法；20世纪90年代末，境外投资政策限制措施开始松动，允许企业在境外设立贸易公司或开展加工装配业务；2004年，中国投资体制改革明确企业的投资自主权，境外投资从审批制转为核准制和备案制。2013年以来，根据十八届三中全会“落实企业投资自主权，发挥市场配置资源的决定性作用”的要求，企业投资主体地位得以进一步确立，境外投资管理“简政放权”和“放松管制”的改革不断推进落实。

1982年，中国与瑞典签订第一个双边投资协定，截至2015年上半年，中国已和132个国家和地区签订了双边投资保护协定。自1983年中国与日本签订第一个双边税收协定以来，截至2015年8月底，中国已对外正式签署100个避免双重征税协定。2002年，中国开始对外签订自由贸易协定，自由贸易协定从最初主要涵盖货物贸易发展为目前涵盖货物贸易、投资和服务贸易等内容，目前中国已签署14个自由贸易协定，自贸区战略正在加快推进。

二、中国对外投资制度的总体框架

（一）中国对外投资制度的国内政策体系

从功能上分，对外直接投资政策体系可分为监管服务以及投资促进政策体系。监管和服务包括投资的核准备案、统计和信息服务、境外经济贸易合作区、境外投资联合年检制度以及税收管理和服务制度等，境外投资促进政策体系包括各类公共财政资金支持、政策性金融支持政策、税收优惠政策等。

实际上，按照功能划分对外投资制度存在一定问题。在一些领域，某些具体政策既具有管理之目标，同时又具有一定程度的促进支持作用，典型如税收政策。如果纯粹从鼓励角度，境外所得的企业所得税的政策选择应该是免税制，但基于国家利益考虑，多数国家采用抵免制。抵免制一方面尽量避免国际双重征税，具有促进境外投资之作用；另一方面，也避免母国流失国家税收。

---

① 1978年以来中国境外投资管理制度的演进可参见董彦岭：《中国境外投资促进体系的制度演进分析：1979—2009》，《理论经济研究》2012年第3期。

相比较于以功能为基础的划分标准，按照政策领域划分对外投资国内制度更为清晰。在政策内容上，中国目前对外直接投资制度主要分为投资核准和备案制度、对外直接投资统计制度、境外经济贸易合作区政策、税收制度、外汇管理制度、金融政策、海外投资保险政策、国有企业境外投资管理制度等。本章第二节将简要介绍具体政策内容及现状。

（二）中国对外直接投资的国际规则体系

与中国对外直接投资相关的国际规则可分为两类：一是一些全球性或多边规则，二是中国对外签订的双边投资协定或自由贸易协定中关于投资的内容，以及中国对外签订的税收协定。

1. 投资相关的全球性规则

根据法律约束力，与境外投资相关的全球性规则大致分为两类，一是具有指引作用的国际经济软法，例如经济合作与发展组织（OECD）制定的《OECD公司治理原则》、《主权财富基金与投资接受国政策宣言》，根据国际金融公司和世界银行的政策和指南制定的“赤道原则”等，“赤道原则”强调银行在项目融资业务中要关注环境保护、社会责任和可持续发展。①

二是具有法律约束力的全球性规则，主要包括《解决国家与他国国民之间投资争端公约》（中国于1990年签署该公约，1993年生效）、《多边投资担保机构公约》（中国于1988年加入该公约）以及WTO中与投资有关的协定。WTO中与投资有关的协定主要包括《与贸易有关的投资措施协定》（TRIMs协定）、《服务贸易总协定》（GATS）、《与贸易有关的知识产权协定》（TRIPs协定）、《补贴和反补贴协定》（SCM协定）以及《争端解决规则和程序的谅解》，②其中GATS是与投资最直接相关的协定，但主要涉及服务业市场的开放。

目前国际尚未达成关于投资的多边框架性协议，现有与投资相关的全球性协定仅限于针对投资的某一具体问题，如《解决国家与他国国民之间投资争端公约》针对投资争端问题，《多边投资担保机构公约》针对海外投资保险问题。

① 关于赤道原则的实践，可参见张弫：《论国际经济软法在中国海外投资中的作用》，硕士论文，中国社会科学院，2014年。

② 详细论述可参见相关文献如梁咏：《中国投资者海外投资法律保障与风险防范》，法律出版社2010年版。

2. 中国对外签订的双边或区域性投资贸易协定以及税收协定

这部分内容主要包括中国对外签订的投资协定、自由贸易协定以及双边税收协定。投资协定和自由贸易协定以及自由贸易战略的一些内容将在第五章介绍，双边税收协定将在本章第二节中予以简单介绍。

三、中国对外直接投资管理的公共职责分工

对外直接投资管理和服务涉及的具体执行部门比较多，行政职责分工与中国行政管理体制和中央地方政府事权划分直接相关。机构类型上，可以分为行政机关和承担政府职责的企业或机构，后者包括政策性金融机构、第三方机构等经授权执行相关职责的组织。

目前，商务部是境外投资监管和服务的核心组织部门，承担境外投资设立之时的备案或核准职责，承担中国企业境外投资经营过程中的年检、统计和信息发布的大部分工作，还主导国际投资贸易协定的谈判、签定工作。发改委负责境外投资单位设立时的备案或核准，目前与商务部的核准管理内容略不同的是，发改委的核准或备案标准中包括了投资金额，商务部主要审核境外投资是否在敏感地区或属于敏感行业。各级政府国资委还负责管理其所属国有企业的境外投资行为和境外经营行为，这三个政府部门的主要职责分工见表 4-1。

其他政府部门根据其职能，承担境外投资相应领域的管理和服务，如外汇管理局承担境外投资的外汇管理和监测；税务部门承担境外投资税收登记、税收征收管理和服务，国家税务总局还负责对外签订双边税收协定；财政部门承担对境外投资财政资金支持政策的资金管理；统计部门与商务部门等联合承担境外投资的统计信息收集和发布工作；金融监管部门则监管相关企业的跨境投资行为。

中国政策性金融机构主要承担了境外投资的金融支持政策的制定；国家开发银行主要提供融资资金支持，偏重于能源、基础设施领域；进出口银行也为境外投资提供信贷资金支持，偏重于对特定地区和企业的信贷支持，且是中国政府援外贷款的执行机构；中国出口信用保险公司为中国海外投资提供境外投资风险评估和海外投资保险服务。

一些地方政府或商务部门主导成立了第三方机构或一些非营利平台。如为境外投资促进中心的上海商务委设立的上海市对外投资促进中心，非营利

平台如上海自贸试验区设立的境外投资服务平台。这类机构通常集合境外投资信息和专业知识,为境外投资提供信息服务和咨询服务。

表 4-1 部分政府部门在对外投资管理领域的主要职责

部 委	主 要 职 责
商务部	商务部是境外投资监管和服务的核心组织部门 ✓ 境外直接投资的投资核准和备案 ✓ 境外直接投资统计、信息收集和信息发布 ✓ 与外汇管理局共同负责境外投资联合年检制度 ✓ 境外投资综合绩效评价 ✓ 境外经济贸易合作区设立审批 ✓ 对外投资贸易协定的谈签工作
发改委	发改委负责指导中国出口信用保险公司的业务政策 ✓ 境外直接投资项目核准和备案 ✓ 与中国出口信用保险公司共同负责实施境外投资重点项目风险保障机制
国资委	国有企业境外直接投资的备案、审批,境外国有产权登记、运营检查 ✓中央国资委负责管理中央企业 ✓地方国资委负责管理所属地方国有企业

资料来源:根据商务部、发改委、国资委职责整理。

第二节 中国对外直接投资的国内制度现状

随着"走出去"战略的提出和推进,中国境外投资的管理逐渐放松,境外投资公共管理和服务体系不断建立和完善,也已形成一些针对对外直接投资的支持政策,促进和引导企业在某些地区或某些行业进行境外投资。

一、境外直接投资管理制度

中国境外直接投资的投资管理制度包括在投资设立阶段的核准和备案制度、外汇登记制度,也包括在经营阶段的统计、年检和备案制度。

境外直接投资设立阶段(包括新设投资和并购投资),企业主要得经过三个步骤的备案或核准:第一步,到发改委办理境外项目核准和备案手续;第二步,经过商务部门境外投资备案和核准,投资主体获得中国企业境外投资证书;第三步,投资者根据发改委和商务部的核准文件或备案文件,向当地外汇局办理境外直接投资外汇登记证，根据外汇登记证，到外汇指定银行办理资金汇出手续（如图 4-1）。

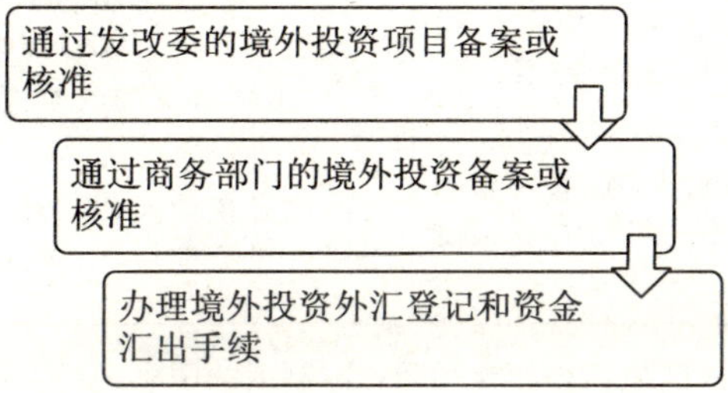

图 4-1　中国境外直接投资审核流程图

境外投资设立阶段的政府管理部门主要为发改委、商务部门、外汇管理部门。根据具体企业类型不同，管理制度又有所差别，如国有企业境外投资首先要获得国资委审批，上市公司境外投资涉及证监会的相关要求，金融机构境外投资需要金融监管部门的审批等。近几年，发改委、商务部门以及外汇管理部门对境外投资的管理制度都发生了较大的变化，中国企业境外投资更加便利。

（一）发改委境外项目核准和备案

发改委备案和核准文件是中国境内投资主体开展境外直接投资的首要步骤。在取得发改委核准文件或备案通知前，投资主体不能签署任何具有最终法律约束力的文件，商务部、外汇局、税务部门或海关都不能办理与境外投资有关的手续；金融机构不能发放境外投资相关的贷款。

21 世纪以来，发改委境外投资管理制度发生了相当大的变化。2004 年投资体制改革确立了企业的主体地位，国家发改委仅对大额用汇的境外投资项目进行核准，其他境外投资项目则由地方政府进行核准。①2014 年 5 月，中国开始实施《境外投资项目核准和备案管理办法》（国家发改委第 9 号令），进一步简化境外项目核准和备案手续。

① 按照 2004 年《境外投资核准暂行管理办法》（国家发展改革委第 21 号令）："中方投资 3 000 万美元及以上资源开发类境外项目由国家发展和改革委员会核准。中方投资用汇额 1 000 万美元及以上的非资源类境外投资项目由国家发展和改革委员会核准。上述项目之外，中央管理企业投资项目报国家发改委、商务部备案，其他企业投资的项目由地方政府按照有关法规办法核准。"

表 4-2　目前发改委境外投资项目核准和备案权限划分

核准项目	备案项目
中方投资额 10 亿美元及以上的境外投资项目，由国家发展改革委核准	中央管理企业的境外投资项目、地方企业实施的中方投资额 3 亿美元及以上境外投资项目，由国家发展改革委备案
涉及敏感国家和地区、敏感行业的境外投资项目不分限额，都要由国家发展改革委核准	地方企业实施的中方投资额 3 亿美元以下境外投资项目，由省投资主管部门备案

说明：敏感国家和地区包括未建交和受国际制裁的国家，发生战争、内乱等的国家和地区。敏感行业包括基础电信运营，跨境水资源开发利用，大规模土地开发，输电干线、电网，新闻传媒等行业。

国家发改委新核准和备案办法的主要变化包括：一是不再划分资源部门和非资源部门，而是划分敏感国家和地区以及敏感行业；二是从投资金额看，需要核准的投资金额大幅提升，缩小了核准范围，原来规定资源部门超过 3 亿美元、非资源部门超过 1 亿美元都需要国家发改委审批，2014 年规定 10 亿美元以上需要国家发改委审批；三是地方发改委不再核准，仅在其权限内进行备案，且原来地方发改委根据投资金额划分审批权限；[①]四是详细规定备案和核准的办理时限；五是对境外收购和竞标项目，设立项目信息报告制度，中方投资额 3 亿美元及以上的境外收购或竞标项目，在对外开展实质性工作前，要向国家发改委报送项目信息报告，对符合相关规定的项目，国家发改委在 7 个工作日内出具确认函，改变原来的“小路条”制度（发改委对收购的预批准），旨在解决近年来中国海外并购因“路条”而引发的“纠纷”。

（二）商务部门对境外投资的核准备案制度

在获得发改委境外投资项目备案文件或核准文件后，投资主体到商务部门进行投资备案或核准，获得中国企业境外投资证书。21 世纪以来，商务部门境外投资管理经历了三次大的变化：一是 2004 年颁布《关于境外投资开办企业核准事项的规定》，二是 2009 年商务部颁布实施的《境外投资管理办法》，三是 2014 年颁布《境外投资管理办法》。总体而言，商务部门对境外投资管理程

① 程序上，国家发改委核准或备案的境外投资项目，除中央管理企业直接报送国家发改委外，其他企业直接提交至省发改委，由省发改委报送国家发改委。

序不断简化和便利化，核准范围不断缩小，核准权限不断下放。

商务部门对境外投资的管理分为备案管理和核准管理。根据 2014 年的《境外投资管理办法》，商务部实行核准管理的范围为涉及敏感国家和地区、敏感行业的境外投资，其他则实行备案管理。核准权限限于商务部，地方商务部门仅受理地方企业核准申请并进行初步审查，并将初步审查意见和企业申请材料报送商务部。

2014 年的《境外投资管理办法》缩小了境外投资核准范围，核准内容仅关注敏感国家和地区以及敏感行业。2009 年要求一定投资额度以上的投资，需要分别由商务部或省级商务主管部门核准，2014 年《境外投资管理办法》取消根据投资金额进行核准的要求，与发改委的核准分工更为明确。另外，2014 年新规定取消对在境外设立特殊目的公司的核准要求。

自 2014 年《境外投资管理办法》实施以来，据商务部统计，从 2014 年 10 月 6 日到 2015 年 9 月 14 日，商务部和地方商务主管部门一共完成了企业境外投资核准和备案 1 万件，其中备案 9 959 件，占总数的 99.59%，核准 41 件，占总数的 0.41%，[①]表明备案制占据境外投资管理中的绝大部分，显现出简政放权、减少审批的成效。

(三) 境外直接投资外汇管理制度

境内投资者在获得发改委、商务部门核准或备案后，到所在地外汇局办理境外直接投资外汇登记证。根据发改委、商务部门核准文件和境外直接投资外汇登记证，到外汇指定银行办理境外直接投资资金汇出手续。外汇指定银行进行真实性审核后为企业办理资金汇出。一些特殊企业境外直接投资审核以及外汇管理则有特别规定，如境内银行的境外直接投资。

目前境外直接投资外汇管理的主要依据为《境内机构境外直接投资外汇管理规定》(汇发[2009]30 号)。境外直接投资外汇管理不断放松的趋势明显，例如 2002 年之前要求境外投资要缴纳利润汇回保证金，2002 年予以取消；2006 年前限制境外投资用汇规模和可使用的外汇来源范围，2006 年 7 月后取消；2009 年后，外汇管理资金来源从事前审查改为事后登记。

---

① 来自国务院新闻办公室："国新办就《2014 年度中国对外直接投资统计公报》有关情况举行发布会"，2015 年 9 月 17 日，http://www.china.com.cn/zhibo/2015-09/17/content_36601115.htm。

外汇管理部门近年不断简化和改进对外直接投资相关的日常用汇管理制度，以及进行外汇管理创新，解决跨国公司总部和营运中心在资金运营方面遇到的外汇管理问题。

(四) 经营阶段的境外投资管理制度

在企业经营阶段，境外直接投资管理制度包括境外投资统计制度、境外投资联合年检制度、境外投资综合绩效评价制度等，另外境外国有资产还要进行境外国有产权登记。商务部主要负责境外投资的信息发布、信息收集、联合年检等职责，一些职责的实施要联合其他部委共同推进，例如会同国家发展改革委、外交部发布《对外投资国别产业指引》，联合国家统计局、外汇管理局发布年度《中国对外直接投资统计公报》等。

二、境外直接投资的税收制度

(一) 境外直接投资涉及的主要税收制度

国内税收方面，中国企业境外投资主要涉及企业所得税和出口退税，出口退税与企业实物出资投资或对外承包工程的货物出口等行为相关。国际税收规则主要是双边税收协定。

与境外投资密切相关的是关于境外所得的企业所得税的税收制度。中国企业所得税境外所得的税收目前实行分国不分项的税收抵免制度。2008 年新《企业所得税法》实施以来，中国对境外所得的反避税制度逐渐建立和完善，主要内容包括：一是引入受控外国公司征税规则。2008 年《企业所得税法》第四十五条第一次引入受控外国企业（CFC）征税规则，[①]对于居民企业将利润滞留于避税地不汇回，以推迟或逃避纳税义务的行为，受控外国公司征税规则能起到一定程度的遏制作用。二是进一步规范和完善中国转让定价税收管理体系。2008 年《企业所得税法》以及 2009 年《特别纳税调整实施办法（试行）》等在对关联方、预约定价安排、转让定价方法及调整等都进行了详细的规范。

---

① 中国受控外国公司征税规则规定：居民企业，或者由居民企业和中国居民控制的设立在实际税负明显低于中国企业所得税法规定的税率水平的国家（地区）的企业，并非由于合理的经营需要而对利润不作分配或者减少分配的，上述利润应属于该居民企业的部分，应当计入该居民企业的档期收入。《特别纳税调整实施办法（试行）》（税发[2009]2 号）进一步细化受控外国公司规定。

在双边税收协定方面，截至2015年8月底，中国已正式签署100个避免双重征税协定，其中97个协定已生效，和香港、澳门两个特别行政区签署了税收安排，与台湾地区签署了税收协议。①

(二) 双边税收协定的执行和“一带一路”战略

虽然中国双边税收协议区域覆盖较广，但普遍存在“重谈签，轻执行”的问题。近年国家税务部门开始采取各项措施落实税收协定，为中国境外投资企业避免双重征税提供服务。2005年，国家税务总局开始提供税收争端处理服务，对已与中国签订税收协定的国家，若中国投资企业认为东道国的征税措施已经或将会导致不符合税收协定规定的情况，企业可向国家税务总局提出申请，由国家税务总局与缔约国主管税务总局协商解决。

针对“一带一路”战略，国家税务总局要求进一步提升国际税收服务和管理，特别强调税收协定的执行落实。2015年4月，国家税务总局下发《关于落实“一带一路”发展战略要求 做好税收服务与管理工作的通知》(税总发[2015]60号)，就执行税收协定、改善税收服务和规范税收管理提出系列措施，提出税务部门要及时了解在“一带一路”沿线国家投资的企业的涉税诉求和税收争议，及时受理企业提起的互相协商申请。税收服务主方面，则要求各地税务部门在信息发布和税收咨询方面提高服务水平，包括要求各省要推广国别税收信息中心，要建立“一带一路”税收服务网页等。

(三) 境外投资税收征管服务制度正逐渐建立，但仍存在不少问题

相比较于针对境外所得税收制度的内容方面的问题，“走出去”的税收征管制度面临更为严峻挑战，跨境税源管理制度亟待完善。

税务机关对企业境外投资合作信息的监控乏力。对于企业境外经营和所得情况，税务机关基本上依赖于企业主动申报，且无法核实其申报数据的真实性。根据一些地方税务机关调查结果数据显示，主动申报境外所得情况的企业很少。例如一份资料显示，某市地方税务局的调查数据显示，截至2012年6月底，全市44家“走出去”企业中，只有1家向税务机关申报境外所得情况，也

① 《大陆与台湾的避免双重征税协议》于2015年8月25日签署，截至2015年9月底，协议尚未生效。关于双边投资协定的详细信息参见国际税务总局网站，http://www.chinatax.gov.cn/n810341/n810770/index.html。

只有1家企业主动办理享受双边税收协定所必须的《中国税收居民身份证明》。①

目前税收征管机制设置无法适应资本输出的情况，无法对走出去企业实现专业化和规模化管理。中国目前税收征管机构根据属地管理原则划分具体企业征管工作，即根据企业所在区、县来分配征管职责。对于大部分城市的区或县，对外投资的企业数量占比很少，当地税务机关对企业境外经营活动进行监控成本过高。

近年来，中国境外投资税收服务和管理制度逐渐建立和改进。2007年以来下发多个指导性文件，要求做好境外投资和"走出去"企业税收服务和管理工作。②随着新《企业所得税法》细则的不断出台，关于境外所得税收管理的内容更具操作性。如2010年国家税务总局发布的《企业境外所得税抵免操作指南》；另外，2014年下发的《国家税务总局关于居民企业报告境外投资和所得信息有关问题的公告》（国家税务总局公告2014年第38号），落实了对境外企业税收信息报告的要求。

三、境外直接投资的金融和资金支持政策

境外直接投资的金融支持制度可分为政策性金融支持和商业性金融支持。目前政策性金融机构主要涉及三家，分别为国家开发银行、中国进出口银行和中国出口信用保险公司。各级政府对某些类型的境外直接投资提供专项财政资金支持。

（一）境外直接投资和政策性金融支持措施

1. 国家开发银行

国家开发银行成立于1994年，直属国务院领导。截至2014年末，股东构成为财政部（50.18%）、中央汇金投资有限责任公司（47.63%）和全国社会保障基金理事会（2.19%）。③国家开发银行是国家实施能源战略的重要主体，通过

---

① 《"走出去"企业跨境税源管理的国际借鉴研究》，湖南省国际税收研究会课题，《涉外税收》2013年第3期。

② 比较重要的文件包括《关于做好中国企业境外投资税收服务与管理工作的意见》（国税发[2007]32号）、《国家税务总局关于进一步做好"走出去"企业税收服务与管理工作的意见》以及《国家税务总局关于加强国际税收管理体系建设的意见》（国税发[2012]41号）等。

③ 《国家开发银行2014年年报》，http://www.cdb.com.cn/web/index.asp。

以“贷款换能源、换资源”方式，运作中委基金、中俄石油、中巴石油、中土石油气等重大项目，支持中石油、中石化等企业“走出去”。

国家开发银行在“一带一路”战略中发挥重要作用，支持在基础设施、装备制造、金融、农业、民生、能源等重点领域的国际项目合作，支持能源企业、铁路、核电“走出去”，参与发起设立丝路基金，配合筹建亚洲基础设施投资银行，深化上合银联体、中国—东盟银联体、金砖国家银行合作机制等多边金融合作。

截至2014年末，国家开发银行外币贷款余额2 670亿美元，跨境人民币贷款余额564亿元，境外代理行网络和国际业务代理行全球分布都粗具规模，已与106个国家和地区的707家银行建立代理行关系。①

为支持中国企业走出去，国家开发银行与其他国内外机构合资设立了产业投资基金，包括中瑞合作基金、中国—东盟中小企业投资基金、中网比利时直接股权投资基金和中非发展基金。以中非发展基金为例，中非发展基金有限公司成立于2007年6月，是对非洲投资的股权投资基金，一、二期共30亿美元全部由国家开发银行出资，目前主要投资于航空、港口、电力、农业、医药、汽车和家电组装等领域。据《2014年国家开发银行年报》，2014年中非发展基金新增对非投资1.81亿美元，带动中国企业对非投资约11亿美元。截至2014年末，累计决策投资31.3亿美元，涉及项目80个，可带动对非投资约160亿美元。

2. 中国进出口银行

中国进出口银行直属国务院领导，成立于1994年，设有总行和省级分行两层机构，其国际信用评级与国家主权评级一致。中国进出口银行是以融资支持方式执行对外经贸政策和外交政策的政策性机构。境外投资方面，中国进出口银行为部分境外投资提供政策性融资，也是中国政府对外优惠贷款的承贷行。近年，中国一些影响力、金额较大的境外并购得到该行的信贷支持，如联想并购IBM个人电脑业务部门、中国五矿集团收购智利铜矿、中国铝业集团收购秘鲁铜业、中国水电建设集团柬埔寨项目等。

国家发改委和中国进出口银行共同负责境外投资专项贷款支持政策。国

---

① 来自国家开发银行网站，http://www.cdb.com.cn/web/index.asp。

家发改委与中国进出口银行在 2003 年和 2004 年相继下发了《关于对国家鼓励的境外投资重点项目给予信贷支持有关问题的通知》和《关于对国家鼓励的境外投资重点项目给予信贷支持政策的通知》,每年专门安排境外投资专项贷款,该专项贷款可享受出口信贷优惠利率,主要支持以下四类项目:境外资源开发类项目、境外生产型项目和基础设施项目、境外研发中心项目、境外企业收购和兼并项目。

中国进出口银行是中国对外政府优惠贷款的唯一承贷行,推动中国企业与受援国政府开展资源类和事业类投资合作,开创了"资源、信贷和项目"一揽子合作的"安哥拉模式"。优惠贷款本金由中国进出口银行通过市场筹措,贷款利率低于中国人民银行公布的基准利率,利息差额由国家财政补贴。优惠贷款主要用于帮助受援国建设有经济社会效益的生产型项目、大中型基础设施项目,提供较大型成套设备、机电产品等。根据 2014 年发布的《中国的对外援助白皮书》,2010—2012 年,中国对外提供优惠贷款 497.6 亿元人民币,占对外援助总额的 55.7%。①

3. 中国出口信用保险公司提供的投资保险

中国出口信用保险公司是中国目前唯一政策性保险公司,成立于 2001 年,设立之初主要承担出口信用保险业务,包括承保出口过程中的商业风险和政治风险。2002 年 12 月,中国出口信用保险公司推出的第一个境外投资保险项目为中国化学工程总公司和中国成达工程公司对印度尼西亚巨港电站的投资项目。

截至 2015 年 9 月,中国政府支持的海外保险制度主要是境外投资重点项目风险保障制度。该制度的法律法规依据是 2005 年国家发改委、中国出口信用保险公司联合发布的《关于建立境外投资重点项目风险保障机制有关问题的通知》。根据 2005 年通知规定,中国出口信用保险公司向国家鼓励的境外投资重点项目提供投资咨询、风险评估、风险控制以及投资保险等境外投资风险保障服务,其中投资保险的范围为"境内投资主体因征收、战争、汇兑限制和政府违约等政治风险遭受的损失"。

---

① 2014 年《中国的对外援助白皮书》,http://www.fmprc.gov.cn/ce/cohk/chn/xwdt/jzzh/t1173111.htm。

根据 2005 年通知规定，境外投资风险保障制度支持的项目主要包括四类：境外资源开发类、境外生产型项目和基础设施项目、境外研发中心项目以及境外企业收购和兼并项目。中国境内的企业法人（已获得投资核准或备案）均可申请境外投资项目风险保障服务。对于国家鼓励的境外投资重点项目，中国出口信用保险公司“可根据国家政策，视项目具体情况，给予一定费率优惠，并适当规定简化承保程序，加快承保速度”。

在具体实施机制上，中国出口信用保险公司对投保条件具有独立审核权，依据发改委的投资项目核准文件或备案文件，对项目投保条件进行独立审核。发改委除了履行日常的投资项目管理外，主要承担政策指导、信息沟通以及协调职责。

目前，中国海外投资保险的渗透率需要进一步提升，中国出口信用保险公司的投资保险类型、品种需要更加丰富。

（二）商业性金融服务和境外直接投资

1. 商业性金融机构服务企业境外直接投资的进展

随着本土跨国企业的增加，中资金融机构服务企业境外投资的金融产品和服务模式不断丰富。金融机构与境外直接投资相关的信贷业务模式包括境外投资贷款、并购贷款、银团贷款、内保外贷、外保外贷等方面，同时在中间业务方面的服务模式不断丰富，如跨境现金管理、全球客户经理制、全球统一授信等。

中资银行正逐渐加快海外布局，在全球重要城市设立分支机构，提升全球服务能力。中资银行海外分支机构数量快速上升，例如，截至 2015 年 6 月，中国工商银行境外网络已经覆盖全球 42 个国家和地区，拥有 400 余家境外机构；建设银行已在全球 24 个国家和地区设立了 26 家一级机构；中国银行海外机构覆盖 42 个国家和地区，经营性分支机构 635 家，其中，在“一带一路”沿线的 16 个国家已经设立了分支机构。①

2015 年，为“一带一路”提供金融服务成为银行业机构国际业务发展的重要内容。②截至 2015 年 6 月底，工行为 115 个“一带一路”境外项目提供了融资

① 《中资银行境外业务利润增速超境内，净增点挪海外了?》，2015 年 10 月 23 日，见《北京青年报》，http://news.xinhuanet.com/overseas/2015-10/23/c_128350117.htm。

② 银监会表示将围绕“一带一路”战略部署，引导银行业金融机构加大对“一带一路”项目的金融支持力度，不过目前尚未出台具体的监管支持政策。

支持，总金额199亿美元，涉及电力、交通、油气、矿产、电信、基建、园区建设等行业；建行在“一带一路”沿线国家累计储备了268个重大项目，投资金额约4 600亿美元。①

2. 金融业服务境外直接投资的相关外汇制度调整

政府对于中资金融机构服务企业走出去的外汇管理政策不断明确和放松，例如在外汇方面，根据2009年《境内机构境外直接投资外汇管理规定》第十一条：“境内机构可以按照《中华人民共和国外汇管理条例》和其他相关规定，向境外直接投资企业提供商业贷款或融资性对外担保。”

境内银行对外担保管理制度进一步简化。“内保外贷”、“外保外贷”等成为境外中资企业获得中资银行授信和融资的重要方式，这样一方面能充分利用企业在境内所积累的信用，另一方面能获得境外较低成本的资金。2005年，外管局发布《关于调整境内银行为境外投资企业提供融资性对外担保管理方式的通知》，将境外投资企业的融资性对外担保由逐笔报外汇管理部门审批改为余额控制，2010年7月，外管局发布《国家外汇管理局关于境内机构对外担保管理问题的通知》（汇发[2010]39号），进一步改革对外担保管理政策，调整了对外担保余额指标的核定办法，例如境内银行担保余额管理范畴发生改变，从向境外机构提供融资性担保扩大成为境内外机构提供融资性担保，同时调整了银行余额指标的核定依据。总体而言，这一系列外汇管理措施大幅简化了对外担保管理程序，企业“走出去”的融资更加便利化，融资能力得以进一步提升。

3. 商业金融服务企业“走出去”面临的问题

中资银行在全球布局中不仅服务企业跨国运营，同时在跨国支付方面也具有十分重要的安全战略意义，特别是在西方国家主导一些经济制裁的情况下，与某些国家的贸易往来需要通过本国银行的支付体系。

中资银行海外扩张面临不少问题。一方面，中资银行在发达国家的运营面临激烈竞争。外资银行在海外布局较为完善，对跨国公司的服务能力基本上高于中资银行。为此，中资银行进入发达国家不仅面临激烈竞争，同时面临

---

① 《多元化综合金融服务助力“一带一路”战略》，2015年9月5日见新华网，http://news.xinhuanet.com/fortune/2015-09/05/c_1116464344.htm。

严格的金融监管。中资银行在发达国家的布局需要中长期的战略规划，不能一蹴而就；中资银行在发展中国家的布局需要结合其市场的开放度和国家的稳定程度，仔细考察，谨慎推进。另一方面，在银行机构支持“一带一路”战略过程中，目前集中于基础设施等投资金额巨大、投资周期长的项目，存在较大的风险，风险防控和风险补偿机制亟需建立和完善。

(三) 财政专项资金支持政策

为鼓励和引导企业境外投资，中国各级政府也设立了一些专项财政资金予以支持，例如设立中小企业国际市场开拓资金、对外经济技术合作专项资金、境外矿产资源勘查开发专项资金等。部分财政资金通过政策性金融机构支持企业境外投资，详见上文介绍。

四、境外经贸合作区政策

(一) 境外经贸合作区发展现状

2006 年开始，商务部开始批准设立境外经贸合作区，随后一些省级政府也批准设立省级境外经贸合作区。据商务部统计，截至 2015 年上半年，中国企业在海外共建立了 68 个境外经贸合作区域，[①]完成投资 95.9 亿美元，雇佣 14.8 万名国外劳工，为东道国上缴 12.8 亿美元税收，取得了较好的社会和经济效益。[②]

境外经贸合作区设立和运营采取“政府扶持、企业为主体、市场化运营”方式。设立之前，中国政府与东道国政府达成一致，同时以国内审批通过的企业作为建设经营主体。该企业与国外政府协议和签约，且负责建设和经营境外合作区，开展招商引资工作。建设和经营的企业可以是民营企业，也可以是国有企业。专栏 4-1 为中国在泰国设立的国家级境外工业园区（泰中罗勇工业园区）及其驻区企业的一些情况。

境外经贸合作区成为中国政府鼓励和支持企业走出去，特别是中小企业“抱团走出去”的重要举措。这种形式适合于经营环境相对较差的发展中国家，能集中争取东道国优惠政策，同时获得相对稳定的经营环境，有利于降低

---

① 不过，获得商务部认可的国家级境外经贸合作区不多，目前共 19 个。

② 《上半年中国对外直接投资增长 29.2%》，2015 年 7 月 16 日，见新华社，http://www.gov.cn/xinwen/2015-07/16/content_2898510.htm。

企业经营成本和经营风险，规避贸易壁垒，减少经贸摩擦，同时也有利于中国政府对境外企业进行管理和服务。

专栏 4-1　泰中罗勇工业园案例

2006 年 3 月，泰中罗勇工业园区，经中国国家商务部批准后动工，是中国第一批经商务部批准建设的境外经贸合作区。该园区由浙江华立集团和泰国安美德集团共同开发。园区位于泰国罗勇府东部海岸安美德工业城，距曼谷 114 公里，距曼谷新国际机场 99 公里，距廉差邦深海港 27 公里。泰中罗勇工业园区总体规划面积 12 平方公里，已开发 4 平方公里园区，其目标是形成一个集制造、仓储物流、转口贸易和商业生活区于一体的现代化综合园区。园区产业定位主要为汽配、机械、建材、家电和电子等有比较优势的中国产业。

该园区与泰国工业区管理局(IEAT)签约合作。园区客户可享受泰国工业区管理局提供的园内“一站式”服务，园区提供的包括 BOI 证书、法律政策咨询、员工培训等服务，另外还享受泰国一些税收优惠政策(见下表)。截至 2015 年 7 月，园区已有 66 家来自中国的企业入驻。* 根据媒体报道，截至 2015 年 5 月，泰中罗勇工业园区已实现产值 37.5 亿美元，向当地政府累计缴纳税收超过 7 000 万美元。**

据入驻企业园区反映，泰中罗勇工业园区吸引中国企业入驻的另一个原因是，该园区可作为中国商品出口欧美的避风港。泰国是东盟核心成员，在东盟自由贸易区中率先实现所有产品免除关税的目标。泰国还与中国、日本、印度、澳大利亚等国家签署了自由贸易协定，对国际市场辐射作用强劲。泰国是受认可的完全市场经济国家，欧美等主要贸易区对泰国极少设置配额、反倾销等贸易障碍。

入驻园区的中资企业享受的泰国优惠政策

优惠种类	园　区
免缴企业所得税年限	自投资之日起 8 年
减半缴付企业所得税	继免税期过后另予 5 年期限

续表

优惠种类	园 区
免缴进口机器关税	自投资之日起8年
以外销为目的的原材料进口免缴关税	自投资之日起5年
可将交通、水、电等费用作为成本自所得税中双倍扣除	初次销售之日起为期10年
基础设施的安装和建设费的25%作为成本在利润中扣除	从有收入之日起十年内,可选任何一年扣除上述费用
携入外籍技工或专家及其配偶	可以
外籍人士拥有土地所有权	可以
汇出外汇权利	可以

* 见中国境外合作区网页,http://www.cocz.org/news/content-243504.aspx。

** 《探访泰中罗勇工业园》,2015年5月14日,见新华社网络,http://www.gov.cn/xinwen/2015-05/14/content_2861734.htm。

资料来源:泰中罗勇工业园区网站,http://www.sinothaizone.com/4yq22.asp。

(二) 政府对境外经贸合作区的支持

1. 国家领导层对海外产业园区建设非常重视

2006年11月,胡锦涛同志在"中非合作论坛"上宣布"在今后3年内,在非洲地区建设3—5个境外经济贸易合作区"。国家领导人为境外经贸合作区揭牌也成为国事访问的一项重要议程。例如2006年11月,胡锦涛同志在访问巴基斯坦期间,与巴基斯坦总理阿齐兹共同为巴基斯坦海尔—鲁巴经济区揭牌。2007年2月,胡锦涛同志在赞比亚访问期间与赞比亚总统姆瓦纳瓦萨为赞比亚—中国经济贸易合作区揭牌。①出访期间,产业园区的协定商议和参观也成为一项重要事项。2013年10月,习近平同志访问印度尼西亚期间,两国领导人见证签署了产业园区的合作协定。2014年9月,习近平同志访问印度古吉拉特邦期间,就工业园区项目与印度总理莫迪深入会谈。2015年5月10日至12日,习近平同志在访问白俄罗斯期间,探访中国—白俄罗斯工业园区。

① 来自商务部境外经贸合作区专题网页,http://www.mofcom.gov.cn/article/zt_jwjjmyhzq/。

2. 对经审核认可的境外产业园区给予专项资金支持

境外经贸合作区的建设和运营若通过年度考核，可申请获得中央财政专项资金资助。中央财政资金支持政策由商务部和财政部共同负责。目前将经贸合作区分为四类进行分别考核：加工制造型园区、资源利用型园区、农业产业型园区、商贸物流型园区，考核设定具体指标包括土地面积、投资额度、入区企业数量和入区企业投资额度等。①

3. 对境外产业园区给予政策性金融支持

一是联合国家开发银行，对境外合作区建设给予融资支持。例如 2013 年商务部和国家开发银行联合就境外合作区发布通知(《商务部　国家开发银行关于支持境外经济贸易合作区建设发展有关问题的通知》(商合函[2013]1016 号)，为境外经贸和建设提供融资支持，明确国家开发银行及其下属的中非发展基金可通过投贷结合方式为非洲合作区提供投融资服务，且为入园企业提供非洲中小企业专项贷款服务。

二是联合中国出口信用保险公司，规避合作区建设中的投资风险和信用风险。2010 年商务部和中国出口信用保险公司共同建立了境外经济贸易合作区风险防范机制，为合作区提供风险分析、风险管理咨询以及投资风险保险等服务。

4. 省级政府设立省级境外产业园区

省级政府中，对境外产业园区支持工作较早开展且取得较好成绩的要数浙江省。由于浙江省民营经济发达，企业走出去的意愿强烈，企业在一些国家的销售网络已经有一定基础，因此，以民营企业为建设和经营主体的产业园区形态较早出现。浙江省企业所设立的境外合作区中，除了国家级外，还有省级的境外合作区，设立的企业基本为民营企业。②浙江省省级财政对符合一定条件的省级境外经贸合作区给以专项财政资金支持。③近年，山东省、湖南省、安

① 截至 2015 年 9 月，最新的确认考核和年度考核办法为 2013 年发布的《境外经济贸易合作区确认考核和年度考核管理办法》(商合发[2013]210 号)，经费管理办法依据 2013 年发布的《外经贸发展专项资金管理办法》。

② 截至 2014 年 9 月底，由浙江企业牵头实施的境外经贸合作区共有 5 家，其中国家级 3 家，分别是华立集团在泰国的泰中罗勇工业区、康奈集团在俄罗斯的乌苏里斯克工业园、前江投资在越南的龙江工业园，2 家省级境外合作区，为越美集团在尼日利亚的越美(尼日利亚)工业园、金盛公司在乌兹别克斯坦的鹏盛工业园。

③ 详细的财政支持政策可参见 2010 年的文件《浙江省商务厅　浙江省财政厅关于加强浙江省境外经贸合作区(工业园)建设管理的若干意见》(浙商务联发[2010]176 号)。

徽省等省份也开始陆续对省级境外产业园区建设和运营予以支持。

（三）面临的主要挑战

中国大部分境外经贸合作区设立在东南亚和非洲等发展中国家，未来经营前景具有相当风险。海外产业园区的前期投入大，未来营利依赖于企业入驻情况，依赖于当地政策环境以及产业园区的运营能力和招商引资能力。境外产业园区运营要获得持续成功并不容易。2006年商务部宣布要建立50个国家级境外经贸合作区，但时至今日，达到商务部和财政部认可条件的不超过20个。

五、国有企业境外投资管理制度

（一）国有企业境外投资管理制度现状

中国首先在境外投资的企业是国有企业。虽然近年非国有企业对外直接投资的流量已超过一半，但国有企业无论在流量还是存量上仍占据重要地位。根据《2013年度中国对外直接投资统计公报》数据，非金融类对外直接投资的5 434亿美元存量中，国有企业占55.2%。

对于国有企业境外投资，除了适用一般企业的管理制度外，还有一些专门的管理制度，如《国有资产法》、《企业国有资产监督管理暂行办法》。除此之外，针对国有企业跨国投资和经营行为，还有特别的规定。例如1999年，财政部、外交部、国家外汇管理局、海关总署联合出台《境外国有资产管理暂行办法》（当时国资委尚未建立），以规范境外国有资产管理。中央国资委针对中央企业，于2011年颁布实施了《中央企业境外国有资产监督管理暂行办法》和《中国企业境外国有产权管理暂行办法》，于2012年颁布实施《中央企业境外投资监督管理暂行办法》。各省对于其所属国有企业的境外投资行为和境外国资监督管理，也制定相应的管理办法。

除了国资委履行出资人的国有企业外，近年还有一些国有企业在海外投资中频频出现，受到全球关注，如中国的两大主权财富基金，中国投资有限责任公司（简称“中投”）和国家外汇管理局旗下的华安投资公司。主权财富基金相当比例的资金投资于股票和固定收益产品，但近年通过投资私募基金间接投资于实业的情况逐渐增加。例如国家外汇管理局通过在英国的子公司银杏树投资公司，投资于英国水务公司、学生公寓、写字楼等；中投公司相当比例资产分布于长期资产，包括泛行业直接投资、泛行业私募基金、资源/大宗商品、房地产和基础设施等，根据中投公司2014年年报，①截至2014年12月31日，中投公司境外投资资产分布中，有26.2%的资产为长期资产。2015年初，中投公司成立了专门从事境外直接投资活动的“中投海外直接投资有限责任公司”，以期提升长期资产投资管理的专业化水平。

国有企业在境外设立企业阶段的核准过程。以中央企业为例，②企业首先要根据境外投资规划编制年度境外投资计划并报送国资委。若投资事项是企业年度计划的主业投资，投资事项报国资委备案；若是未纳入年度计划但是要追加的主业重点投资项目，国有企业在履行企业内部投资决策程序后报送国资委备案。中央企业原则上不能在境外从事非主业投资，若有特殊原因，要获得国资委核准。

国有企业境外运营中的监督管理。中央企业要参照《中央企业固定资产投资项目后评价工作指南》(国资发规划[2005]92号)对境外投资实施后评价管理。另外中央企业还要遵循2011年发布的《中央企业境外国有资产监督管理暂行办法》(国资委令第26号)和《中央企业境外国有产权管理暂行办法》(国资委令第27号)等规定。

(二) 国有企业境外投资管理制度面临的主要问题

1. 国内监管制度无法跟上大量增加的国企境外投资

与国内国有资产管理相比较，境外国有资产管理监管难度更大。2015年两会期间，“央企海外资产基本未进行过审计”成为热点话题。2004年爆发的“中航油事件”和2008年的“中信泰富事件”，暴露出国有企业公司治理机制的缺陷，且这种缺陷会在企业境外运营过程中进一步放大。近年关于央企境外投资亏损的报道不断，如“中铁建在沙特的项目亏损41亿元”、“中国建筑业巨头兵败欧洲”等报道，国有海外投资的腐败事件频发。

境外国有资产管理存在许多问题，包括相关法律法规制度滞后，管理内容上限于投资的事前审批、经营业绩的事后报告以及产权登记等方面，对于运营过程的监管规定较少。对于一些亏损情况，国内监管部门很难区分是企业不适应境外投资环境还是负责人本身的问题。虽然2011年和2012年中央国资委针对境外国资陆续出台管理措施，但中央企业规模庞大、数量较多、在全球投

---

① 年报来自中投公司官方网站，http://www.china-inv.cn/。

② 中央企业境外投资管理办法的依据为《中央企业境外投资监督管理暂行办法》(国务院国有资产监督管理委员会令2012年第28号)。

资覆盖的区域广，中央国资委监督管理力量有限。随着“一带一路”战略的推进，国有企业对外投资将进一步增多，国企境外监督管理制度亟待改进和完善。

2. 大量国有企业海外投资面临东道国政府的经济安全审查

随着中国国有企业海外投资规模的增加，特别是在资源矿产行业和高技术行业投资额的增加，国外政府逐渐加大经济安全审查力度。典型如美国外国并购投资的安全审查制度，该制度对“受外国政府控制的交易”的审查要求特别严格，其他一些国家也开始效仿美国的安全审查程度。这已经对中国国有企业在相应国家的高技术领域和资源行业投资造成影响，且一定程度上殃及民营企业的海外投资项目。

第三节 中国对外直接投资国内制度面临的主要问题

从上文可看出，自国家提出“走出去”战略以来，在投资核准、外汇管理、金融支持、税收政策等各方面，境外直接投资管理措施不断改善，境外直接投资便利化水平不断提升。但不可忽视的是，目前中国境外投资管理制度仍存在不少问题，具体领域管理制度的一些问题已在上文有所阐述，本节主要探讨一些共同的制度体制上的问题。

一、境外投资管理制度的法制化建设问题

境外投资管理制度目前以部门规章为主，立法层次过低。境外直接投资政策的主要依据是部门规章，立法层次低，这一点导致部门之间的职责定位缺乏协调和统筹，不同政府部门各司其职，境外投资管理的信息分散于各部门，部门间的信息无法共享，不存在自动的信息共享机制。典型如商务部门和外汇管理部门每年对境外投资企业进行联合年检，却没有将税务检查作为其一项内容。

商务部已将境外投资法制化建设提上日程，表示将加快推动出台《境外投资条例》及相关配套政策，构筑“走出去”政策促进、服务保障和风险防控体系。[1]境外直接投资涉及税收、金融、外汇管理、国有企业监管等各领域管理制

① 国务院新闻办公室：“国新办就新修订版《境外投资管理办法》情况举行发布会”，2014 年 10 月 22 日，http://www.china.com.cn/zhibo/2014-10/22/content_33821815.htm?show=t。

度，单行法规可能无法解决各领域的所有问题，法制化建设无法一蹴而就，因此需要更高立法层次的法律，对不同部门职责进行明确分工和统筹协调，促使各部门不断改进和完善相应具体领域的境外直接投资管理制度。

二、国际战略的政策支持体系和国有企业定位问题

“走出去”战略和“一带一路”战略中，中国期望通过投资贸易纽带，在各领域实现互利共赢，以打造“政治互信、经济融合、文化包容的利益共同体、命运共同体和责任共同体”，而不只是仅考虑经济利益，因此相当部分的投资项目包含国家战略。这些投资项目的经济收益在短期内可能是有限的，例如基础设施投资项目，短期内的经济收益有限，但有助于提高当地生产能力，提升当地营商环境，是未来扩大投资贸易合作的基础，这种投资项目可能就无法用项目本身的经济收益来衡量。

“一带一路”战略前期推进过程，必将出现大量类似基础设施建设这样带有国家利益性质的投资项目。这类项目往往投资周期长、投资金额大，风险也较高，需要国家给予政策支持。但目前为止，国家战略相关鼓励支持政策有限，大量投资项目实施主体是国有企业，大量融资资金也是来自国有商业性金融机构。国有企业是主要参与主体，这一方面表明国有企业积极响应国家战略，是推进战略的先行者；另一方面也表明，从纯粹经济效益来看，目前国家战略的支持政策体系还不足以吸引私人企业积极参与。

要避免境外投资推进国家战略过程中，国有企业管理领域出现新的难题。多年来中国国内国企改革一直试图分离竞争性业务和政策性业务，但在对外投资推进国家战略过程中，竞争性业务和政策性业务划分不清的情况存在愈演愈烈之趋势。国际战略的政策支持措施模糊化、不明确，缺乏体系性，反过来进一步激化企业的盲目行为，导致项目一哄而上，企业负责人不必为投资失败的结果负责。与此同时，在支持政策、风险补偿政策不明确、不健全的情况下，民间资本不可能有动力积极参与，因为国企投资项目的损失可以最终由国家财政承担，民间资本却无法冒这样的风险。

某种程度上而言，私人企业参与程度是了解目前国企对外直接投资领域，有多少是基于政策性因素、有多少是基于商业利益的一个重要指标。私人企业参与越少，表明政策性因素越多，表明国家扶持政策和风险防范机制还不足

以吸引私人企业参与。因此，在信息提供、参与渠道、融资支持、风险补偿机制等方面，中国需要制定实施更具体系性的支持政策，一方面避免国企政策性业务和商业性业务进一步混淆，另一方面引导鼓励私人企业积极参与推进国家战略。

三、地方政府服务和支持境外投资动力问题

改革开放以来，地方政府积极引进外资，为投资者提供各类优惠政策和方便投资的公共服务，取得了成功，这背后有地方政府间竞争和官员绩效考核机制的作用。同时，也有地方政府在促进企业对外投资方面的动力明显不足，这可能导致境外投资所需要的公共服务提供不足。

虽然地方政府促进当地企业对外投资动力不足是各国普遍现象，但中国现有政府管理体制下，这种动力不足可能产生更大影响。在法治较完善、政府对公众需求回应较快的西方国家，地方政府会在其法定职责内提供企业国际拓展所需要的地方公共服务，地方政府积极性高低对企业境外投资的国内配套制度的影响可能不大。因此，动力机制问题显得不那么严重。但对中国目前行政体制而言，地方政府积极性不仅影响公共服务提供本身，也影响未来的制度创新试验和设计。与其他国家中央、地方之间明确的事权划分不同，中国大部分公共政策都要地方政府执行实施。地方政府从企业境外投资中获得的收益有限，虽然地方政府在口号上积极响应国家战略，但在实际行动中，特别是相关地方公共服务提供上，地方政府积极主动、有所作为的动力不足。

四、对外直接投资风险防范机制问题

相对于英美企业，中国企业境外投资较多集中于发展中国家。部分投资地区政治局势不稳定，硬件基础设施、当地公共服务以及法治等营商环境较差，中国企业在当地经营面临较大风险，但中国企业境外投资风险防范机制尚未完全建立。

为加强境外安全和权益保障工作，商务部于 2010 年 8 月会同外交部等七个部门印发了《境外中资企业机构和人员安全管理规定》，但其中大部分内容是对企业提出要求，即要求企业完善境外安保制度、制定工作预案防范应对，防范职责主要由企业自身承担。这样的机制显然远远不够。基于中国境外投

资风险较一般发达国家境外投资更高的特点，在风险防范机制上，不仅要借鉴发达国家经验，可能还需要更多的制度创新。

五、境外投资事中事后监管体系建设问题

监督管理境外投资和本国企业境外经营行为难度较高。中国国内经济管理一直以来注重事前审批和准入管理，事中事后监管能力较弱。对于境外经营行为，政府管理企业的一些传统行政手段如实地检查很难奏效，事中事后监管能力较弱的问题进一步凸显。这一点突出体现在对境外企业税收的管理、国有企业监督管理等领域。

对于在境外投资和经营的企业，政府服务和政府管理二者要齐头并进，才能有效落实对境外投资的事中事后监管，才能发挥一些支持政策的导向作用。典型如税收政策，当税收制度规定过于严格，税收优惠措施较少，而税收征管能力低，征管比例低，那么企业遵从度也较低：企业如果不真实申报境外所得，受到惩罚的机率较低，且惩罚力度不大；而即使企业主动如实申报境外所得，并不能从政府部门获得更好的公共服务，税收优惠仍较少，对企业海外投资的保护措施、支持政策以及税收申报缴纳仍无实质性改变，那么企业就没有动力主动如实申报境外所得。在此情况下，纳税服务无从谈起，也很难发挥税收对境外投资的导向作用。

实际上，为促进私人企业参与境外投资，支持国家战略，国际税收是重要政策工具，例如马歇尔计划中，美国就将一些国际税收制度作为实现其外交政策的工具之一。税收制度设计、税收征管能力和税收服务以及政府其他的政策支持措施需要互相支撑，既要维护国家税收利益，促进境外投资企业遵从税收制度，又要能有效推进中国实施“走出去”战略。

建议政府对境外投资运营的事中事后监管充分利用银行等金融机构信息，以及充分发挥律师事务所、会计师事务所等第三方专业机构的力量。中国企业境外投资的事前审批刚开始放松，事中事后监管制度还有待进一步改进和完善。

第五章　对外直接投资和高标准国际投资贸易规则

随着贸易投资一体化趋势的逐步确立，投资与贸易的关系日益紧密，国际投资贸易规则不仅对于引进外资，而且对于对外直接投资也会产生重要的影响。特别是，当前由美国主导的高标准国际投资贸易规则在相当程度上影响了中国的对外直接投资。

第一节　高标准国际投资贸易规则和对外直接投资的关系

鉴于国际投资贸易规则与国际直接投资之间的相关性以及前者对于后者的重要影响，我们不仅要从资本输入国的立场，而且要从资本输出国的立场来看待由美国主导的高标准国际投资贸易规则。

一、从资本输出国立场看待高标准国际投资贸易规则

国际规则是国与国之间的协议，对国际投资的影响具有双向性，因此，要同时从资本输入国和资本输出国的立场考虑国际规则。相当长时间内，中国仅从资本输入国立场看待国际投资规则。随着中国境外投资规模的增加，从资本输出国视角看待国际投资规则的重要性日渐凸显。

国内对高标准国际投资贸易规则的讨论，多着重于国内制度如何对接，这当然是因为目前国内制度尚无法达到高标准国际规则的要求。实际上，一旦中国基本上接受且满足了高标准规则对国内投资管理制度要求，中国在国际投资规则体系中的战略空间就可以得以拓展，在对外谈判、签订投资贸易协定

过程中，中国也可推行高标准规则，甚至打造新规则，为中国企业对外投资提供更完善的国际制度环境。

中国企业在境外投资运营过程中，是否对投资贸易规则有特别诉求？目前这方面信息不多，较少受到关注。中国境外直接投资可能在某些领域会有一些特别诉求，例如国有企业和主权财富基金在被投资国能获得与私营企业平等的待遇。

二、国际投资贸易规则对中国海外投资的影响

要从资本输出国立场考虑高标准国际投资规则，首先要分析国际投资贸易规则对中国海外投资的影响。国际投资贸易规则对中国海外投资的影响，可以有两方面的研究视角：

一是基于法学视角考虑规则对海外投资的影响，这是最直接的研究视角。尤其是从法学视角考虑具体条款的不同设计对海外投资的影响。近几十年，投资贸易协定对海外投资的总体影响已经发生了重大变化，从最早以保护海外投资权益为主要目的，逐渐发展为促进投资自由化，为海外投资获取不低于当地国民待遇的投资准入机会，甚至对当地投资管理制度提出要求。

二是基于经济学视角。这要从全局影响来考虑国际投资规则对中国海外投资的影响：以国际贸易投资规则为基础形成的区域经济一体化，将影响中国投资者境内境外投资的区域布局。这种视角不仅要考虑中国对外签订的投资贸易规则对中国海外投资的影响，还要考虑来自全球投资贸易规则网络体系的影响。从整体布局层面看，以保护和自由化投资贸易协定为基础所形成的经济区域越广，中国和相应区域内经济体越能从自由开放的市场中获益。

此外，法学视角研究方面，目前许多国际法和国际税收领域的学者已对影响中国境外投资的各类国际规则进行十分系统的论述，包括投资协定特定条款（如国民待遇、间接征收、透明度、资本转移、劳工保护等）、中外双边税收协定、多边海外投资保险机制以及国际投资争端解决机制等。经济学效应视角方面，目前也有不少文献研究双边投资协定、自由贸易协定或区域性协定对FDI的影响。

本章将关注与中国境外投资密切相关的高标准国际投资贸易规则的最新

发展及其影响，包括中美双边投资协定(BIT)谈判情况、中国自贸区战略以及跨太平洋战略经济伙伴关系协定(TPP)内容及其潜在影响。考虑到自贸试验区的一个重要目标是为了对接高标准国际贸易规则，许多改革事项如负面清单管理试点，一方面为了推进国内改革，另一方面为中国未来签订高标准投资贸易规则以及为中国企业投资于境外市场作前期准备，因此也将对自贸试验区相关改革的内容进行分析。

第二节 中外双边投资协定和中美 BIT 谈判

双边投资协定最早由发达国家(资本输出国)和发展中国家(资本输入国)之间签订，是发达国家保护本国投资者海外投资利益的重要法律保障。发展中国家法律体系不完善、政局不稳定，发达国家希望通过投资协定，弥补发展中国家国内法律制度不完善的问题。发展中国家通过协定，为外国投资者提供更具可靠性的法律保障。因此，早期双边投资协定以投资保护为主要目的。近十几年以来，双边投资协定的主要目的从投资保护转向促进投资自由，特别是高标准投资协议对被投资国法律，包括环境保护、劳动保护、国有企业的竞争中立、知识产权保护、政府透明度等方面提出更高要求，其中美国推行的 BIT 为这类高标准投资协议的典型代表。

一、中国对外签订双边投资协定现状和面临的问题

(一) 中国对外签订的双边投资协定现状

中国 1982 年与瑞典签订的投资协定是中国第一个双边投资协定，截至 2015 年上半年，中国已和 132 个国家和地区签订了双边投资保护协定，其中与 104 个国家的双边投资保护协定已经生效，①是世界上仅次于德国的签署投资协定最多的国家之一。目前中国正与美国、欧盟进行投资协定谈判工作。投资协定也是自贸区协定谈判的重要步骤，例如中国目前一些自贸区协定签订过程是分别签订达成投资协定和货物贸易协定的，另外中国也可能以达成投

---

① 双边投资协定一览表和文本内容见商务部条约法律司网页，http://tfs.mofcom.gov.cn/article/Nocategory/201111/20111107819474.shtml。

资协定谈判为基础，继续与美国、欧盟启动自贸区谈判。

中国相当数量双边投资协定集中于20世纪90年代签订，[①]且与发达国家签订的比例较高，主要以资本输入国立场来考虑协定，意在通过BIT签订，对征收给予适当合理补偿，为外国投资者提供争端解决渠道，以增加外国投资者对中国投资环境的信心，积极吸引境外资金。中早期阶段签订(主要是1997年之前)的投资协定内容较为简单，主要为原则性规定。1997至2002年，中国对外签订的双边投资协定在国民待遇和争端解决机制方面的规定比之前的协议有所改进，但整体上仍较为简单。

2003年以来，随着资本输出的增加，中国双边投资协定谈判与签订立场开始同时从吸引外资和保护中国海外投资两方面来考虑。中德、中韩以及中加双边投资协定中，协定的条款更为具体明确，在国民待遇、资本转移、金融服务等条款上都有了新的突破。

作为资本输入和输出大国，一方面，中国作为外资主要投资目的国，基于国内经济安全和产业发展战略，需要在外资管理方面保留必要的政策空间；另一方面，作为资本主要输出国，中国需要保证海外投资利益受到高水平保护。两种身份之下，中国需要寻求一种平衡。

在与发达国家签订的协定中，中国逐渐开始接受高标准的国际投资保护条款和投资自由化条款。目前正在谈判过程中的中美双边协定谈判和中欧双边投资协定谈判都将是高标准投资协议。中欧双边投资协定谈判于2013年11月在“中国—欧盟领导人会晤”上宣布启动，双方同时宣布将积极探讨开展自贸区的可行性。2015年中欧双边投资协定谈判已进入第五轮。中欧双边投资协定将涵盖投资保护和市场准入两方面内容，欧盟希望投资协定包含环境、劳工标准和国有企业等方面的条款。中欧投资协定谈判，不仅需要中国与欧盟达成一致，欧盟和欧盟成员国层面也要达成一致，难度相对较大，谈判进展相对较慢。中美BIT谈判进展情况将在下文详述。

(二) 中国双边投资协定面临的主要挑战

1. 中国将需要更高标准的双边投资协定

双边投资协定对中国海外投资的保护和促进作用将越来越重要。中国对

---

① 关于中国商签投资保护协定情况的回顾，可参见李玲：《中国双边投资保护协定缔约实践和面临的挑战》，《国际经济法学刊》2010年第17卷。

外投资相对集中于发展中国家，这些国家法律法规不够健全，中国企业需要利用投资协定维护其权益。境外投资区域覆盖将更为广泛、规模更为庞大的发展趋势，要求中国签订的 BIT 要更具操作性，在外汇转移条款、征收条款以及争端解决机制方面更具高标准，以有效维护中国投资者利益。

2. 高标准投资协定对中国国内投资管理制度提出更高要求

高标准投资协定要求进一步细化传统投资协定中相关条款，增加可操作性，如投资定义和范围、国民待遇具体标准、间接征收规定等；同时高标准双边投资协定增加了许多新的议题，包括高度自由化的市场准入、透明度、业绩要求、竞争中立、知识产权、环境保护、劳工议题等；程序性规则方面，高标准投资协议要求投资者和东道国之间的争端解决条款设计更为复杂和细化，以达到增加可操作性和提升透明度的目标。

从中国对外投资的角度看，投资协议标准越高越有利于海外投资利益的维护，但协议规则同时对中国国内投资管理制度和市场开放提出更高要求。中国一方面需要通过制度改革提升国内市场准入自由度和行政透明度，推进国企改革，完善和落实环境保护和知识产权保护等规定；另一方面要通过经济安全审查机制、经济安全例外或金融审慎例外措施等制度设计，在维护本国投资者海外利益和保持国内经济政策空间之间保持适当的平衡。

3. 近年投资者和东道国争端案件总数在增加

随着国际投资协定数量的增加，投资者利用该协定维护其权益的案例不断增加，且相当数量的被告是发展中国家。国际仲裁实践呈现出不确定性和复杂性，国际仲裁风险值得特别关注。中国是经济大国，随着未来对外签订的投资协议标准的提升，国际投资者争端纠纷的案例必然将大量增加。

二、中美 BIT 谈判进展和核心议题

(一) 中美 BIT 谈判进展

2008 年 6 月，第四次中美战略经济对话中，双方领导人一致同意重启暂停多年的 BIT 谈判，美方以 2004 年 BIT 范本为基础和立场与中国协商谈判。2013 年，中美 BIT 进入实质性谈判阶段，2013 年 7 月中方同意准入前国民待遇和负面清单谈判模式。截至 2015 年 11 月，中美投资协定谈判已进行了 22 轮，目前已经基本完成文本谈判，处于负面清单谈判阶段。

相比于中国130多个双边投资协定，美国对外签订的双边投资协定数量不多。截至2015年9月，美国共与42个国家签订了双边投资协定，[①]同时与10多个国家签订的自由贸易协定中包括了投资章节，2015年11月签署的跨太平洋战略经济伙伴关系协定（TPP）当然也包括高度自由化的投资协定。自由贸易协定投资章节的投资保护和自由化标准基本上不低于双边投资协定。[②]但美国双边投资协定的标准较高，早已超出投资保护标准，以美国投资协议范本[③]为基础的投资协议多被称为“美式BIT”，是促进投资高度自由化的典型代表。

（二）中美BIT谈判的核心议题

中美BIT谈判核心议题体现出美国BIT对投资协议的高标准要求，也体现出中国目前对外签订投资协议的标准和美国标准的主要差异：一是传统议题下相关条款的分歧，如投资定义、间接征收条款、资本转移等条款；二是采用准入前国民待遇和负面清单市场准入制度，双方需要提出各自的负面清单附件，以准入前国民待遇和负面清单进行谈判，这对中国尚属首次；三是增加了新议题的条款，中国过去的双边投资协定基本未涵盖这些新议题，包括国有企业、知识产权、劳动保护、环境保护、金融服务等方面，或者更高标准要求的条款，如透明度要求，美国BIT不仅要求政策发布、政府管理制度和程序的透明，还要求政策制定环节要确保相关利益群体的参与。目前国内已有相当数量文献就中美BIT谈判核心议题进行深入专门的讨论，[④]此处不作赘述。

三、中美BIT对中国未来投资贸易协定的影响

中美BIT谈判的达成意味着中国投资协议的标准将上升至一个新的水平，这将成为中国未来对外签订投资协定的一个新的标杆，是中国对接高标准

---

① 美国BIT主要文本参见http://www.state.gov/e/eb/ifd/bit/117402.htm。

② 美国双边投资协定主要与发展中国家签订，而自由贸易协定覆盖面广，多与发达国家签订。

③ 美国一直以国内制定的BIT范本为基础对外进行谈判。截至目前，美国已经制定了1982、1994、2004和2012四个版本的BIT范本。

④ 可参考的文献很多，包括梁勇、东艳：《中国应对中美双边投资协定谈判》，《国际经济评论》2014年第4期；王璐瑶：《中美双边投资协定核心议题与中国对策——基于法与经济学的分析》，《国际经济合作》2011年第11期；US-China Economic and Security Review Commission, Evaluating a Potential US-China Bilateral Investment Treaty, 2010等。

国际经贸规则的重要一步。例如中美 BIT 是首个以负面清单谈判市场准入的协定，该负面清单将成为中国后续负面清单谈判的重要参考，而中国在一些投资贸易协定的谈判方针就已明确要进行负面清单谈判，如中韩自贸协定第二阶段谈判将基于负面清单进行。

中美 BIT 签署生效后，中国国内投资管理制度和政府管理制度要对接高标准要求，一方面促进国内制度改革，另一方面，国内投资制度改革的推进和实现，将使中国有能力积极参与高标准国际投资协定和自由贸易协定谈判，而不再受国内相应制度改革的滞后拖累，被排除于这类协定谈判之外。

第三节　中国自由贸易区战略以及 TPP 相关影响分析

尽管中国的自由贸易区建设启动较晚，但是，进入 21 世纪以后，这一设想不仅在逐步实施，而且成效显著，特别是 2014 年以后，取得了突破性的进展。与此同时，国内的自由贸易区建设也在积极进行，中国(上海)自由贸易区的设立以及其他自由贸易区的获批，无不显示着中国在自由贸易区战略上的大构思、大发展。

一、中国自由贸易区战略的提出

中国自由贸易区战略提出时间较晚，21 世纪初才提出自贸区建设设想。2000 年，时任总理朱镕基提出中国—东盟自贸区设想，之后提出以周边国家为基础的自贸区构想，如东盟与中日韩(10+3)自贸区、中日韩自贸区、中韩自贸区等。2007 年 10 月举行的中共“十七大”报告提出“实施自由贸易区战略，加强双边多边经贸合作”，自贸区建设首次上升为国家战略。

2013 年 11 月，中共十八届三中全会提出要加快自由贸易区建设，且进一步细化自贸区战略内容：区域上，自由贸易区战略以周边为基础；标准上，要形成高标准自由贸易网络；议题方面，要加快环境保护、投资保护、政府采购、电子商务等新议题谈判；自贸区战略较早加入了国内改革要求，提出要改革市场准入、海关监管、检验检疫等管理体制。

自贸区战略将辐射“一带一路”。2014 年 12 月，习近平主席在主持中共中央政治局加快自由贸易区建设第十九次集体学习时提出：要逐步构筑起立足周边、辐射"一带一路"、面向全球的自由贸易区网络,积极同沿线国家和地区商建自由贸易区。2015 年发布的《中共中央国务院关于构建开放型经济新体制的若干意见》也特别突出区域上要"立足周边、辐射'一带一路'、面向全球"的阐述。

二、中国自由贸易区战略推进情况

(一) 总体情况

2014 年和 2015 年以来,中国自贸区战略获得突破性进展。2014—2015 年,中国与经济总量较大的三个发达国家签署了自贸区协定,分别是中国—瑞士、中国—韩国和中国—澳大利亚自由贸易协定。截至 2015 年 9 月,我们已签署 14 个自由贸易协定(表 5-1),[①]正在谈判的自由贸易协定有 8 个,[②]正在研究的自由贸易协定包括中国—印度、中国—哥伦比亚、中国—格鲁吉亚、中国—摩尔多瓦等 4 个。

表 5-1 中国自贸区协定总体情况

自由贸易协定	签署年份	进展情况
内地与港澳更紧密经贸关系安排(CEPA)	2003	《内地与香港关于建立更紧密经贸关系的安排》于 2003 年 6 月签署,2004 年 1 月实施 《内地与澳门关于建立更紧密经贸关系的安排》于 2003 年 10 月签署,2004 年 1 月实施
中国—东盟自贸区	2004(货物) 2009(投资)	2002 年 5 月启动谈判,2002 年 11 月签署《全面经济合作框架协议》。2004 年 11 月签署《货物贸易协议》和《争端解决机制协议》,2005 年 7 月实施。2009 年 8 月签署《投资协议》
中国—巴基斯坦自贸区	2006(货物) 2009(服务)	2005 年 4 月启动谈判,2006 年 11 月签署自由贸易协定(货物和投资),2007 年 7 月实施。2009 年 2 月签署《服务贸易协定》,10 月开始实施
中国—新西兰自贸区	2008	2004 年 11 月启动谈判,2008 年签署,2008 年开始实施

① 14 个中,内地和香港、内地与澳门以及大陆和台湾《海峡两岸经济合作框架协议》(ECFA)记为 3 个。

② 来源:中国自由贸易区服务网,http://fta.mofcom.gov.cn/。

续表

自由贸易协定	签署年份	进展情况
海峡两岸经济合作框架协议	2013(服务)	2011年3月开始协商《海峡两岸货品贸易协议》,截至2015年9月,未签署。2011年3月开始协商《海峡两岸服务贸易协议》,2013年6月签署。截至2015年9月,未生效。
中国—智利自贸区	2008	2004年11月启动谈判,2005年11月签署货物和合作的自由贸易协定,2006年10月实施。2008年4月签署《自贸区服务贸易协定》,2009年实施
中国—新加坡自贸区	2008	2006年8月启动谈判,2008年10月签署,2009年开始实施
中国—秘鲁自贸区	2010	2007年8月启动,2009年4月签署,2010年3月开始实施
中国—冰岛自贸区	2010	2007年4月启动谈判,2010年4月签署,2014年7月生效
中国—哥斯达黎加自贸区	2010	2008年11月启动谈判,2010年4月签署
中国—瑞士自贸区	2013	2011年1月启动谈判,2013年7月签署,2014年7月生效
中国—韩国自贸区	2015	2012年5月启动谈判,2014年11月实质性谈判结束,2015年6月正式签署
中国—澳大利亚自贸区	2015	2005年4月中澳自由贸易谈判正式启动,2014年11月实质性谈判结束,2015年6月签署。该协定正式生效需要获得澳大利亚立法通过
正在谈判的协定		
中国—海湾阿拉伯国家合作委员会自贸区		2005年7月启动谈判,举行5轮谈判;2009年谈判暂时中止;2014年6月重启谈判
中国—挪威自贸区		2008年启动谈判;截至2015年9月,已举行8轮谈判;第8轮谈判在2010年9月举行
中日韩自贸区		2012年5月启动谈判,2014年11月结束实质性谈判

续表

自由贸易协定	签署年份	进展情况
区域全面经济伙伴关系协定(RCEP)		2012 年 11 月启动谈判;截至 2015 年 10 月底,RCEP 已进行 10 轮谈判
中国—东盟自贸区升级		2014 年 9 月举行首轮谈判;截至 2015 年 8 月,升级谈判已进入第 3 轮
中国—斯里兰卡自贸区		2014 年 9 月启动谈判;截至 2015 年 9 月,已进行两轮谈判
中国—巴基斯坦自由贸易协定第二阶段谈判		2011 年 3 月,中巴自贸区第二阶段开始降税首轮谈判
中国—马尔代夫自贸区		2015 年 9 月启动谈判

资料来源:笔者根据中国自由贸易区服务网(http://fta.mofcom.gov.cn/)资料整理。

(二) 中国正在谈判中的亚太地区重要自由贸易协定的进展

随着跨太平洋战略经济伙伴关系协定的签订,亚太区域经济一体化趋势有望加速。目前中国正在谈判中的亚太地区自由贸易协定主要有三个,即中国—东盟自贸区升级谈判、中日韩自贸区谈判以及区域全面经济伙伴关系协定谈判。

1. 中国—东盟自贸区和中国—东盟自贸区升级谈判

中国—东盟自贸区是中国和东盟地区各自对外商谈的第一个自贸区,被认为开启和引领了东亚区域经济一体化的进程。中国—东盟自贸区实施以来,双边经贸合作水平不断提升,中国从东盟第三大贸易伙伴一跃成为第一大贸易伙伴,东盟从中国的第五大贸易伙伴跃升至第三大贸易伙伴。2015 年在第十四次中国—东盟(10+1)经贸部长会议上,中国提出通过加强中国—东盟互通互联合作,共同建设海上丝绸之路。

李克强总理在 2013 年 10 月举行的中国—东盟领导人会议期间,倡议打造中国—东盟自贸区升级版,以提升双方贸易投资自由化和便利化水平。2014 年 8 月,中国—东盟自贸区升级谈判启动。中国—东盟自贸区升级谈判重点是货物贸易、服务贸易、投资以及经济合作。截至 2015 年 8 月,升级谈判已进行 3 轮,中国和东盟各国表示希望在 2015 年年底前完成谈判。

2. 区域全面经济伙伴关系协议(RCEP)

"区域全面经济伙伴关系"(Regional Comprehensive Economic Partnership，简称 RCEP)协议涵盖 16 国，即以东盟十国为主体，包括中国、日本、韩国、印度、澳大利亚及新西兰等六国，其中日本、澳大利亚、新西兰、越南、马来西亚、文莱和新加坡还是 TPP 成员国。RCEP 包括了印度和中国这两个世界上人口最多的国家，人均 GDP 差距较大，成员差异性较大。RCEP 被认为是东亚区域合作的“升级版”，是东亚规模最大、成员最多的自贸区谈判。

截至 2015 年 10 月底，RCEP 已进行 10 轮谈判，货物贸易、服务贸易和投资三大基础议题方面均有一定程度进展。2015 年 8 月，第 3 次 RCEP 部长级会议上，谈判各方已就货物贸易出价模式达成一致，并同意力争于 2015 年年底前结束实质性谈判，于 2016 年内尽快解决其他技术性问题。

3. 中日韩自贸区谈判

中日韩自贸区谈判于 2012 年 11 月正式启动，《中日韩投资协定》已于 2014 年 5 月生效。截至 2015 年 9 月，中日韩自贸区已进行 8 轮谈判。2015 年 11 月，中日韩三国领导人会议机制再次启动，可能有望加快中日韩自贸区谈判进程。由于 2015 年 6 月中韩已签署了自由贸易协定，日本成为达成中日韩自贸区的关键因素。2015 年 12 月将于日本举行第 9 轮谈判。

(三) 中国自由贸易协定的主要特点

从签订的国家和地区看，基于中国尚处于自贸区战略推进的初期，实践经验不足，对国内产业影响存在较大不确定性，因此在最初几年内，主要与小规模经济体签订自由贸易协定，如新加坡、新西兰、哥斯达黎加等。近两年，随着自贸区战略的推进，中国开始与较大经济体如澳大利亚和韩国等签订。

区域分布上，中国自贸区战略强调以周边为重点，因此亚太地区是重点。随着 TPP 的签订，中国将加快亚太地区自贸区战略，中日韩自贸协定、RCEP 以及中国—东盟自贸区升级谈判正在加快推进。

内容上，中国自由贸易协定基本包括货物自由化协定，服务和投资领域的开放措施则较为谨慎。许多自由贸易协定先签订货物贸易协定，再签订服务贸易和投资协定，例如中国—东盟自贸区于 2004 年签订《货物贸易协定》，2007 年和 2009 年才分别签订《服务贸易协定》和《投资贸易协定》。即使是新近签订的中韩自由贸易协定，投资和服务开放措施基本沿用 WTO 开放水平，但在自由贸易协定中明确中韩将进行第二阶段谈判，以在投资和跨境服务领域实现更高水平的开放。

三、跨太平洋伙伴关系协定及其相关影响

(一) TPP基本情况及相关内容安排

TPP发起国谈判自2010年3月正式启动，最早成员国共9个，分别为：美国、新加坡、文莱、澳大利亚、智利、马来西亚、越南、秘鲁、新西兰。2011年11月TPP达成总体框架，2012年12月和2013年8月，加拿大、墨西哥和日本先后加入谈判。2015年10月7日，美国等12国经贸部长发表联合声明，宣布历时5年多的《跨太平洋伙伴关系协定》谈判结束。按照各国生效程序，TPP各成员国有望于2017年下半年或2018年完成国内批准程序，届时TPP将正式生效。TPP生效后，若新的成员希望加入TPP，需要与12个发起成员国一对一进行谈判。

2015年11月初，TPP全文已公布，[①]共有三十章，涵盖货物贸易、投资、跨境服务贸易、金融服务、电信、人员流动、电子商务、政府采购、竞争政策和国有企业、知识产权、劳工、环境、透明度和服务、争端解决机制等内容。从内容安排上看，TPP与美国对外签订的自由贸易协定的章节安排和规则内容非常相似。实际上，美国已经与另外11国中的新加坡、澳大利亚、智利、加拿大、墨西哥、秘鲁等6国签订了自由贸易协定，这些自由贸易协定基本上遵循北美自由贸易协定(NAFTA)的模式，标准较高。

TPP投资准入采用负面清单模式。不符措施包括两个方面：一是锁定现有开放程度，确保现有措施在未来不会更为严格；二是保留国家在未来采取更严格措施的权力。另外金融服务章节也同样将采用“负面清单”模式。而TPP也专章规定国有企业规则，各方同意各国国有企业交易运作要以商业考虑为基础，各国同意政府部门以公正方式对待国有企业和私营企业，且要与他国分享本国国有企业名单，应要求提供国有企业中政府所有或控制的情况，以及政府向国有企业提供非商业支持的信息。

(二) TPP对中国的影响

许多研究文献从国际政治关系角度分析TPP对中国的影响，认为美国主导的TPP将获取亚太经济主导权，牵制或制衡亚太经济一体化，或认为美国力推

---

① 详见 https://ustr.gov/trade-agreements/free-trade-agreements/trans-pacific-partnership/tpp-full-text。

TPP是为了遏制中国。另外也有观点认为TPP是美国推动APEC投资贸易自由化进程的工具，利用TPP在APEC成员之间达成FTAAP。[①]另外一些文献单纯从经济学效应考虑TPP潜在影响，包括对投资贸易的转移效应和对GDP的影响等，但由于TPP许多规则是为破除非贸易壁垒，因此难以准确估计其影响。

从TPP规则标准看，中国目前的国内制度无法满足其高标准的投资规则要求。截至2015年11月，中美双边投资尚未进入谈判，目前主要分歧在于负面清单，而投资协定标准基本上包含于TPP中，主要分布于TPP的投资、金融服务、电信、知识产权、透明度等章节，且TPP规则的详细程度高于投资协定。目前中美双边投资协定谈判未完成，中国要加入TPP更是尚待时日。

关于中国处于TPP之外所产生的影响，本章提出以下一些看法：

第一，从中长期经济效应而言，中国不加入TPP，将对中国贸易投资产生负面影响。虽然很难在数量上准确估计影响程度，但中国相比于东南亚、日本、澳洲等地，许多产业的优势并不明显，因此在影响方向上，主体上是负面的。

第二，TPP对中国经济的影响，取决于中国未来与其他国家达成自由贸易协定和投资协定的程度。如果中日韩自由贸易协定、RCEP等得以顺利推进，中美双边投资协定能尽快达成并生效，TPP对中国的负面影响就是有限的。一定程度上，TPP的达成将促使中国加快签订高标准投资贸易协定。2015年11月，李克强总理在韩参加中日韩三国领导人会议期间也透露出，中国不仅有意加快中日韩自由贸易协定谈判，也希望加快推动RCEP谈判进程。

第三，TPP势必推动亚太地区双边或区域性投资贸易协定标准的提高，有利于推动亚太地区区域经济一体化进程，长期而言，对中国并非一定都是负面的。推动提高亚太地区国际投资贸易协定标准的逻辑在于：TPP并非仅是边境上的开放，而是直接影响国内投资管理制度，当亚太地区部分国家同意高标准规则时，就意味着其国内的投资管理制度、国有企业治理结构、行政透明度等能基本符合相应标准，所有这些标准可以成为一个重要的谈判筹码。因此，长期而言，TPP的签订不仅可以推高亚太地区投资贸易协定标准，也有望改善亚太地区各经济体的国内投资营商环境，这对于中国而言，并非全是坏事。

---

① 徐长文：《TPP的发展及中国应对之策》，《国际贸易》2011年第3期。

第四节　国内自由贸易试验区与对外直接投资

国内自贸试验区是中国对接高标准投资贸易协定的改革试验区，自贸区内的改革试验牵涉到未来中国签订的投资贸易规则所能达到的标准水平，从而间接影响中国对外直接投资将面对的国际规则体系。但本节不考虑这种间接影响，而是关注目前国内自贸试验区在对外投资管理制度上的改革和创新情况。

一、国内自由贸易试验区和对外投资合作综合服务平台

中国建设开放经济新体制需要对外签订高标准的投资贸易协定，一方面可以促进国内加快改革，完善国内营商环境，另一方面可以为中国企业国际拓展、国际化经营提供良好的国际制度环境。国内自由贸易试验区是推进开放型经济的“试验田”，因此从一开始，自贸试验区改革内容就包括了对外直接投资管理制度的改革和创新。

2013 年上海自由贸易试验改革总体方案①中就明确，“构筑对外投资服务促进体系”是投资领域扩大开放的一项重要内容，主要包括四点：一是改革境外投资管理制度，提高境外投资便利化程度，推行境外投资管理备案制；二是创新投资服务促进机制，同时加强境外投资事中事后管理和服务，包括要形成多部门共享的监测平台，做好境外直接投资统计和年检工作；三是支持试验区内各类投资主体开展境外投资；四是鼓励发展境外股权投资，包括在试验区内设立境外股权投资的项目公司。

2015 年粤津闽三地自贸区总体方案中，关于对外投资的改革要求进一步具体化。广东自贸区总体方案中提出，要依托港澳地区在金融服务、信息咨询、国际贸易网络、风险管理等方面的优势，将自贸试验区建设成为内地企业和个人“走出去”的窗口和综合服务平台。广东自贸区重点突出与港澳地区的合作，提出在项目对接、投资拓展、信息交流、人才培训等方面加强与港澳地区合作，在境外基础设施建设和能源资源等方面加强合作，包括要探索境外产业投资有机结合港澳地区资本市场。

---

① 《国务院关于印发中国(上海)自由贸易试验区总体方案的通知》(国发[2013]第 38 号)。

二、国内自由贸易试验区海外投资平台发展现状

上海自贸试验区改革启动较早，相对于其他地区，境外直接投资相关制度改革和创新具有一定先行优势，目前取得了较为明显的成效，通过上海自贸区进行的境外直接投资规模增长快速。据商务部门统计，2015 年前 3 个季度，地方企业对外投资 538.6 亿美元，同比增长 78.8%，其中上海对外投资量最高，达到 119.7 亿美元，是上年同期的 5.4 倍，其中上海自贸区对外投资 45.3 亿美元，占上海市的 37.8%。上海自贸区自成立至 2015 年 9 月约两年以来，中方累计对外投资额已达 184.39 亿美元，其中 2015 年投资额比上年增长两倍，累计对外投资项目 607 个，主要投向美国、澳大利亚和中国香港等 42 个国家和地区，涉及信息技术、房地产、生物医药、商务服务等多个领域。①

下文关于境外投资相关制度创新的内容介绍以上海自贸区为主，主要包括境外投资管理制度改革、自贸区境外投资服务促进平台、股权投资基金境外投资模式创新以及境内外融资便利化对境外投资的支持等方面。

（一）简化境外投资管理制度

商务部于 2014 年出台实施《境外投资管理办法》之前，上海自贸区已于 2013 年 9 月率先试点境外投资备案管理制度。境外投资一般项目备案程序简化为"一表申请，一口受理"，企业一般可在三个工作日内拿到备案证书。2014 年，国家发改委和商务部出台新的规定，境外投资管理备案制度已在全国实施。

（二）境外投资服务促进机制创新

上海自贸区在境外投资服务促进机制上，目前已推进实施的一项重要创新是打造"上海自贸区境外服务投资平台"。上海自贸区境外投资服务平台于 2014 年 9 月正式上线，平台域名为 www.shftz.cn，是上海自贸区管委会委托上海外高桥联合发展商务咨询有限公司开发（以下简称"外联发"）的网络信息平台。②

上海自贸区境外服务投资平台目前包括了三方面功能：境外投资备案登记、境外投资信息发布以及专业服务机构服务整合。一是境外投资备案登记，

① 《2015 年前三季度上海自贸区对外投资额同比增 2 倍》，2015 年 9 月 28 日，见新华网，http://news.xinhuanet.com/fortune/2015-09/28/c_1116701608.htm。

② 上海外联发另外负责平台建设、日常运营、服务保障、信息发布等相关工作。外联发是上海外高桥集团下属公司。

该功能属于政府公共服务内容，政府以购买服务形式，通过平台向投资者提供投资备案公共服务。该部分功能设在服务平台的“备案直通道”栏下。二是境外投资相关信息的集合发布，包括境外投资相关政策法规、自贸区相关政策、境外投资相关新闻信息报道等综合咨询信息的发布，也包括境外投资的介绍、行业分析等信息。三是专业服务机构的服务整合。专业服务机构包括律师事务所、金融机构、保险机构、会计师事务所、投资促进机构以及其他一些协会或商务咨询机构，其中不少专业机构为海外专业机构，仅在上海设有代表处。这类机构通过境外投资服务平台发布其所在国的投资项目信息或招商信息，采用线上信息发布与线下洽谈相结合的方式提供境外投资信息和咨询服务。

上海自贸区境外服务投资平台自 2014 年上线以来至 2015 年 9 月，已聚集律师事务所、银行、会计师事务所等 30 余家专业性服务机构，与 12 家境外投资服务机构达成战略合作，累计办理境外投资项目 86 个，对外投资总额达 48.96 亿元。①

上海自贸试验区境外投资促进体系的许多制度创新将主要通过该平台推进。例如境外投资涉及的事中事后管理、信息统计以及政府部门相关信息共享等，例如 2015 年 9 月 20 日，上海自贸试验区以该平台为基础，设立了境外投资服务联盟，②该联盟由外联发商务咨询、海际金控、长盈股权投资等六家单位发起成立，将推进境外投资项目库、资金库、信息库建设，实现政府、中介机构与企业的有效链接与信息共享。

（三）各类投资方对外投资的主体地位

自贸试验区要确立企业和个人对外投资主体地位，当然最受到关注的是个人对外投资的政策突破。截至 2015 年 9 月，个人对境外资本市场的投资要通过合格境内机构投资者和沪港通等特别渠道，个人对外直接投资受到个人外汇使用额度限制，并没有正式渠道。2015 年 10 月 21 日，国务院常务会议提出要研究启动合格个人投资者境外投资试点（QDII2）。虽然具体方案未公布，但业界普遍预期合格个人可投资的海外资产领域将包括证券投资、实业投资以及境外不动产投资。

---

① 《上海自贸区境外投资 3.0 版启动》，2015 年 9 月 29 日，见《浦东时报》，http://sh.people.com.cn/n/2015/0929/c357908-26576004.html。

② 《上海自贸区打造境外投资保障体系》，2015 年 9 月 29 日，见《文汇报》，http://www.gov.cn/xinwen/2015-09/29/content_2940389.htm。

（四）对外投资新模式的创新——股权投资基金通过自贸区走出去

2013 年上海自贸试验区总体方案中就提出要鼓励在区内设立专业从事境外股权投资的项目公司，支持投资者在区内设立境外股权投资母基金。实际运作中，上海自贸区股权投资基金境外投资活动相当活跃，占据相当大的比例。根据上海市商务委统计，2014 年自贸试验区有 132 家企业境外投资备案，其中约 90 家为合伙制投资公司或资产管理公司。

弘毅创领（上海）股权投资基金案成为人民币基金通过自贸区出境的典型模式。2014 年 9 月，在上海自贸区运行一周年之际，上海自贸区发布 20 个制度创新案例，弘毅创领（上海）股权投资基金就是境外投资制度创新的典型案例。①2013 年，上海自贸试验区设立之始，弘毅创领基金就在区内注册成立为人民币基金跨境投资平台，以聚力传媒（PPTV）项目为试点，走通私募股权（PE）投资基金的自贸区境外投资路径，该模式也成为 PE 通过自贸区投资海外的主要方式。

弘毅基金通过四个步骤完成了自贸区跨境投资的第一单，分别为：第一步，自贸区内设立基金管理公司；第二步，通过该公司设立基金公司弘毅创领；第三步，通过弘毅创领进行对外投资备案；第四步，换汇出境，完成投资。由于 PPTV 项目不属于敏感行业，可按照一般项目进行备案管理，弘毅从备案到换汇投资仅用了 5 个工作日。该模式大大简化了跨境投资流程，特别是在国际并购过程中，该模式能在不需要审批的情况下，报价直接参与竞标，避免因国内制度问题导致企业在国际并购中处于不利地位。

（五）其他相关制度创新对境外直接投资的影响

除境外投资管理制度、境外投资服务平台以及支持鼓励股权基金境外投资，自贸区其他方面的制度创新和先行先试也是企业选择通过自贸区进行境外投资的主要考虑因素，其中特别重要的是外汇管理和金融制度。例如通过自贸区跨国公司外汇资金池试点，境内外资金的调配更加便利化；在自由贸易账户分账核算管理框架下，企业和各类金融机构可自主从境外融入低成本资金，目前已有多家银行通过自由贸易账户，为“走出去”企业海外分支机构的经营和并购等提供了融资服务。

---

① 详细案例内容参见《自贸试验区创新案例汇编》，2014 年 10 月 10 日，上海自贸区网站，http://www.china-shftz.gov.cn/PublicInformation.aspx?GID=6e1fa603-d5da-4ca1-8071-753f78669e51。

按照2013年上海自贸试验区总体方案的要求，目前上海自贸区境外投资管理制度的改革还有不足之处：境外投资事中事后管理和服务、多部门共享的监测平台方面的改革还有待突破，境外股权投资和离岸业务的税收制度仍处于探索研究阶段。

三、国内自贸区试验与“一带一路”战略

2015年国务院批准广东、福建和天津三地建立国内自贸区试点的通知，以及要求上海自贸试验区进一步深化改革的通知中，都要求自贸试验区“要当好改革开放排头兵、创新发展先行者，以制度创新为核心，贯彻‘一带一路’建设等国家战略”。

不同自贸区对接“一带一路”战略有不同的侧重点。广东自贸区和福建自贸区都着重于海上丝绸之路，广东自贸区战略定位中，提出要成为“21世纪海上丝绸之路重要枢纽”，并要建设成为“21世纪海上丝绸之路物流枢纽”。福建自贸区战略定位中提出要“建设21世纪海上丝绸之路核心区，打造面向21世纪海上丝绸之路沿线国家和地区开放合作新高地”。天津自贸试验区总体方案则在“口岸服务辐射功能”改革内容中提出，要“依托亚欧大陆桥连接功能，完善多式联运体系，增强对沿线国家及地区转口贸易服务功能，发挥中蒙俄经济走廊重要节点作用和海上合作战略支点作用，推动‘一带一路’建设”。2015年国务院发布的《进一步深化中国（上海）自由贸易试验区改革开放方案》将促进“一带一路”建设和长江经济带发展联系在一起。

2015年以来，各级政府部门和新闻媒体报道都高度关注国内自贸区对接“一带一路”战略，将“一带一路”与通过自贸区实现的国际贸易合作、国际投资合作和金融改革开放创新结合起来探讨。但在具体操作层面上，目前并无具体对接机制，大部分的论述是利用自贸试验区目前一些制度创新和优势，为“一带一路”提供支持和便利。具体个案上，2015年9月，亿利资源集团发起并联合国内外多家大型金融和实体企业共同设立的“绿色丝绸之路股权投资基金”将落户上海自贸区。该基金将致力于沿丝绸之路经济带进行绿色产业投资，推动丝绸之路沿线国家和地区改善生态环境，发展绿色经济。

“一带一路”战略和“国内自贸区试验”都是中国建设开放型经济新体制的重要内容，两者在机制上如何对接、在运作上如何具体推进，还有待于未来进一步探索和实践。

第六章 “一带一路”下的中国对外直接投资新战略

目前，中国经济已经进入新常态，在此背景下，国家提出“一带一路”为核心的对外投资战略新方向，是中国对外开放战略的提升，有利于中国开放型经济新格局的进一步形成。同时，作为重要的国际战略之一，“一带一路”战略对于中国加强与周边国家的金融、贸易和投资合作，起了非常重要的引领作用。鉴于“一带一路”国家涉及 64 个国家，其经济实力、基础设施、自然资源、文化教育、宗教背景等各不相同，中国企业在进行对外直接投资的过程中，必须充分了解其经济、政治和文化背景，根据自身产业特点进行合理的区位选择，防范可能出现的风险，以更好地实现国家对外投资新战略，成为中国开放型经济新格局的重要组成部分。

第一节 “一带一路”：中国对外投资战略的新方向

2014 年 12 月 9 日召开的“2014 年中央经济工作会议”指出，“准确把握经济发展新常态”。针对 2014 年中国对外投资规模接近引进外资规模的历史性变化，会议强调，“面对对外开放出现的新特点，必须更加积极地促进内需和外需平衡、进口和出口平衡、引进外资和对外投资平衡，逐步实现国际收支基本平衡，构建开放型经济新体制。”①由此可见，经济新常态下中国对外投资新战略将对中国的整个对外开放格局产生重大影响。

① 中共中央：《2014 年中央经济工作会议》，2014 年 12 月 9 日。

一、中国对外投资新战略的形成

（一）中国对外投资战略的历史演变

早在2001年，全国人大九届四次会议通过的“十五”计划纲要中就已经提出“坚定不移地扩大对外开放，在积极‘引进来’的同时，实施‘走出去’战略”，并“鼓励能够发挥中国比较优势的对外投资”。①

2006年全国人大十届四次会议通过“十一五”规划纲要，提出继续实施“走出去”战略，进一步丰富了对外投资战略的内容。该纲要指出，“支持有条件的企业对外直接投资和跨国经营”，强调“扩大境外资源合作开发”，并首次提出“鼓励企业参与境外基础设施建设”。②

2011年全国人大十一届四次会议通过的“十二五”规划纲要，提出加快实施“走出去”战略，并将“市场导向”和“企业自主决策”作为企业走出去的主要原则。在对外投资战略方面提出“引导各类所有制企业有序到境外投资合作”，“逐步发展中国大型跨国公司和跨国金融机构”，并首次提出“扩大人民币在跨境贸易和投资中的作用”。③

（二）中国对外投资新战略出台的时代背景

中国对外投资战略的不断调整与中国经济发展的整体趋势相一致，与中国对外开放的不断扩大相吻合。在2001年中国首次提出“走出去”战略之时，中国经济正处于高速发展期，对外投资战略的定位是带动出口支撑国内经济的高速增长，通过对外投资的方式获得国内经济发展所需的各类稀缺资源。此后，随着中国综合经济实力的不断增强，企业跨国经营、境外基础设施建设投资和人民币国际化等内容不断丰富和补充着中国对外投资战略的内涵，并为中国对外投资战略的实践提供相应的理论指导。十多年来，中国对外投资战略的发展变化显示，随着中国经济发展水平的不断提高，中国对外开放的步伐正在不断加快，中国从以“引进来”为主向“引进来”和“走出去”并举的外资战略转变已经势在必行。

---

① 中共中央:《中华人民共和国国民经济和社会发展第十个五年计划纲要》,2001年3月15日。
② 中共中央:《中华人民共和国国民经济和社会发展第十一个五年规划纲要》,2006年3月14日。
③ 中共中央:《中华人民共和国国民经济和社会发展第十二个五年规划纲要》,2011年3月16日。

二、中国对外投资新战略的内涵

目前,中国经济正在逐渐步入新常态,随着中国经济发展战略新布局的展开,中国对外投资战略也必将被赋予新的内涵。2013 年 9 月 7 日,习近平主席在访问哈萨克斯坦时发表了题为《弘扬人民友谊共创美好未来》的重要演讲,提出共建“丝绸之路经济带”的战略构想。2013 年 10 月 3 日,习近平主席在印度尼西亚国会演讲时说:“中国愿同东盟国家加强合作……共同建设 21 世纪海上丝绸之路。”2013 年 11 月,党的十八届三中全会通过《中共中央关于全面深化改革若干重大问题的决定》(以下简称《决定》),其中就提出要“加快沿边开放步伐,建立开发性金融机构,加快同周边国家和区域基础设施互联互通建设,推进丝绸之路经济带、海上丝绸之路建设,形成全方位开放新格局”。①这是党和国家首次系统提出“一带一路”的概念,《决定》明确了以“一带一路”为核心、互联互通为关键、基础设施建设为手段、建立开发性金融机构为战略平台的中国对外投资战略新方向。

在 2014 年 12 月党的中央经济工作会议上,习近平总书记发表重要讲话,进一步提出“实施新一轮高水平对外开放”,“优化经济发展空间格局。完善区域政策,促进各地区协调发展、协同发展、共同发展。各地区要找准主体功能区定位和自身优势,确定工作着力点。西部开发、东北振兴、中部崛起、东部率先的区域发展总体战略,要继续实施。要重点实施‘一带一路’、京津冀协同发展、长江经济带三大战略,争取明年有个良好开局”,②明确了 2015 年中国开放型经济发展新格局的总体要求。

2015 年 3 月,国家发改委、外交部、商务部联合发布《推动共建丝绸之路经济带和 21 世纪海上丝绸之路的愿景与行动》,提出“投资贸易合作是‘一带一路’建设的重点内容。宜着力研究解决投资贸易便利化问题,消除投资和贸易壁垒,构建区域内和各国良好的营商环境,积极同沿线国家和地区共同商建自由贸易区,激发释放合作潜力,做大做好合作‘蛋糕’”。③

---

① 中共中央:《中共中央关于全面深化改革若干重大问题的决定》,2013 年 11 月 18 日。

② 中共中央:《2014 年中央经济工作会议》,2014 年 12 月 9 日。

③ 国家发改委、外交部、商务部:《推动共建丝绸之路经济带和 21 世纪海上丝绸之路的愿景与行动》,2015 年 3 月。

2015年5月5日，中共中央、国务院传达《关于构建开放型经济新体制的若干意见》，强调“推进引进外资与对外投资有机结合、相互配合，推动与各国各地区互利共赢的产业投资合作。鼓励企业将境外投资获得的资源、产品、技术、营销网络、融资渠道等用于促进国内相关产业发展，同时也要发挥中国优势和条件促进其他国家和地区共同发展”。①

三、中国对外投资新战略的重要意义

（一）关于中国对外投资新战略的基本判断

目前，中国开放型经济格局正在发生历史性变化，对外投资的规模已经接近引进外资的规模，成为中国开放型经济发展格局中的重要部分，其重要性不言而喻。这种变化也是在中国进入经济发展新常态背景下，中国对外开放战略和经济发展战略作出的重要调整。

中国对外投资新战略将遵循合作、互利、共赢原则，强调多边、双边及区域经济合作，通过与周边国家在基建、能源和技术创新等领域的深入合作，推动中国对外开放向纵深发展，在支持周边国家经济协同发展的同时，促进中国与周边国家的经济融合，形成中国经济长期发展的新动力。

“一带一路”战略既是中国重要的外交战略，也是中国对外投资新战略的重要组成部分，对于中国提高开放型经济水平具有十分重要的意义。

（二）“一带一路”对外投资新战略对于加强周边地区战略合作的重要意义

“一带一路”战略从经济合作互利共赢入手，强调与周边国家的合作，与不同区域的国家结成经济利益共同体。在经济相互融合的同时有利于提升中国对周边国家的政治影响力。

经济层面的深入合作还有利于推动中国与周边国家形成较为稳定的地区安全协调机制，在维护地区和平的基础上更好地实现经济合作，为中国开放型经济新格局的形成提供有利条件。

（三）“一带一路”对外投资新战略对于加强周边地区经济合作的重要意义

1. 促进对外投资产业升级

“一带一路”战略下的基础设施建设投资以实现互联互通为目的，其内涵

① 中共中央、国务院：《关于构建开放型经济新体制的若干意见》，2015年5月5日。

极其丰富。初期的互联互通或许会局限在铁路和公路等通路建设，但一旦打开对外投资局面后，诸如通航、通信、通油气电力能源等广义的互联互通基础设施建设也会被逐渐纳入对外投资新战略的实施范畴。

中国以前对外投资以资源合作开发为主，其主要目的是通过对外投资获得国内相对稀缺的资源。在对外投资新战略的大背景下，中国一些具有比较优势的行业企业如核电、发电及输变电、轨道交通、工程机械、汽车制造等有望走出国门，到“一带一路”沿线国家投资，实现对外投资的产业升级。

2. 实现国内资本和巨额外汇储备的多元化配置

“一带一路”战略下的对外投资需要投入大量资金。一方面，中国可以通过相关体制机制建设，引导国内资本进入“一带一路”战略鼓励的基础设施建设领域中，实现国内闲置资本的有效配置。另一方面，中国目前持有的巨额外汇储备，也可以成为对外投资新战略的资金来源，在通过对外投资形成中国资本输出的同时，实现外汇储备的多元化配置。

3. 资本输出有利于推动人民币国际化的进程

“一带一路”战略下的资本输出对于人民币国际化也有一定的推动作用。这是因为对外投资形成的资本项下逆差有利于人民币在被投资国沉淀。随着中国资本项下资金流动管制的进一步放松，这些沉淀在被投资国的人民币将会流动起来，逐步形成人民币在海外的流通市场，助力人民币进一步走向国际化。

第二节 对外投资新战略与开放型经济发展新格局

对外投资新战略也是中国开放型经济发展新格局的重要组成部分。

一、“一带一路”沿线国家和地区的总体投资环境

丝绸之路经济带主要包括西北向、西南向和南向三大战略方向。西北向通过哈萨克斯坦或蒙古到俄罗斯，再延伸至中东欧地区；西南向经中亚到西亚，可经土耳其延伸至欧洲；南向经巴基斯坦和缅甸到印度洋。这三个方向的总体投资环境有很大不同，在对外投资时需要深入了解当地情况，防范可能出现的风险。

（一）中亚五个主要国家

中亚五个主要国家为哈萨克斯坦、乌兹别克斯坦、土库曼斯坦、吉尔吉斯斯坦和塔吉克斯坦。该地区具有明显的地方政权分割色彩，民族关系错综复杂，但在经贸和投资上是中国开辟丝绸之路经济带的重要走廊。

其中，哈萨克斯坦是中国实施“一带一路”战略、开展陆上丝绸之路经济带的“第一站”，其重要地位显而易见。可加强对其机械装备、能源、建材、冶金等方面的投资，助其进一步完善基础设施建设。

乌兹别克斯坦人口众多，城市发展落后，对于教育水平的提高极为重视，可加强与其教育方面的合作；同时，其石油和天然气的储量丰富，对于资源型对外直接投资具有一定的吸引力。

土库曼斯坦是一个非常封闭的国家。它的天然气储量丰富，但交通设施落后，能源产业开发能力较差，且主要集中在几家寡头企业手中。对外投资的硬环境和软环境相对较差，但因其丰富的油气资源，在政治上的战略意义较大。

吉尔吉斯斯坦相对其他中亚国家，开放程度较高，经贸政策比较宽松，非关税壁垒也较少。但其工业基础薄弱，过度依赖贵金属开采，产业结构非常单一，同时内部民族矛盾较深，政治局势不稳定。

塔吉克斯坦经济基础薄弱，经济结构单一，除水资源外，所需能源、天然气大部分依赖进口，失业率在中亚五个主要国家中最高，经济波动性明显，政治局势也不够稳定。但其地理位置非常特殊，在丝绸之路建设中起到连接中国与土库曼斯坦和中东的重要作用。

（二）俄罗斯、白俄罗斯、乌克兰

俄罗斯、白俄罗斯和乌克兰三国按体制、机制不同，在丝绸之路经济带中的重要性和合作方式也应有所区别。

中国是俄罗斯十大贸易伙伴之一，俄罗斯的石油天然气产业是核心产业，其国防工业和森林工业都位居世界前列。俄罗斯对于外商直接投资的限制主要体现在对于矿产资源的保护上。其中，《俄罗斯联邦矿产资源法》对外商投资矿产资源进行了限制性规定，包括必须获得地质研究、勘探和开采的综合许可证，外资占比不得超过10%，不能开采俄罗斯大陆架资源等规定。2013年，俄罗斯对于外商投资矿产业进行了更为严格的限制，根据修订后的《俄罗斯联邦矿产资源法》，俄罗斯国家级矿产地使用权只能通过拍卖方式获得，但修订法案放宽了外资对于部分大陆架资源的开采权。①此外，俄罗斯《外资对战略经济领域的投资准入法》还规定，外商投资企业不得进入武器生产、核材料生产、核设施建设、海洋渔港水利设施建设、卫生防疫及战略矿藏的开发等39种战略性产业，对电力、白酒、航天等产业也有持股比例等限制。②可见，俄罗斯对于战略性产业和涉及军事、能源、矿产等产业的投资设置了很多障碍，不利于中国企业到俄罗斯相关产业进行投资。

在外交上，白俄罗斯是俄罗斯的“铁杆盟友”，它的重工业强，科技研发能力较高，但大部分设施老化，需要更新换代，因此，中国在机械制造业、化学和石化工业、电子工业和无线电技术的对外直接投资方面会有一定的机会，同时，也有可能会通过对外直接投资获得一定的技术回流。

乌克兰拥有“欧洲粮仓”的美誉，耕地资源丰富，但农产品深加工能力不足，附加值较低，在经济上存在明显的东西部结构差异，在对外直接投资方面可加强在农产品加工以及交通基础设施、电力、能源、矿产、电信和化工等方面的合作，产业园区合作也是未来可以发展的合作领域之一。

（三）印度、孟加拉、缅甸和巴基斯坦

印度、孟加拉、缅甸和巴基斯坦是孟中印缅经济走廊和中巴经济走廊的主体，与中国云南省、广西省的地理位置相邻，一直以来具有良好的合作关系，是丝绸之路经济带上重要的节点城市。

其中，印度作为全球人口规模最大的国家之一，与中国在劳动力供给方面一直存在较大的竞争性，但印度吸收外资的规模与中国相比差距较大。此外，印度的产业结构是以服务业为主，其在全球IT领域具有较大的竞争优势，软件、服务外包、旅游、金融、餐饮等产业发展迅速，但传统服务业长期发展滞后。

缅甸是孟中印缅经济走廊的最重要环节，在基础设施、农业和经贸等方面对中国有很强的需求，产业合作的基础也非常好，中国在对外投资方面可选择机械等工业进行投资，农业的进出口合作也具有较好的前景。

孟加拉是世界上人口密度最大的国家之一，且是多民族、多宗教国家，属

---

① 商务部:《国别贸易投资环境报告2014》(俄罗斯)，2014年，第31页，国家商务部网站。

② 商务部:《国别贸易投资环境报告2014》(俄罗斯)，2014年，第42页，国家商务部网站。

于全球50个最不发达国家之一，工业发展落后，希望在“一带一路”建设中与中国展开更多的经贸和投资合作。

巴基斯坦的基础性产业是农业，支柱性产业是纺织业，也是一个多民族国家，国民受教育程度相对较低。在中巴经济走廊建设中，中国对其基础设施如公路、铁路、光纤和油气管道的对外直接投资具有较好的投资需求。

(四) 欧盟

欧盟作为全球最大的经济体，长期与中国保持良好的经贸往来和相互投资。目前，涉及中国企业到欧盟投资的最重要的投资管理制度变化主要来自两个方面：一是自2013年6月17日开始谈判的跨大西洋贸易与投资伙伴协议(TTIP)这一在中国最大的两个贸易伙伴国家美国和欧盟之间进行的谈判，将对中国企业到欧盟的投资产生重要影响；二是中欧双边投资协定谈判(BIT)，该谈判自2013年10月18日开始进行，涉及投资保护、市场准入、国有企业透明度、公平竞争环境等内容，包括建立对等的市场关系，即中欧企业应该享有进入对方市场的同等机遇。

根据2009年12月的《里斯本条约》，外国直接投资纳入欧盟共同贸易政策范围，有关欧盟内外国家之间的外商直接投资均需获得欧委会和欧洲议会的审批。但是，《里斯本条约》只是从立法上结束了欧盟各成员国自行把握有关外国直接投资管理政策的现状，实际上对中国企业在欧盟各成员国投资的限制仍存在于各成员国各自的法律、政策和惯例之中。主要的限制领域包括不动产、渔业、运输业、农业和媒体行业，主要的限制形式是股权方面的审查。在这些成员国中，波兰和希腊对成立企业的限制最高。此外，欧盟国家对非欧盟国家外商直接投资的限制还有专业人员要求和贸易互惠要求。①

(五) 中东欧

中东欧主要包括波兰、捷克、罗马尼亚、斯洛伐克和匈牙利五国，在地理位置上具有非常重要的战略意义。

波兰属于欧洲传统的农业大国，矿产资源非常丰富，在采矿业和矿山工业上一直具有较大的竞争优势。汽车工业是波兰经济的重要支柱产业之一，外资占主导地位，电子工业和航空工业的发展也非常迅速。总体来说，波兰的投

① 商务部：《国别贸易投资环境报告2014》(欧盟)，2014年，第141—142页，国家商务部网站。

资环境较好，是资源寻求型对外直接投资和技术寻求型对外直接投资都可以发展的地方，其电子工业和航空工业的发展更为技术寻求型对外直接投资获得技术回流提供了一定的可能性。但欧盟的法律环境非常复杂，在投资时需要充分考虑专业性服务机构如会计师事务所、律师事务所等的意见和建议。

捷克的汽车制造业和机械制造业具有很强的竞争优势，电子、飞机制造、生物技术、制药技术都具有相当高的水准，整体的经济对外开放程度又高。目前中国在捷克投资的领域不断拓宽，方式不断创新，规模也不断扩大，特别是捷克在汽车产业方面与中国的合作良好，整体来说具有较好的对外直接投资前景。

罗马尼亚的重点产业是农业，石化工业也占有重要地位，但仍然是石油天然气的进口国。罗马尼亚更为倾向于从欧盟国家吸收外资，近年来吸收外资的总体规模也有所下降，且更为青睐来自服务行业的对外直接投资。但罗马尼亚资源丰富，劳动力价格相对比较低廉，因此仍然存在与中国在投资方面合作的基础。

斯洛伐克的重点产业是汽车、电子、冶金和机械制造，由于政府政策鼓励对其电子行业的投资，电子业吸收外资规模迅速增大，因此，中国可增加对其电子行业的投资；同时，其军工生产、焊接技术、木材加工和农业科技在全球也具有一定的比较优势，在投资上中国与斯洛伐克具有合作互补的潜在可能。

匈牙利的汽车、制药、电子和生物技术产业发展比较迅速，具有一定的比较优势，中国在技术寻求型对外直接投资方面可与其开展良好合作，同时，在金融、旅游等产业领域也存在较多的投资合作机会。但是，匈牙利对于外商投资有一定的行业限制，对环境保护也要求严格，对于本地工人的雇佣比例更有一定要求，这是中国企业在对外直接投资时必须考虑的因素。

二、中国在“一带一路”国家投资的区位选择与风险防范

在“一带一路”战略下，中国企业对外直接投资不仅要考虑规模，还要考虑效率和质量，因此必须慎重考虑可能出现的各种风险因素，预先防范，以避免海外利益受损。特别是，2015 年 10 月 6 日，美国、日本和其余 10 个国家（澳大利亚、文莱、加拿大、智利、马来西亚、墨西哥、新西兰、秘鲁、新加坡和越南）基本达成 TPP 协定后，其后续影响更加需要予以关注。

(一) 准确定位投资类型,避免不同区位存在的政策性风险

邓宁在《跨国公司和全球经济》一书中指出,外国直接投资可以区分为六大类,分别为:自然资源寻求型、市场寻求型、效率寻求型、战略资产寻求型、贸易及分配型和辅助服务型。①巴克利将之简化为三种类型,即资源寻求型直接投资、市场寻求型直接投资和效率寻求型直接投资。②其中,资源寻求型直接投资的投资动机是通过直接投资获得或扩大自然资源类原材料的供应;市场寻求型直接投资的投资动机是通过直接投资进入东道国市场或扩大国际市场份额;效率寻求型直接投资的投资动机是通过直接投资降低总成本,尤其是降低劳动力的成本。

基于上述关于"一带一路"国家投资环境的分析,在分析中国企业对外直接投资不同动机的基础上,可以将中国企业对外直接投资归纳为如下几种基本情况。

表 6-1　不同类型对外直接投资的主要风险

直接投资类型	典型案例	主要风险
资源寻求型直接投资	中亚五个主要国家	政治风险、宏观经济稳定性风险、政策性风险
市场寻求型直接投资	俄罗斯、白俄罗斯、乌克兰及南亚四个主要国家	产业安全风险、新兴战略和国家政策的变化、国家投资硬环境和软环境的成熟度
效率寻求型直接投资	欧盟、中东欧	国家经济安全风险、技术控制风险

(二) 加强研究,判断东道国对企业所有权性质是否存在行业壁垒

对于中国企业的对外直接投资,海外市场评价可谓仁者见仁,智者见智。2013 年 11 月 22 日,路透社报道中国超越日本成为企业海外并购的亚洲头号国家,并且涉足的领域已经从自然资源扩展到食品和银行业。2014 年 5 月 19 日,加拿大亚太基金会驻会执行官司徒凡发表《中国的海外投资:为何步履艰难? 以及应如何应对》,提出"人们对国有企业的作用感到不安,如果中国要继

① John H. Dunning, *Multinational Enterprises and Global Economy*, New Jersey: Addison-Wesley Publishing Company, 1992, pp.82—83.

② Peter Buckley, "Government Policy Responses to Strategic Rent-seeking", *Transnational Corporations*, Vol.5, No.2, pp.1—15.

续扩大投资的话，中国的私人投资者带头将至关重要。因此，在采矿和能源等领域，中国国有企业必须发挥重要作用，直至三中全会提出的经济改革全面生效”。①

从以上评论可以看出，海外市场对于中国企业对外直接投资不无担忧，特别是涉及研发、耕地、食品等敏感行业的投资，国资背景的企业则更容易遭受东道国的审查。在“一带一路”沿线国家中，部分国家存在一定的行业限制，即对外商投资的行业有要求，如匈牙利；另有一些国家对于投资企业的所有权性质存在一定的行业壁垒，特别是一些敏感领域，如部分欧盟国家。因此，中国企业在对外直接投资时必须充分考虑以上因素。

（三）接受前期辅导，学习企业对外直接投资区位选择中的经验

从中国企业对外直接投资的行业分布来看，海外投资主要集中于能源矿产类、制造业、通信设备及服务行业。由于中国企业对外直接投资的行业相对集中且具有一定的敏感性，因此，上述行业几乎都遭到了东道国以国家经济安全名义提出的审查，部分跨国并购因此而流产。

2012 年以后，此类事件相对减少，而对外投资的企业数却增长迅速，这在一定程度上说明中国企业对于东道国的各项政策开始予以关注，吸收前车之鉴的教训，中国企业对外直接投资从起步阶段逐渐迈入了发展阶段，这与中国对外投资管理体制改革、政策体制、融资体制的不断完善，特别是相关政府职能部门的前期辅导显然有着密切的联系。因此，中国企业在对外直接投资的过程中，适当接受相关政府部门的前期辅导和建议，学习企业对外直接投资过程中的经验，对于避免企业海外利益受损，提高对外直接投资的效率和质量具有十分重要的意义。

三、对外投资新战略与开放型经济发展新格局的相互关系

“引进来”和“走出去”战略是中国利用外资战略的两大组成部分。改革开放 30 多年来，中国在很长一段时间内都更为关注引进外资战略，2014 年中国对外投资规模接近引进外资规模这一历史性突破，使得中国的对外投资战略

① 司徒凡：《中国的海外投资：为何步履艰难？以及应如何应对》，香港中美聚焦网，2014 年 5 月 19 日。

成为社会各界关注的焦点。

第一，以前中国更加注重引进外资，通过引进外资弥补国内资金、技术、人才和管理水平的不足，帮助中国实现经济发展的良性循环。在当时的经济背景下，引进外资对中国经济的快速发展起到了重要的推动作用。

第二，目前中国经济发展已经进入新常态。一方面，随着人口红利的逐渐消失，中国劳动密集型产品的生产成本有所提高，简单通过引进外资发展加工贸易的对外开放模式越来越不可持续。另一方面，随着中国自身生产能力和技术水平的不断进步，在某些高技术装备领域如高铁、核电和光伏产业等正在逐步形成对发达国家的比较优势。因此，打造开放型经济的"升级版"已经迫在眉睫。

第三，中国未来开放型经济的新格局，将更多地由单向引资向双向引资转变，实现引进外资与对外投资的战略互动；从低端产业向中高端产业转变，实现对外直接投资的产业多元化；从以对外直接投资为主向对外直接投资和对外间接投资并重转变，实现对外投资资产配置的多元化。这些都将使中国开放型经济的结构变得更为合理，抗风险能力更强，获得的收益更高。

第四，中国开放型经济新格局的形成离不开开放型经济新体制的构建。过去我们更多强调对引进外资的政策扶持，现在中国经济实力已有所增强，随着经济发展进入新常态，将更为强调让市场这只看不见的手发挥作用。相应地，在开放型经济新格局的形成过程中，我们也将更加注重"促进国际国内要素有序自由流动、资源高效配置、市场深度融合，加快培育参与和引领国际经济合作竞争新优势，以开放促改革"，这对中国开放型经济新体制的构建，特别是对外投资体制的构建提出了更高要求。唯有建立更加开放、合理和有序的对外投资新体制，才能使对外投资战略真正落地，进而推动中国开放型经济新格局的形成，这对中国来说既是机遇也是挑战。

第五，长期以来，中国的对外直接投资战略更多集中在对于海外自然资源的获取，在一定程度上遭到了东道国以国家经济安全为名的种种阻挠。经济新常态下中国对外直接投资的新战略意味着中国对外直接投资将更为注重效率和质量，从资源寻求型向技术寻求型和效率寻求型转变，从而缓解海外对于中国对外直接投资的一些情绪，化解可能产生的风险，实现对外直接投资的海外利益保护。从这个意义上来说，中国对外投资新战略在一定程度上就是提高对外直接投资效率和质量的新战略。

第三节 实施对外投资新战略对中国经济发展新格局的影响

“一带一路”对外投资新战略既丰富和完善了开放型经济的内涵，又是中国在经济发展进入新常态情况下致力于转型升级，提升国家综合经济实力的重要手段。以对外投资调整经济结构，以对外开放促进经济改革，以资本输出推动人民币国际化，中国对外投资新战略的实施对中国经济发展格局的影响十分深远。

一、对外投资新战略对投资结构的影响

(一) 流向“一带一路”沿线地区的投资将会增加

结合目前“一带一路”战略实施的现状，中国未来对外投资的区域可能会更加集中于“一带一路”沿线国家，具体来说主要是中国周边的国家及其延伸，即北面的俄罗斯和蒙古；西北面的中亚五国，以及向西不断延伸至中东地区和欧洲大陆；西南面的缅甸、越南、泰国、老挝和印度，以及隔印度洋相望的广阔的非洲地区；东南面的马来西亚、印度尼西亚和新加坡，以及向南延伸的大洋洲地区；东面则延伸到隔太平洋相望的拉丁美洲地区。

(二) 基础设施投资将成为对外直接投资的重点之一

“一带一路”战略的对外投资重点是基础设施建设，这主要基于基础设施建设能有效拉动产业链上下游的外部需求，从而实现中国具备比较优势的高端装备制造业产能输出和对于钢铁、水泥、电解铝等过剩行业的产能化解。这是中国对外投资新战略的主线逻辑。因此，在对“一带一路”沿线国家对外投资的过程中，与东道国大型企业合作投资当地基础设施建设的案例会越来越多。此外，基于战略实施初期对于互联互通的迫切要求，预计初始的对外投资将会集中在铁路、公路、港口和机场等交通运输基建项目，后续随着互联互通内涵的不断扩大，有望逐步扩展到电力、油气能源和基础通信等基建项目。

(三) 国有企业对外直接投资的地位得到巩固

“一带一路”作为国家级对外投资战略，战略实施的初始资金将很可能由

国家层面来推动落实，通过初始资本金的杠杆作用撬动后续资金的进入。例如丝路基金的初始投资额中就有部分来自国家外汇储备。在初始资本金到位的情况下，预计后续资金跟进的主体仍将以具备雄厚资金实力的国有大型企业为主。这是因为基础设施建设的建设期和资金回收期均比较长，一般而言资金回报率会比较低，实际上还承担了推动对外投资战略的职能。当然，相关的基础设施建设项目在运作成熟后，也可以通过公私合营等管理模式吸引有实力的民营资本加入，不断充实对外投资新战略的资金来源，实现由国家投资带动民间投资的对外投资战略升级。

二、对外投资新战略对国际资本流动的影响

（一）促进储备资产和国内闲置资本优化配置，带动富余产能的有效利用

“一带一路”战略之所以受到沿线国家支持，主要因为这些国家自身基础设施建设比较落后，且大多数属于欠发达国家，既缺乏建设资金，又缺乏建设经验。中国在基础设施建设方面的经验比较丰富，但需要为巨额的外汇储备和相对过剩的基础设施建设产品寻找出口。在这一背景下，中国将巨额外汇储备作为推动“一带一路”发展战略的资本金，既能为外汇储备找到合适的对外投资方向，实现储备资产的保值增值；又能以此撬动国内闲置资本对“一带一路”基础设施建设的投入，实现资本的优化配置；还能通过资本输出带动国内富余产能的有效利用，可谓一举多得。因此，以巨额外汇储备对外投资实现的国内资本输出很有可能成为对外投资新战略主导下的资本输出模式。

（二）有利于扩大人民币的国际影响力，加快人民币国际化的进程

以基础设施建设为主线，互联互通为关键的“一带一路”战略，在中国参与的各项区域投融资安排机制中均有所体现。尽管对外投资新战略的目标是实现“一带一路”沿线国家的经济互利共赢，但中国试图主导这一对外投资战略发展方向的意图比较明显，这在各项区域投融资安排的资金投入方面表现得尤为突出。

借助对外投资新战略，中国可以加快推动将人民币作为各项区域投融资安排的结算货币。从目前对于区域投融资安排的表述上看，运作初期采用美元进行结算的可能性依然较大；但随着各区域开发机构运作的不断成熟，在一个适当的时机，中国可以推出由人民币进行结算的项目投融资安排和货币应

急储备机制。

例如,中国可以通过亚投行向“一带一路”沿线国家提供低息长期人民币贷款支持基础设施建设。这些贷款可以用于采购中国制造的基建设备,也可以用于支付中国参与基建的劳务输出,这就使人民币跨境流动形成良性循环。又如中国可以与金砖国家签订人民币与该国货币的互换协议,在这些国家遭遇危机时提供短期贷款帮助其渡过难关,这些都会成为人民币国际化的有效途径。长此以往,人民币在这些区域的国际化就会成为顺其自然的结果。因此,通过对外投资新战略实现人民币国际化很有可能在不久的将来成为国家的一种战略选择。

三、对外投资新战略对国内经济格局的影响

中国对外投资新战略的实施,最终是为中国经济可持续发展服务的,最终会通过对国内经济的促进和推动得以体现。

(一) 国际国内市场相互促进

随着中国人口红利的逐渐消失和相关产业发展升级后形成新的比较优势,原有的经济发展模式对中国经济发展的支撑难以为继,中国经济发展必须进入新常态。“一带一路”对外投资新战略的实施实际上是为中国探索一条开放经济环境下经济内外联动的新道路,即通过初始投入资金推动基础设施建设对外投资,进而拉动国内与投资相关的产成品、机器设备和劳务输出,通过发展本地贸易、离岸贸易和电子商务等多种贸易模式,逐步建立跨境生产和贸易供应链,与“一带一路”沿线国家之间慢慢形成良好的贸易投资环境,共同扩大双边贸易和投资规模,进而推动各国经济实现互利共赢的可持续发展。

此外,“一带一路”战略在实施过程中还可能派生对国内相关基础设施的投资需求。如铁路、公路等交通基础设施建设在国内段的延伸,国内相关省市的港口和机场建设,以及能源合作背景下油气管道在国内的铺设等,这些都会成为对外投资新战略为中国经济发展带来的新机遇。

(二) 区域产业升级

一方面,“一带一路”战略对应的基础设施建设本身所需资金量庞大,中国具备比较优势的基建行业,如高铁和核电等受益非常明显。另一方面,基础设施建设的产业链比较长,对上下游企业的带动效应比较明显。例如,对基础设

施建设的资金投入会引致对高端装备制造业机器设备的需求，进而增加对钢铁和水泥等基础工业品的需求。这就是中国对外投资新战略所可能产生的联动效应。

这种联动效应将产生两个重要结果：一是随着“一带一路”沿线国家基建投资的不断深入，相关区域的相关行业将会获得历史性的发展机遇，最终可能实现区域的产业升级；区域产业升级又会反过来推动基础设施建设的进一步深入，形成良性循环。二是国内富余产能在促进这种产业升级中将大有用武之地。

（三）对外投资与引进外资的互动

尽管中国对外开放新格局中引进外资和对外投资的重要性正在发生历史性的变化，但这并不妨碍引进外资继续成为开放经济战略中的重要内容。在与对外投资新战略互动的过程中，引进外资政策将更加注重在质量和效益上的提升，并在一定程度上更好地推动对外投资新战略的实施。

未来中国对外投资和引进外资的政策协调应当从以下几个方面入手：一是引导外资更多向中西部地区转移，以便利用外资更好地实现与丝绸之路经济带的对接；二是通过体制改革提高对外投资和引进外资的管理效率，营造良好的投资和引资环境；三是积极拓展投融资双向渠道，通过与“一带一路”沿线国家的大型企业合作，相互投资对方国内的基础设施建设或与之相关的产业，形成投融资的良性互动。这些都对中国经济持续平稳发展大有裨益。

（四）国际资本的双向流动

“一带一路”战略对于国内资本输出和优化外汇储备资源配置具有重要意义。在人民币逐步实现国际化的大背景下，更进一步实现以人民币为流通载体的国际资本双向流动或将成为对外投资新战略的又一重要经济成果。

例如，以人民币作为载体的对外投资在“一带一路”沿线国家形成后，通过购买当地原材料和劳务等方式形成人民币在该国的沉淀，积累到一定程度后，可能在当地形成人民币离岸市场。如果这些离岸市场的人民币缺乏投资方向，则可能回流国内寻找投资渠道。伴随中国金融管制的不断放松，人民币回流后不但可以对相关产业进行直接投资，甚至可以通过对资本市场和货币市场的间接投资方式实现保值增值。到那时，中国将有能力构建一个国内外联通的人民币资金池，对于经济金融的抗风险能力也会随之提高。

总之，随着中国经济进入新常态，中国的对外投资战略也在不断地进行调整。以“一带一路”战略为核心的中国对外投资新战略通过扩大对沿线地区的对外直接投资，不仅为中国大量的外汇储备寻找到投资出路，同时也通过对外直接投资的方式增加了人民币在周边国家的流通，进而通过对外直接投资的逆向经济溢出效应推动了中国中西部地区的发展，为中国通过两个市场、两种资源全方位利用外资开辟了新的道路，有利于中国开放经济发展新格局的形成。同时，丝路基金、亚洲基础设施投资银行、金砖国家区域性投融资安排等也进一步推动和促进了国际区域协调机制的建立和完善，有利于提高中国的国际经济地位，并在全球经济治理中发挥更大的作用。

第七章 对外投资新战略与国家战略性投资安排

围绕“一带一路”对外投资新战略，中国通过丝路基金、亚洲基础设施投资银行、金砖国家区域性投融资安排、上合组织开发银行和上合组织专门账户等战略性投资安排，从金融、贸易和投资协调互动的角度，进一步完善国家开放型经济体系，实现对外开放战略的升级。美国主导下 TPP 协议的基本达成，对于全球贸易格局和投资格局都会产生重要影响，对于中国的贸易、投资和金融也会产生一定压力，在这一背景下，加强与金砖国家的金融、贸易、投资合作，以及进一步推进“一带一路”战略的实施就更为重要了。

第一节 对外投资新战略下的国家战略性投资安排

围绕以“一带一路”为核心的对外投资新战略，中国正在不断努力推动建立国际区域协调机制，逐步实现对周边国家的战略融合，努力促进对外投资新战略的有效实施。

一、丝路基金

丝路基金这一概念最先由中央财经领导小组第八次会议提出。之后，习近平同志在北京举行的 APEC 会议上发表《联通引领发展伙伴聚焦合作》重要讲话，提出中国将出资 400 亿美元成立丝路基金，为“一带一路”沿线国家基础设施建设、资源开发、产业合作等有关项目提供投融资支持。并将以交通基础设施为突破，获得亚洲互联互通的初步成果，优先部署中国同邻国的铁路、公路项目。他强调，丝路基金是开放的，欢迎亚洲区域内外的投资者积极参与。

在丝路基金由中国首期出资的100亿美元中,65亿美元来自中国的外汇储备。丝路基金关注的对象不局限于亚洲,它将向整个“一带一路”沿线国家开放。除了先期对于基础设施建设的投入,后期可能更多投入软件方面的建设,投资标的相对多元化。

国际经验表明,一国专门为某项经济发展战略而成立投资基金的情况并不多。所谓的主权投资资金,其成立目的大多是希望通过投资手段实现国家资产的保值增值。与其相比,丝路基金除了需要实现初始投入资金的保值增值外,还肩负着利用投入资金吸引更多其他资金投资中国“一带一路”战略,从而推动对外投资新战略有效落地。

二、亚洲基础设施投资银行

亚洲基础设施投资银行(简称“亚投行”)是一个政府间的亚洲区域多边开发机构,重点支持基础设施建设,总部设在北京。其设立目的是向包括东盟国家在内的亚洲地区发展中国家的基础设施建设提供资金支持。它一经倡议就得到广泛支持,许多亚洲国家反响积极。2014年10月24日,包括中国、印度和新加坡等国在内的21个首批意向创始成员国财长和授权代表在北京正式签署《筹建亚洲基础设施投资银行备忘录》(以下简称“备忘录”),共同决定成立亚洲基础设施投资银行。2014年11月25日,印度尼西亚财政部长代表印度尼西亚政府签署备忘录,亚洲基础设施投资银行的意向创始成员扩充至22个。截至2015年4月15日申请截止日,亚投行创始成员国达到57个,分别是奥地利、澳大利亚、阿塞拜疆、孟加拉国、巴西、文莱、柬埔寨、中国、丹麦、埃及、法国、芬兰、格鲁吉亚、德国、冰岛、印度、印度尼西亚、伊朗、以色列、意大利、约旦、哈萨克斯坦、韩国、科威特、吉尔吉斯斯坦、老挝、卢森堡、马来西亚、马尔代夫、马耳他、蒙古、缅甸、尼泊尔、荷兰、新西兰、挪威、阿曼、巴基斯坦、菲律宾、波兰、葡萄牙、卡塔尔、俄罗斯、沙特阿拉伯、新加坡、南非、西班牙、斯里兰卡、瑞典、瑞士、塔吉克斯坦、泰国、土耳其、阿联酋、英国、乌兹别克斯坦和越南。

亚投行提供的资金主要用于投资亚洲地区基础设施建设,是对亚太地区现有多边区域开发银行的补充。另一方面,亚投行的成立还有利于提高亚洲资本的利用效率及对亚洲区域发展的贡献水平,对亚洲经济增长产生积极影响(表 7-1)。

表 7-1 2010—2020 年亚洲及太平洋沿岸基础设施需求

(单位:百万美元)

建设领域	新建设资金需求	维护资金需求	合　计
能源(电力)	3 176 437	912 202	4 088 639
电信	325 353	730 304	1 055 657
移动电话	181 763	509 151	690 914
有线电话	143 590	221 153	364 743
运输	1 761 666	704 457	2 466 123
机场	6 533	4 728	11 261
港口	50 275	25 416	75 691
铁路	2 692	35 947	38 639
公路	1 702 166	638 366	2 340 532
公共卫生与饮用水	155 493	225 797	381 290
公共卫生	107 925	119 573	227 498
饮用水	47 568	106 224	153 792
合计	5 418 949	2 572 760	7 991 709

数据来源:Asian Development Bank, *Infrastructure for Supporting Inclusive Growth and Poverty Reduction in Asia*, Printed in Philippines, ADB Press, 2012。

三、金砖国家区域性投融资安排

2001 年,美国高盛公司首席经济师吉姆·奥尼尔率先提出金砖国家的概念,当时的“金砖四国”包括巴西、俄罗斯、印度和中国,2010 年南非加入后成为“金砖五国”,统称金砖国家。根据世界银行 2013 年的数据,金砖国家的总面积占全球总陆地面积的 30%,总人口占全球人口的 42%, GDP 占全球 GDP 的 21%(表 7-2)。因此,金砖国家联合成立区域性投融资机构,对全球经济发展格局,尤其是对未来发展中国家的经济发展影响巨大。

表 7-2　2013 年金砖国家国内生产总值、人口

国家和地区	GDP(单位:亿美元)	人口(单位:万人)
南　非	3 506.30	5 298.20
印　度	18 767.97	125 213.96
俄罗斯	20 967.77	14 349.99
巴　西	22 456.73	20 036.19
中　国	92 402.70	135 738.00
全　球	749 098.11	712 454.40

数据来源:世界银行网站。

(一) 金砖国家开发银行

2012 年 3 月在印度首都新德里举行的金砖国家(中国、巴西、南非、俄罗斯、印度)领导人第四次峰会中首次探讨了金砖国家“建立一个新的开发银行的可能性”。金砖国家的财长们经过一年全面评估,确定了建立一个新开发银行的可行性。2013 年 3 月,南非举行的金砖国家领导人第五次会议中再次就成立金砖国家开发银行进行磋商,各国均明确表示赞成建立开发银行,并要求银行的初始资本应该是实质性的和充足的,以便有效开展基础设施投融资。

在 2014 年 7 月举行的第六次金砖国家峰会中,会议宣言首次宣布金砖国家“签署成立金砖国家开发银行协议,为金砖国家以及其他新兴市场和发展中国家的基础设施建设、可持续发展项目筹措资金”。宣言表示,“金砖国家开发银行法定资本 1 000 亿美元。初始认缴资本 500 亿美元,由创始成员国平等出资。银行首任理事会主席将来自俄罗斯,首任董事会主席将来自巴西,首任行长将来自印度。银行总部设于上海,同时在南非设立非洲区域中心。”2014 年 7 月 15 日,金砖国家开发银行成立。2015 年 7 月 21 日,总部位于上海的金砖国家开发银行正式开业,首任行长为瓦曼·卡马特。

(二) 金砖国家应急储备安排

金砖国家应急储备安排的建立历程与金砖国家开发银行相似。2012 年 6 月在墨西哥洛斯卡沃斯二十国集团峰会期间,金砖国家正式启动建立应急储备安排的磋商。2013 年金砖国家领导人会议前夕,各国央行行长与财政部部长讨论了建立金砖应急储备安排的可行性,《金砖国家领导人第五次会晤德班

宣言》中提到各国财长与央行行长的讨论结论是“建立一个自我管理的应急储备安排具有积极预防效果，将帮助金砖国家应对短期流动性压力，提供相互支持，并进一步加强金融稳定。这也将作为一道增加的防线，为补充现有国际外汇储备安排、加强全球金融安全网做出贡献”，且“建立一个初始规模为 1 000 亿美元的应急储备安排是可能和共同期待的”。2014 年 7 月 15 日，中国人民银行行长周小川代表中国政府与其他金砖国家代表在五国领导人见证下，在巴西福塔莱萨签署了《关于建立金砖国家应急储备安排的条约》，应急储备安排正式建立。

与金砖国家开发银行不同，中国在金砖国家应急储备安排的初始规模中占据较大份额，这与中国外汇储备大国的身份相适应，是对于人民币抗风险能力的一种认可，也在一定程度上为人民币国际化提供了有效的路径。

四、上合组织开发银行和上合组织专门账户

2010 年 11 月 25 日，温家宝同志在塔吉克斯坦首都杜尚别举行的上海合作组织成员国第九次总理会议上，首次提出建立上合组织开发银行的构想，他建议上合组织深化财金合作，研究成立上海合作组织开发银行，探讨共同出资、共同受益的新方式，扩大本币结算合作，促进区域经贸往来。

上海合作组织成员国元首理事会第十三次会议于 2013 年 9 月 13 日在吉尔吉斯斯坦首都比什凯克举行，习近平发表《弘扬“上海精神”促进共同发展》的重要讲话，提出“加强金融领域合作，成立上海合作组织开发银行和上海合作组织专门账户”。

2014 年 9 月在杜尚别举行的上海合作组织成员国元首理事会第十四次会议上，与会元首共同签署并发表了《上海合作组织成员国元首杜尚别宣言》，各国元首均表示将继续努力以尽快完成成立上合组织开发银行的相关工作。2014 年 12 月 15 日李克强在上海合作组织成员国政府首脑理事会第十三次会议上的讲话中再次提出：希望上合组织各成员协商一致，稳妥推进组建上合组织开发银行进程，为本地区建立长期稳定的融资平台。

目前，上合组织成员国对成立上合组织开发银行和专门账户已经基本达成共识，但后续各成员国还将就具体运作问题进行进一步磋商。

与金砖国家区域性投融资安排相比，上合组织开发银行和专门账户推动

时间更长，难度更大。主要原因是上合组织成立的初衷是维护地缘政治稳定，反对和打击区域极端主义、分裂主义和恐怖主义，区域经济金融合作是各成员国政治军事外交合作发展到一定阶段的产物。此外，上合组织各成员国客观上经济发展水平差异较大，在某些经济利益方面可能难以达成合作的共识。

尽管上合组织开发银行和专门账户的成立将经历一个谈判的过程，但上合组织成员国地区经济的不断融合却是大势所趋。从地理位置上看，上合组织开发银行和专门账户的成立对中国丝绸之路经济带的沿线省份将产生比较积极的影响，亦有可能成为中国实现中西部对外开放和投资战略的重要契机之一。此外，除了"一带一路"战略强调的基础设施通路建设外，能源合作或许会成为这一区域合作的亮点。

围绕"一带一路"对外投资新战略，中国通过建立不同层次的区域经济协调机制，努力打破洲际限制，与不同区域国家结成经济战略联盟，在运用对外投资手段推动中国经济增长的同时，逐步扩大中国在国际上的影响力。

但我们也应该看到，"一带一路"战略框架下的区域经济协调机制仍然面临诸多亟待解决的问题。一是有些多边投融资机构，如亚投行等，尽管其大多数创始成员国潜在的基础设施建设需求量很大，但受制于国家本身经济发展水平和市场需求规模，短期内对基础设施建设的实际需求量或许并不高。二是经济上的合作共赢有时会受到非经济因素干扰，特别是地缘政治冲突往往会对经济合作的深入程度产生较大影响，因此在经济互惠互利的基础上，不断增强国与国之间的战略互信显得尤为关键。三是目前大多数区域经济协调机制的经济一体化合作水平还不高，有些还处在象征意义大于实际意义的阶段，后续仍需通过进一步谈判和磋商，争取在一些细节问题上达成双边或多边共识。

为此，中国在"一带一路"战略推进的过程中，必须勇于承担大国应有的引领发展责任，主动加强与区域内国家的政策沟通，不断深化完善与区域内国家的双边多边合作机制，鼓励和带动这些国家共同努力，推动中国对外投资新战略的有效实施。此外，对于协调机制中涉及的重大细节问题，如相关机构的投票表决权如何建立等，则需尽快推动与相关国家的谈判进程，争取早日形成一致意见。

第二节　中国对外投资新战略与金砖国家金融、贸易合作

金融、贸易与投资具有非常紧密的相互关系，因此中国对外投资新战略不能仅仅考虑投资战略本身，还必须考虑与之相关的金融和贸易战略。金融、贸易和投资的协调互动将是构建中国开放型经济体系的重要战略之一。

一、协调互动：构建开放型经济体系的重要战略

（一）外资、外贸与金融的互动关系

外资、外贸和金融子系统是中国开放型经济体系建设的三个重要组成部分。其中，外资的引进在更大程度上和更广范围中为国内企业参与国际生产体系提供了可能性，促进了中国加工贸易的发展和金融服务市场的开放，是建设开放型经济体系的基础。

一方面，20 世纪 90 年代以后，随着经济全球化的发展，作为经济全球化的载体和主要动力，跨国公司全力推行复合一体化的经营战略。这种复合一体化战略的重要特征是跨国公司具有将生产或供应转移到任何一个更能获利的地方的能力，公司的一切职能行为，生产、销售、采购等全部被安排到最合适的地方，甚至连设计、研发和金融管理都必须在全球范围内服从公司战略的最优化。也就是说，在全球化条件下，国际分工只是跨国公司整个生产体系的一部分，因为产品增值链上的每一点都可能发生国际化生产，从而形成各国产业的国际化趋势。因此，外资在大量涌入中国的同时，也促进了中国产业分工的国际化，促进了中国加工贸易的发展。

另一方面，大量的理论和实证研究表明，作为国际资本流动的一种重要形式，外资对东道国的国际收支平衡会产生正、负两方面的影响。同时，随着金融国际化以及金融工具创新的不断发展，已经在一些新兴发展中国家出现了外国直接投资和外国间接投资的互换现象；外国直接投资的这种高易变性不仅给东道国的金融管理带来了困难，而且对东道国的金融稳定产生了重要影响。因此，外资的引进还间接地促进了中国金融市场的开放、金融机构的国际化以及资本的自由流动。

从具体的传导路径来看，外资对于中国开放型经济体系建设的影响主要通过以下三种途径：直接投资传导机制、对外贸易传导机制和货币金融传导机制。第一，税收、企业竞争、银行信贷、金融机构和金融市场、技术溢出、产业关联等是直接投资传导机制的主要环节，外资通过对国内资本形成的影响、作为资本要素对储蓄缺口和外汇缺口的补充、对东道国技术进步的影响以及通过产业集聚的形成推动东道国产业结构的提升等对中国开放型经济体系的建设产生影响。第二，设备、原材料或零部件的进口、专利或特许使用等的进口、制成品出口、原材料加工出口以及制成品替代进口导致进口减少是对外贸易传导机制的主要环节，外资通过进口替代效应、进口引致效应和出口创造效应等贸易效应的产生以及所产生的贸易品生产部门和非贸易品生产部门的就业和工资变化，对中国开放型经济体系的建设产生影响。第三，由 FDI 所产生的正向和反向的资本流动、中间品或制成品的进出口以及投资利润转移、红利汇回是货币金融传导机制的主要环节，外资通过对国际收支平衡的影响等途径对中国开放型经济体系的建设产生影响。由于以上三种传导机制的作用，外资子系统对于中国开放型经济体系的建设具有重要作用，是中国开放型经济体系建设的重点。

（二）外资、外贸与金融开放的相关性

大量的理论研究和中国改革开放的实践表明，外资、外贸与金融开放之间存在着互动与协同的关系。贸易与投资的互动与协同在于投资创造贸易，贸易推进投资。贸易与金融的互动与协同在于贸易产生金融，金融提升贸易。投资与金融的互动与协同在于投资培育金融，金融支撑投资。外资、外贸与金融的两两互动主要表现在以下几个方面。

第一，外资与外贸的互动。一方面，贸易的大规模发展要求生产性服务业和物流业的发展，要求现代服务业引进更多的外资，而不是像现在这样让中国的贸易发展在很大程度上体现在制造规模的扩大上。改革开放 30 年来，引进外资大量从事加工贸易，对中国的贸易结构不平衡起到了推波助澜的效果，这一现象必须得到改观。另一方面，金融危机后，随着国际社会对排放问题认知程度的提高，发达国家凭借其在节能减排、新能源产业等的技术优势，积极推动减排义务向国际贸易领域扩展，主张对来自减排标准低的国家的进口产品征收“碳关税”。中国的外资政策也必须做出相应的调整，即限制排放高的外资进来，避免中国成为外资污染性企业的避难所。

第二，金融与外资的互动。一方面，金融市场的发展不仅有助于吸引外资流入，并为外资的合理使用创造良好条件，而且增强了吸收外资溢出效应的能力。尤其是发达的金融体系不仅能为跨国并购活动提供良好服务，而且在将外资潜在的溢出效应转化为现实生产力方面发挥着重要作用。另一方面，金融服务业市场开放，有助于金融服务业外资的流入，不仅优化了外资结构，增强了同业竞争，提高了金融市场效率，还带动了金融创新，促进了金融深化。例如，金融创新能够为科技创新提供一定的支持。高科技产业一般具有研发周期长、资金需要量大等特点，其进行科技创新所需的资金除一部分来自企业内源融资外，还需要筹集一部分外源融资，其中就包括在国际市场运用金融创新工具的融资。

第三，外贸与金融的互动。一方面，国际贸易的发展对金融业的资金运用、业务品种、服务手段、工作效率、利率和汇率的风险管理等方面都提出更高的要求，从而能加速金融市场的创新和发展。例如，人民币跨境贸易结算对于推动人民币国际化具有十分重要的作用。另一方面，金融发展可以引导资金流向，通过推动资本积累与技术进步改善一国资源禀赋结构，从而增加高附加值商品出口，起到优化出口产品结构的作用。同时，金融发展能够为国际贸易的发展提供良好的制度环境和多样化的金融服务，能够为国内企业从事一般贸易而非加工贸易提供一定的融资支持，有助于实现贸易结构从劳动密集型产品的出口向资本、技术、知识密集型产品的出口升级。

（三）外资、外贸与金融协调发展的主要战略

1979 年以来，中国的对外开放和市场化改革在相互促进、共同发展的过程中取得了丰硕的成果。与俄罗斯和中东欧国家相比，中国的经济转型之所以能够取得阶段性成功，原因就在于对外开放为中国的经济体制改革带来了动力，促进了劳动力、资本和金融要素的国际流动及其在中国的大量集聚。对外开放还为中国提供了广阔的海外市场。两个市场、两种资源，使中国迈出了打破“马尔萨斯制约”的坚定步伐。改革开放 30 多年的经验告诉我们，对外开放是基本国策，每个阶段的战略目标必须根据当时的国情和经济发展情况进行适当的调整，从而提高中国在对外开放中的效益。

1. 利用外资与保持外贸增长相结合

中国要将利用外资与保持外贸增长结合起来考虑。扩大现代服务业吸收外资，促进国际服务外包和生产性服务业发展。以联动促引资，尽快实现贸易增长方式的转变和吸收外资方式、方法的创新。同时，大力引进产业关联度高、技术含量高、附加值高、符合可持续发展要求的项目，形成较为完善的产业集群，提高外资技术溢出效应。

2. 优化贸易结构实现进出口平衡增长

加快贸易增长方式的转变，推动加工贸易从生产向研发、营销环节延伸。聚焦服务贸易重点领域，大力推动贸易结构的优化。加强进口管理，逐步实施从出口导向向进出口平衡、内外需均衡拉动的转化。重视民营企业，以形成新的比较优势和出口增长点。

3. 提升"走出去"的层次和水平

引导有条件、有实力的国有大企业集团开展海外企业的多元化投资、经营者（自然人）持股、承包经营、期权、期股、薪酬属地化等改革试点。通过鼓励跨国并购和设立境外研发机构等方式，提升"走出去"的层次和水平。利用和引进境外技术、管理经验和智力资源，提高开发具有自主知识产权的新技术、新产品的能力，逐步培育国际品牌，提升中国企业的创新能力和国际竞争力。

4. 打造开放的金融服务支持体系

抓住人民币国际化机遇，创设人民币证券、期货、信托投资新产品，打造开放的金融服务支持体系。通过提高金融市场的发展水平和开放程度，为国内并购市场的发展提供良好的金融市场基础，为企业融资提供更高的融资效率，通过金融市场开放进一步提升引进外资的质量，从而加强外资、外贸与金融市场之间的开放互动。

二、中国加强与金砖国家金融、贸易与投资合作的重要性

（一）TPP 背景下国际贸易将逐步形成新的格局

2015 年 10 月 5 日，跨太平洋战略经济伙伴关系协定（TPP）12 个成员国宣布达成基本协议。TPP 区内成员国之间贸易壁垒的降低，实际上会构成对区外其他国家贸易壁垒的提高，因此，全球国际贸易将逐步形成新的格局。

但是，这些成员国还需要经历漫长的国内程序才能够真正实现完全的自由贸易，这一过程将可能持续数年甚至更长，因此，从目前来看，这一协议的签

署对于全球的影响可能更多地会体现在加快各种双边和多边区域贸易协定的形成上，特别是一些 TPP 区外国家，将可能通过各种方式以“化整为零”的方法实现与 TPP 成员国的经贸对接。由此来看，TPP 对于推动全球自由贸易的积极作用是应予肯定的。

（二）TPP 达成对中国金融、贸易和投资的影响

TPP 12 个成员国宣布达成基本协议对于中国最大的影响将是进出口贸易规模的下降，特别是出口竞争力的下降。与此相关的问题是早期在中国投资的大量外资企业是加工贸易主导型的，国家外资战略调整后资本密集型和技术密集型外资企业开始逐步增加在华投资，但从整体结构来看，出口贸易仍然是大部分在华外资企业的重要利益所在。TPP 达成后，这些企业在中国生产的产品的国际竞争力会下降，出口数量会下降，从而导致利润的减少，加上近年来已经逐步显现的劳动力成本上升问题，可能会加剧目前已经存在的外资企业撤资问题。

与之前不同的是，过去因劳动力成本上升而形成的外商向中西部地区的转移以及向周边国家和地区的转移趋势不仅会蔓延，而且会由过去大多数转向中西部而变为有更多外资企业向周边国家和地区转移，特别是向马来西亚和越南，因为上述它们在吸引外资的竞争力方面与中国存在一定的同质化。另一方面，由于出口竞争力下降和规模的减少，中国对上述 TPP 国家的贸易顺差也会逐步减少。鉴于美国、加拿大、澳大利亚等国家是中国最大的经贸伙伴，中国的外汇储备也会相应减少。

（三）TPP 背景下中国加强与金砖国家金融、贸易和投资合作的重要性

从国际战略来看，美国主导的 TPP 协议达成，其根本目的是希望对中国与东盟的 FTA 起到制衡作用，以确保其在东亚的地缘政治利益，稳固其超级大国的霸权地位，这也是美国重返亚太战略的一个重要部分。作为亚太地区最为重要的支点国家，随着美国和日本经贸关系的更为密切，美、日、中之间的经济关系将可能因为这次 TPP 协定的达成而出现新的变化。

由于在美国主导之下的 TPP 将重塑全球贸易规则，与 WTO 追求的降关税相比，TPP 所追求的包括零关税、货物和服务全部自由流动、所有经济监管制度必须统一标准，细分领域有贸易和服务自由、货币自由兑换、税制公平、国企私有化、劳动权益保护、知识产权保护、环境资源和信息自由等自由贸易条款，或者说禁止各种门槛、操纵、补贴等。中国在目前情况下还难以达到。因此，从理论上和TPP的规则上来说，任何国家都可以加入TPP，但实际上很多国家包括中国将被排除在外。特别是货币自由兑换、国企私有化等条件，中国在当前是不可能达到的。因此，加强与金砖国家的金融、贸易与投资合作将显得更为重要。这一协议的签署也将进一步推动中国自由贸易区战略和“一带一路”战略的推进。

第三节　实施对外投资新战略，加强国家战略性投资安排

美国主导的TPP协议基本达成，在一定程度上倒逼中国对外开放战略的进一步升级，包括自由贸易区战略、“一带一路”战略和金砖国家合作战略。在总体上，对外投资新战略的实施必须加强与金融、贸易和投资战略的互动，特别是对外投资与引进外资的互动，必须从中央到地方，从省市定位和产业发展等几个方面展开。在加强“一带一路”东线战略的同时，加强与金砖国家的金融、贸易和投资合作也是进一步推进中国对外投资新战略的一个重要方面。

一、加强对外投资与金融发展和对外贸易的互动

（一）对外投资与引进外资的互动

在与对外投资新战略互动的过程中，引进外资政策将更加注重在质量和效益上的提升，并在一定程度上更好地推动对外投资新战略的实施。未来中国对外投资和引进外资的政策协调应当从引导外资更多向中西部地区转移、通过体制改革提高对外投资和引进外资的管理效率、积极拓展投融资双向渠道几个方面入手。这些都对中国经济持续平稳发展大有裨益。

（二）对外投资与金融发展的互动

一方面，发达的金融体系不仅能为跨国并购活动提供良好服务，而且在将外资潜在的溢出效应转化为现实生产力方面发挥着重要作用。金融发展能够为国际投资的发展提供良好的制度环境和多样化的金融服务，能够为国内企业发展成跨国公司提供一定的融资支持，有利于推动中国企业对外投资。

另一方面，对外投资的发展对金融业的资金运用、业务品种、服务手段、工

作效率、利率和汇率的风险管理等方面都提出更高的要求，从而能加速金融市场的创新和发展。在金融支持实体经济方面，金融创新能够为科技创新提供一定的支持，科技创新也会反过来要求金融创新的进一步完善。

（三）对外投资与对外贸易的互动

在对外直接投资的区位选择过程中，由于直接投资具有一定的沉淀成本，因此，往往是由贸易带动直接投资，贸易与投资具有一体化的趋势。这一点在资源寻求型对外直接投资和市场寻求型对外直接投资中表现得特别明显。从实践来看，中国需要从单向引进外资向同时注重对外投资升级，以投资跨越贸易障碍，获得扩大贸易的资源供给。贸易推进投资的转型在于，要以贸易发展形成的经济基础推进国内的投资与对外投资。更重要的是，改革开放 30 多年来出口发展积累起来的巨大外汇储备已经形成了中国巨大的对外投资并购能力，这种能力正是中国跨越一些国家的贸易壁垒，通过对外投资开辟市场和获得资源供给的强大基础。可见，对外投资创造贸易，对外贸易推进投资，对外投资与对外贸易之间存在一定的互动性。

二、加强引进外资和对外投资的协调互动

当前，世界经济仍处在国际金融危机后的深度调整期，全球总需求不振，大规模国际产业转移明显放缓，世界科技和产业革命孕育新突破，贸易保护主义持续升温。中国经济正处于"三期叠加"阶段，经济发展进入新常态。双向投资战略下资本市场进一步开放、对外投资中跨国并购大幅度增加、中国贸易条件发生变化、国际投资规则高标准化，投资的双向开放会使外部冲击以更大的力度表现出来，进而影响到国内经济运行。上述情况对于中国投资监管、国家安全审查制度、对外投资合作信用体系建设的要求都会提高，对外投资管理体制改革的难度也会增加。因此，双向投资中的战略互动必须从以下几个方面展开。

（一）引进外资和对外投资之间的相互关联及其相对平衡发展的战略与政策

一是对外投资与引进外资的宏观战略选择，制定有利于中国宏观经济增长的对外投资和引进外资的相对平衡发展战略；二是制定中国间接资本进出的协调机制，保证中国经济内部平衡和外部平衡的协调；三是直接投资和间接投资双重影响的化解和风险防范机制的设定。

（二）探索双向投资战略下中国中央与地方、地方与地方之间协调机制的建立

这不仅涉及财政分权制度的改革，涉及省与大城市在功能区分上的定位，涉及要素自由流动障碍的消除，还涉及部分地区在先行先试情况下如何形成可复制、可推广的经验，为中央与地方、地方与地方之间发展和战略的协调提供借鉴，涉及中央与地方的利益分配等问题。

（三）双向投资战略下省市之间的功能分工和定位战略

在引进外资和对外投资具有地区分布高度集中性的趋势下，如何区分不同省份之间，以及省份和部分大城市之间在引进外资特别是对外投资上的功能与作用，特别是在“走出去”上重点发展大城市的平台功能，尝试建立走出去的金融支持体系，推动金融资本和产业资本联合走出去，等等，将是战略互动能否有效实施的关键。

（四）双向投资战略下的产业协调和比较优势分析

由于中国对外投资和引进外资的产业比较优势是不同的，因此，基于双向投资战略下国内产业比较优势的分析，必须着重研究重点扶持哪些产业，哪些产业可以走出去，能否在国家战略下形成一些新的比较优势，等等。必须从产业发展视角考虑中国高水平“引进来”与大规模“走出去”的差异与联系，特别是双向投资战略下中国对外投资产业的选择和协调推进。

三、实施对外投资新战略，加强与金砖国家金融与贸易合作

一方面，随着中国经济进入新常态，中国的对外投资战略也在不断地进行调整，主要考虑包括：基于中美、中欧投资协定谈判，实现中国与最发达经济体跨境直接投资的战略协调；基于“区域全面经济伙伴关系协定”谈判，实现中国与周边经济体跨境直接投资的战略协调；基于“一带一路”国家战略推进，实现中国跨大陆跨境直接投资的战略协调，等等。

另一方面，加强与金砖国家金融、贸易与投资的合作，有利于中国进一步推进实施对外投资新战略，在战略上对于美国主导的 TPP 起到一定的制衡作用。丝路基金、亚洲基础设施投资银行、金砖国家区域性投融资安排、上合组织开发银行等也进一步推动和促进了国际区域协调机制的建立和完善，有利于提高中国的国际经济地位，并在全球经济治理中发挥更大的作用。

第八章　中国企业对外直接投资的区域分布与主要特点

当前，中国经济实力正进一步提升，同世界各国经济往来不断加强，尤其是进入21世纪以来，中国企业“走出去”对外直接投资的步伐不断加快。统计数据显示，目前中国已成为全球仅次于美国、日本的第三大对外投资国。从区域分布来看，亚洲一直是中国对外直接投资最多、最重要的地区，占整个对外直接投资的70%以上，且前景依然看好。而近年来自然资源丰富、市场潜力巨大的非洲地区，业已成为中国企业对外直接投资的热点区域之一，截至2013年底，中国企业对非洲投资存量为261.9亿美元，同2003年相比增长了约52倍，[①]中非经贸合作不但推动中国企业的国际化进程，同时也增强了非洲国家的自主发展能力。与此同时，伴随着与拉丁美洲地区经贸联系的日益紧密，中国企业赴拉丁美洲地区投资整体亦呈上升趋势。此外，中国公司赴欧投资力度正在加大，2013年中国对欧投资接近60亿美元，[②]随着中国投资重心从获取资源向收购先进技术、专业知识和品牌的不断转移，欧洲必将成为更多中国公司的投资目的地。毫无疑问，中国企业“走出去”对外投资已成为中国对外经济发展的重要国策，在国家“一带一路”战略的大背景下，中国企业在加快“走出去”对外投资的进程中必将进一步加深与世界各国的经济合作并达至共赢的局面。

---

① 中华人民共和国商务部:《中国对外投资合作发展报告》(2014),第63页。

② 中华人民共和国商务部:《中国对外投资合作发展报告》(2014),第83页。

第一节　中国企业“走出去”对外直接投资的发展态势

近10年来，随着中国经济的崛起以及企业“走出去”战略的不断推进，中国企业“走出去”对外投资取得了很大的成绩。2008年虽受国际金融危机影响，但中国企业对外直接投资仍保持上升态势，不仅投资增速执世界之牛耳，而且对外投资流量亦连续两年位居世界第三。

一、中国企业对外直接投资势头强劲

（一）投资增速领先世界，存量规模首次步入全球前10行列

金融危机以来，在各国政府的共同努力下，全球FDI流量扭转了2012年的下滑局面，呈现出恢复上升趋势。据联合国贸发会议《2014年世界投资报告》显示，2013年全球外国直接投资（流出）流量1.41万亿美元，同2012年的1.35万亿美元相比，增长了5%（图8-1）。截至2013年末，全球FDI流出存量26.31万亿美元。

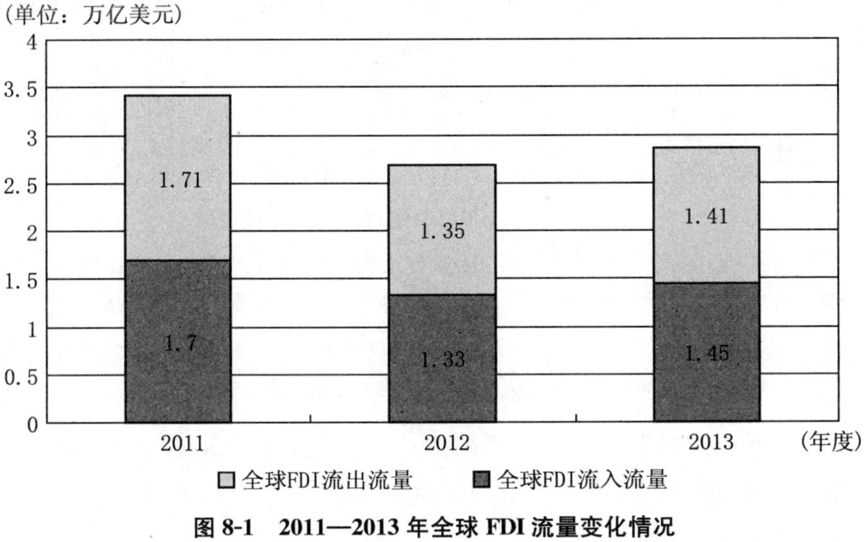

图8-1　2011—2013年全球FDI流量变化情况

资料来源：联合国贸发会议，《2014年世界投资报告》。

据中国商务部、国家统计局和国家外汇管理局共同发布的《2013年度中国对外直接投资统计公报》数据显示，2014年末，中国对外直接投资存量8 826.4

亿美元，较上年末增加 2 221.6 亿美元，占全球外国直接投资流出存量的份额由 2002 年的 0.4%提升至 3.4%，在全球分国家地区的对外直接投资存量排名中较上年前进三位，位居第八，首次步入全球前十行列。①

（二）对外投资再创历史新高，与引资规模首次接近

自 2002 年中国政府建立对外直接投资统计制度以来，中国对外投资流量已实现连续 11 年快速增长，在 2002—2013 年的 12 年间，中国对外直接投资年均增长速度为 39.8%（图 8-2）。2014 年，中国对外直接投资继续高速增长，创下 1 231.2 亿美元的历史最高值，同比增长 14.2%。2014 年流量是 2002 年的 45.6 倍，2014 年，中国对外直接投资与中国吸引外资仅差 53.8 亿美元，双向投资首次接近平衡。②

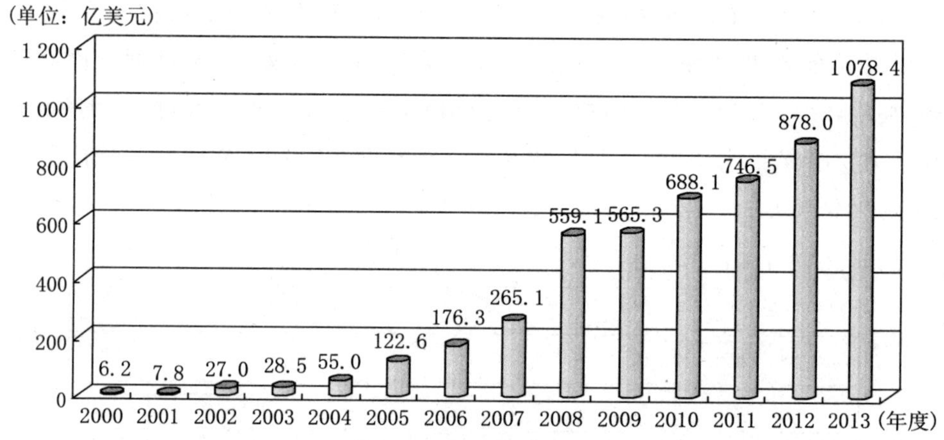

图 8-2　2000—2013 年中国对外直接投资流量

资料来源：根据商务部、国家统计局、国家外汇管理局，《中国对外直接投资统计公报》数据编制。

应该指出的是，在 2013 年 1 078.4 亿美元的对外投资中，非金融类流量 927.4 亿美元，同比增长 19.3%；金融类对外直接投资流量 151 亿美元。在金融类对外直接投资流量当中，银行业金融类对外直接投资 74.8 亿美元，占 49.5%。

毫无疑问，对外直接投资的迅速增加也带动了进出口贸易的增长。2013

① 商务部、国家统计局、国家外汇管理局：《2014 年度中国对外直接投资统计公报》，http://hzs.mofcom.gov.cn/article/date/201510/20151001130306.shtml。

② 商务部、国家统计局、国家外汇管理局联合发布：《2014 年度中国对外直接投资统计公报》，http://hzs.mofcom.gov.cn/article/date/201510/20151001130306.shtml。

年中国境外企业实现销售收入 14 268 亿美元，同比增长 14.5%。境内投资者通过境外企业实现的进出口额为 4 167 亿美元，同比增长 11.6%，其中出口总值 1 089 亿美元，同比增长 38%；进口总值 3 078 亿美元，同比增长 4.6%。

(三) 对外承包工程稳步增长

在历经 2008 年金融危机之前的 30%超高增速之后，随着全球新一轮基础设施建设高潮的来临，中国对外承包工程业务完成营业额再次提速，新签合同额增长稳定。数据显示，2013 年，对外承包工程完成营业额 1 371 亿美元，同比增长 17.6%（见表 8-1），提前 2 年实现"十二五"规划目标；新签合同额 1 716 亿美元，同比增长 9.7%，接近"十二五"规划目标。

表 8-1　中国对外承包工程业务新签合同额和完成营业额规模变化（2008—2013 年）

年份	完成营业额（单位：亿美元）	增长率（单位：%）	新签合同额（单位：亿美元）	增长率（单位：%）
2008	566	39.4	1 046	34.8
2009	777	37.3	1 262	20.7
2010	922	18.7	1 344	6.5
2011	1 034	12.2	1 423	5.9
2012	1 166	12.7	1 565	10.0
2013	1 371	17.6	1 716	9.7

数据来源：商务部，《中国对外承包工程、劳务合作业务统计年报》。

统计数据显示，2013 年中国对外承包工程业务大型工程项目数量增多，新签单项合同额超过 5 000 万美元的项目有 685 个，比 2012 年的 586 个增加了 99 个，单项合同额超过 5 000 万美元的大项目合同额合计 1 347.8 亿美元，占全部新签合同总额的 78.5%。其中，上亿美元的项目 392 个，较上年增加 63 个。大型项目的平均规模缩小，规模最大的 10 个项目合同额合计 145 亿美元，2012 年为 157 亿美元。

(四) 对外劳务合作稳步增长

对外劳务合作是中国企业"走出去"的重要路径之一，也是中国企业"走出去"同东道国政府、企业合作最为传统的方式之一。改革开放以来，中国的对外劳务合作获得了长足的发展。据统计，2014 年中国对外劳务合作派出各类劳务人员 56.2 万人，较去年同期增加 3.5 万人，同比增长 6.6%；其中承包工程项下派出 26.9 万人，劳务合作项下派出 29.3 万人。2014 年末在外各类劳务人员 100.6 万人，较上年同期增加 15.3 万人，截至 2014 年底，约累计派出 745 万人。[①]

二、中国对外投资流量连续两年位居世界第三

根据 2013 年联合国贸发会议对全球 FDI 流出量前 20 位国家(地区)排名，美、日、中分别位列前三甲。其中，美国对外直接投资流量 3 383 亿美元，虽然比上年的 3 669 亿美元减少近 300 亿美元，仍以绝对优势保持全球第一位；日本对外直接投资流量为 1 357 亿美元，相比上年的 1 225 亿美元增长 10.8%，继续保持全球第二大投资国地位；中国对外直接投资流量继续列全球第三位(2012 年首次位列全球第三位)，从横向对比看，为美国同期的 31.9%，相当于日本同期的 79.5%(图 8-3)。而 10 年前的 2003 年，中国对外投资流量仅相当

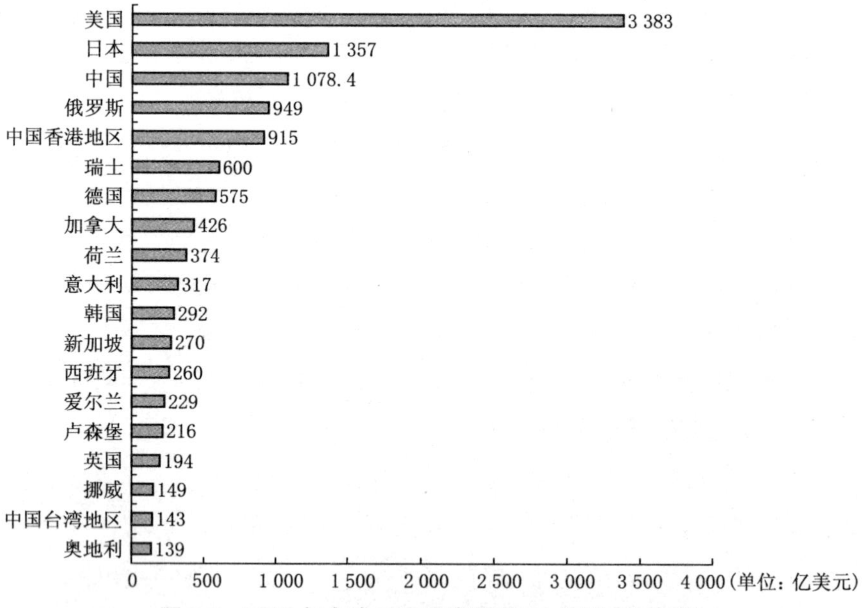

图 8-3　2013 年全球 FDI 流出量前 20 位国家(地区)

资料来源：根据商务部、国家统计局、国家外汇管理局，《2013 年度中国对外直接投资统计公报》；联合国贸发会议，《2014 年世界投资报告》数据编制。

---

① 商务部合作司：《2014 年中国对外劳务合作业务简明统计》，http://fec.mofcom.gov.cn/article/tjzl/lwhz/201501/1853467_1.html。

于美国的2.42%和日本的9.35%，中国与日本对外投资规模的差距进一步缩小。

2013年末，根据贸发会议对全球FDI流出存量前20位国家(地区)排名，美、英、德、法等国家位居前列(图8-4)，中国位居全球第11位。由于起步较晚，中国对外直接投资存量与美、英、德、法等相比仍然存在较大的差距。2013年末，中国对外直接投资存量(6 604.8亿美元)，仅相当于美国同期对外直接投资存量(63 495亿美元)的10.4%，相当于同期英国的35%、德国的38.6%、法国的40.3%、日本的66.5%。

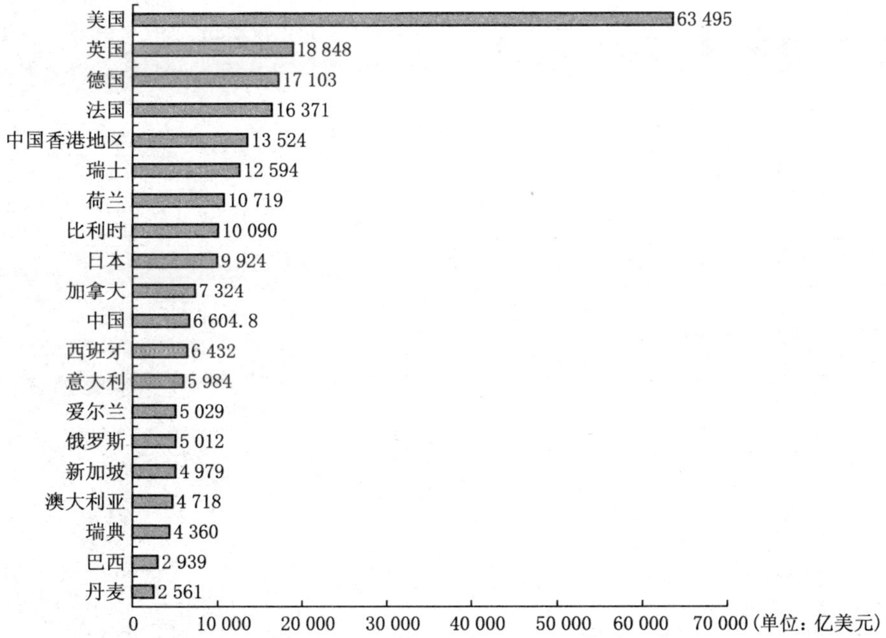

图8-4　2013年全球FDI流出存量前20位国家(地区)

资料来源：根据商务部、国家统计局、国家外汇管理局，《2013年度中国对外直接投资统计公报》；联合国贸发会议，《2014年世界投资报告》数据编制。

三、中国企业对外投资行业相对集中

中国企业对外投资尽管涉及的领域众多，行业面比较广，但主要集中在租赁和商业服务业、采矿业、金融业、批发零售等领域，四大主要行业的投资流量超百亿(图8-5)。2013年，对这些行业的投资占当年对外直接投资流量的75.7%，其中流向租赁和商务服务业270.6亿美元，占25.1%，同比增长1.2%；

采矿业 248.1 亿美元，占 23%，同比增长 83.2%，主要是石油天然气开采、有色金属开采业、煤炭开采和洗选业、黑色金属矿采选业；金融业 151 亿美元，占 14%，同比增长 50%；批发和零售业 146.5 亿美元，占 13.6%，同比增长 12.3%；制造业是流量前十行业中唯一呈现负增长的行业，流量为 72 亿美元，占流量总额的 6.7%，同比下降 17%。主要是汽车、电器机械和器材、黑色金属冶炼和压延加工、金属制品、计算机/通信及其他电子设备、专用设备、纺织、食品、化学原材料和化学制品制造业等投资。

截至 2013 年末，中国对外直接投资存量最大的五个行业分别是商务服务业 1 957 亿美元，金融业 1 170 亿美元，采矿业 1 062 亿美元，批发零售业 877 亿美元，制造业 420 亿美元。

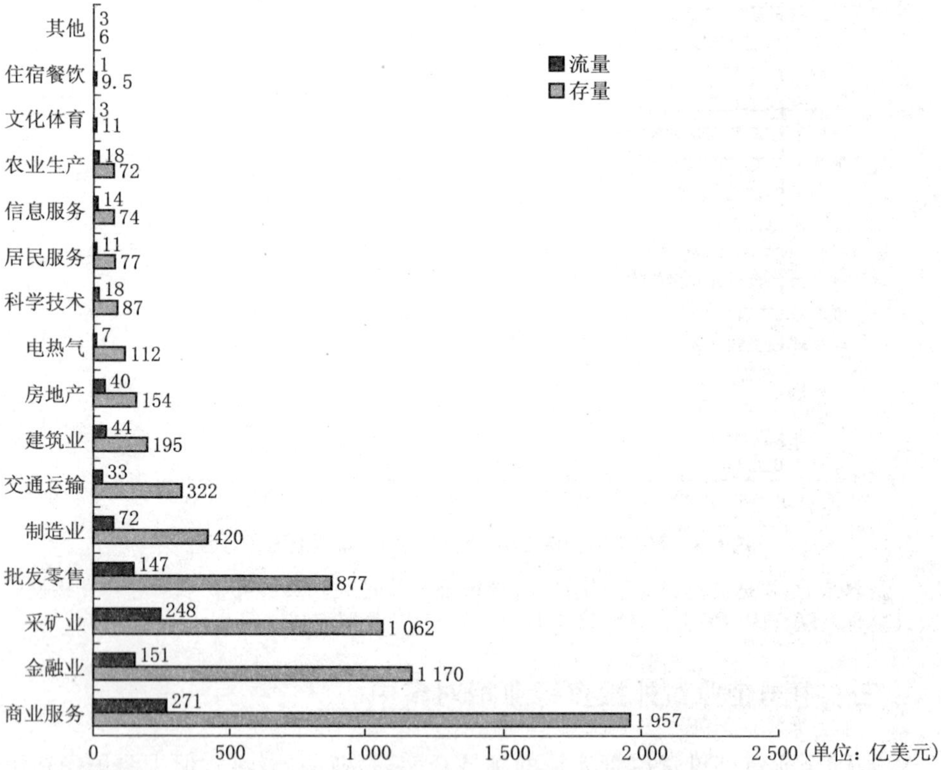

图 8-5　2013 年中国对外直接投资行业分布

资料来源：根据商务部、国家统计局、国家外汇管理局，《2013 年度中国对外直接投资统计公报》数据编制。

第二节　中国对外直接投资的区域分布

中国的对外开放始于亚洲，中国企业"走出去"对外投资自然也从亚洲开始，这是因为亚洲国家不仅是中国的近邻，而且同中国文化相通，习惯相似，所以，亚洲是中国企业对外投资最主要的区域。而随着中国经济现代化进程的不断加速，中国对外投资的区域已从亚洲延伸至非洲、拉丁美洲、欧洲等世界各大洲，中国投资几乎遍布世界各个角落。

一、亚洲是中国对外直接投资最多的区域

亚洲被公认为当今世界经济增长最快、最具活力的地区，鉴于地理位置临近和文化传统相通以及总体良好的外交关系，亚洲是中国经济发展最主要的腹地及最易融合的地区。其在中国对外投资合作中占据非常重要的地位。虽然中国对外投资合作呈多元化发展态势，但无论是现在还是未来中国对亚洲的投资合作发展空间依然广阔。

（一）投资流量稳步增长而存量占比下降

《中国对外投资合作发展报告》(2014 年)的统计数据显示：2013 年，中国对亚洲直接投资流量达 756 亿美元(图 8-6)，同比增长 16.7%，低于对全球投资增速(22.8%)，在中国对外直接投资流量总额中所占比重高达 70.1%。截至 2013 年末，中国在亚洲地区的投资存量为 4 474.1 亿美元，占中国对外直接投资存量的 67.7%。

2003—2013 年，中国对亚洲地区的投资流量从 15.05 亿美元增长到 756 亿美元，增长 50 倍；同期存量从 266 亿美元增加到 4 474.1 亿美元，增长 16.8 倍。由于存量基数较大和流量增速低于平均水平，过去五年中国对亚洲的投资存量占总量的比重由 2009 年的 75.5%降至 2013 年的 67.7%，呈逐年下降趋势。

（二）对外投资的区域选择更加多元化

随着中国与亚洲各国的经济往来越来越密切，中国对亚洲国家投资的面也越来越广。但统计数据显示，2013 年，中国对亚洲直接投资流量居前十位的国家和地区依次为中国香港地区、新加坡、印度尼西亚、哈萨克斯坦、老挝、泰

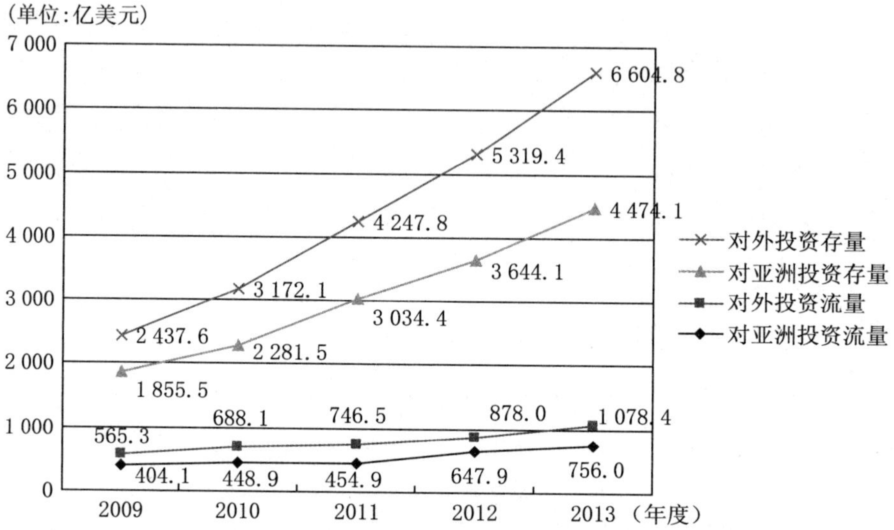

图 8-6　2009—2013 年中国对亚洲直接投资流量和存量与中国对外投资流量和存量对比

资料来源:根据商务部、国家统计局、国家外汇管理局,《中国对外直接投资统计公报》数据编制。

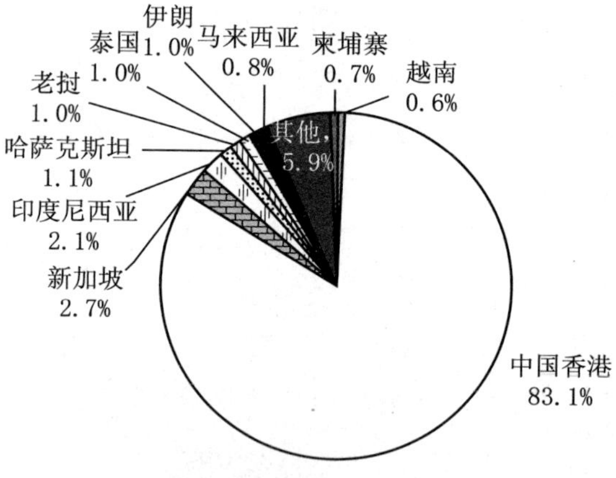

图 8-7　2013 年中国对亚洲直接投资流量国家(地区)分布

资料来源:根据商务部、国家统计局、国家外汇管理局,《2013 年度中国对外直接投资统计公报》数据编制。

国、伊朗、马来西亚、柬埔寨等。其中对中国香港地区的投资流量达 628.2 亿美元，同比增长 22.6%，占对亚洲投资流量的 83.1%，占对全球投资流量的 58.3%。对东盟十国的投资流量为 72.7 亿美元，同比增长 19.1%，占对亚洲投资流量的 9.6%，占对全球投资流量的 6.7%(图 8-7)。

中国对亚洲投资存量分布的前十位国家和地区为中国香港地区、新加坡、哈萨克斯坦、印度尼西亚、缅甸、中国澳门地区、蒙古、伊朗、柬埔寨、老挝等。其中对中国香港地区投资存量 3 770.9 亿美元，占对亚洲投资存量的 84.3%，占对全球投资存量的 57.1%。对东盟国家投资存量 356.7 亿美元，占对亚洲投资存量的 8%，占对全球投资存量的 5.4%。

中国企业对外投资的区域市场更加多样化，2013 年按对外投资存量排名，进入前十位的亚洲国家和地区仅有中国香港地区、新加坡和哈萨克斯坦。

(三) 企业市场覆盖率高行业高度集中

亚洲是中国对外投资企业数量最多的地区，截至 2013 年底，中国企业在亚洲设立的境外企业数量为 1.4 万多家，占境外企业总数的 55.6%，覆盖亚洲 46 个国家和地区，投资覆盖率达 97.9%。其中，在中国香港地区设立境外企业 7 000 多家，占境外企业总数的 28.2%；在东盟设立境外企业 2 700 多家，占境外企业总数的 10.6%，雇用当地员工约 16 万人。

此外，亚洲亦是中国企业对外投资行业最集中的地区。截至 2013 年底，

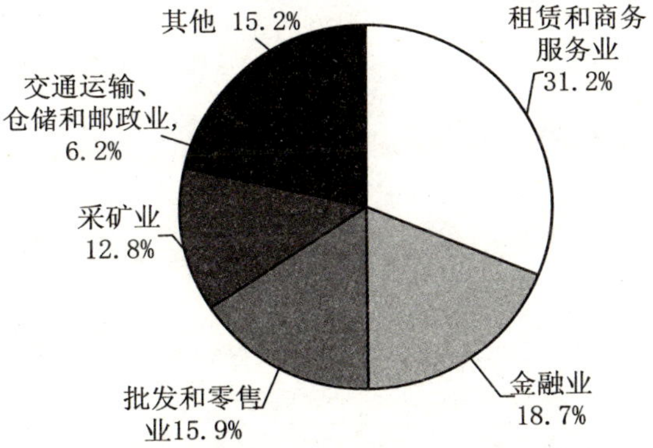

图 8-8　2013 年中国对亚洲直接投资流量行业分布

资料来源：根据商务部、国家统计局、国家外汇管理局，《2013 年度中国对外直接投资统计公报》数据编制。

中国企业对亚洲国家的投资主要集中在五个行业领域，依次为租赁和商务服务业（31.2%）、金融业（18.7%）、批发和零售业（15.9%）、采矿业（12.8%），以及交通运输、仓储和邮政业（6.2%）。这五个主要行业投资存量为 3 795 亿美元，所占比重高达 84.8%（图 8-8）。

（四）对亚洲承包工程总体发展趋势良好

亚洲是中国对外承包工程的主要市场。2013 年，由于沙特阿拉伯、印度尼西亚等市场的需求旺盛，亚洲市场继续保持中国对外承包工程第一大市场的地位。中国企业在亚洲地区新签合同额 709.1 亿美元，同比增长 8.7%；完成营业额 644 亿美元，同比增长 18.6%；分别占当年在全球市场新签合同总额和完成营业额的 41.3%和 47%。

按新签合同额排序，印度尼西亚、沙特阿拉伯和巴基斯坦位列中国企业在亚洲地区前三大国别市场，新签合同额合计 186.1 亿美元，占亚洲市场的 26.3%。按完成营业额排序，沙特阿拉伯、印度、印度尼西亚为前三大国别市场，完成营业额合计 158.8 亿美元，占亚洲市场的 24.7%。

在中国企业对亚洲对外承包工程新签合同额行业分布中，电力工程建设项目占 19.2%、石油化工项目占 17.7%、交通运输建设项目占 15.9%、房屋建筑项目占 15.8%、通讯工程建设项目占 10.9%。

二、非洲是中国企业对外投资的热点区域

农业和矿产资源丰富、市场潜力巨大的非洲地区，在继续保持承包工程主要市场地位的同时，正在成为中国企业海外投资热点区域之一。中国对非投资的规模日益扩大，投资的领域不断拓宽，投资的国家逐年增加。中国政府鼓励并支持企业扩大对非投资，大量民营企业和中小企业进入非洲国家投资、生产、经营。中非经贸合作不但推动了中国企业的国际化进程，同时也增强了非洲国家的自主发展能力。

据《中国对外投资合作发展报告》（2014）统计数据显示，2013 年中国对非洲投资流量为 33.7 亿美元，同比增长 33.9%；截至 2013 年底，中国企业对非洲投资存量为 261.9 亿美元，同 2003 年相比增长了约 52 倍；中国企业在非洲 52 个国家（地区）共设立了 2 955 家境外企业，占中国境外企业总量的 11.6%。根据《2014 年世界投资报告》公布的数据，2013 年非洲流入外资 570 亿美元，中

国对非洲直接投资占当年非洲外资流入总量的6%。

（一）投资规模扩大，占比依然较低

从流量上看，2004—2008年中国对非洲直接投资流量逐年增加。其中，2008年中国对非投资54.9亿美元，增长率高达248.8%，这主要是因为当年出现中国工商银行支付约54.6亿美元收购南非标准银行20%的股权的特大项目交割。2009年，国际金融危机引发全球对非直接投资量的下滑，中国对非投资降至14.4亿美元。2009—2013年，中国对非洲直接投资流量逐步回升，由2009年的14.4亿美元增至2013年的33.7亿美元，年均增长23.7%。从存量上看，中国对非洲直接投资由2004年的9亿美元增至2013年的261.9亿美元，规模增加了28倍（图8-9）。

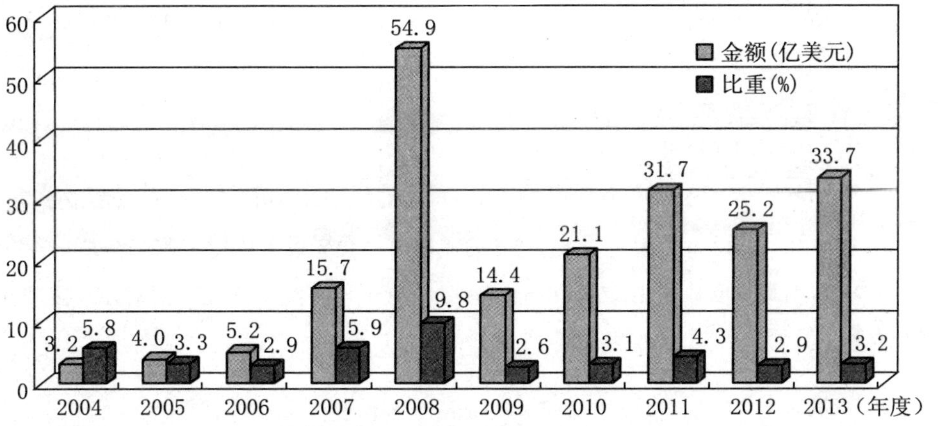

图8-9　2004—2013年中国对非洲直接投资流量及占中国对外投资流量的比重

注：2004—2006年数据为非金融类直接投资，其余年度为全口径直接投资。

资料来源：根据商务部、国家统计局、国家外汇管理局，《中国对外直接投资统计公报》数据编制。

尽管中国对非洲直接投资规模逐步扩大，但中国对非投资在中国对外直接投资总额中所占比重较小，除2004年、2007年、2008年和2011年以外，其余年份基本维持在3%左右。2013年，中国企业对非投资占中国对外投资流量总额的3.2%，位居中国对外投资流量地区分布的末位。截至2013年末，中国企业对非洲投资存量占中国对外直接投资存量的比重仅为4%，仍然偏低。

（二）投资覆盖率较高，但国别分布较为集中

《2013 年度中国对外投资统计公报》数据显示，截至 2013 年末，在非洲共 60 个国家（地区）中，中国企业投资覆盖了其中 52 个，对非投资覆盖率为 86.7%，在中国对全球六大洲投资覆盖率中位居第二位，仅次于亚洲（97.9%），略高于欧洲（85.7%），远高于拉丁美洲（60.4%）和大洋洲（50%）。

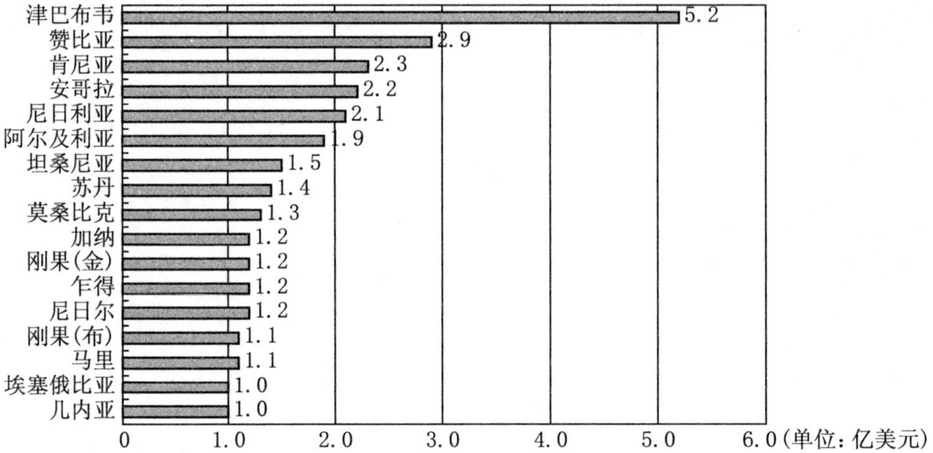

图 8-10　2013 年中国对非洲直接投资流量（1 亿美元以上）国家（地区）分布

资料来源：根据商务部、国家统计局、国家外汇管理局，《2013 年度中国对外直接投资统计公报》数据编制。

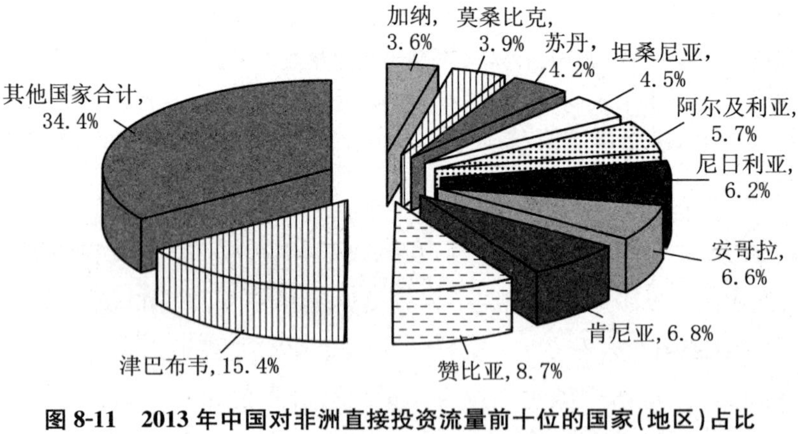

图 8-11　2013 年中国对非洲直接投资流量前十位的国家（地区）占比

资料来源：商务部、国家统计局、国家外汇管理局，《2013 年度中国对外直接投资统计公报》。

虽然中国对非洲投资国别覆盖率较高，但投资的国家（地区）分布较为集中。就流量而言，2013 年中国对非洲直接投资的近 90％集中于占中国对非投资覆盖国别总数的不足 1/3 的 17 个国家（地区）。这 17 个国家（地区）当年吸收中国直接投资流量均在 1 亿美元以上（图 8-10），合计 29.9 亿美元，占当年中国对非投资总额的 88.8％。2013 年中国对非投资流量前十位的国家（地区），占中国对非投资覆盖国别总数不足 1/5，却集中了当年中国对非洲直接投资流量的 65.6％（图 8-11）。

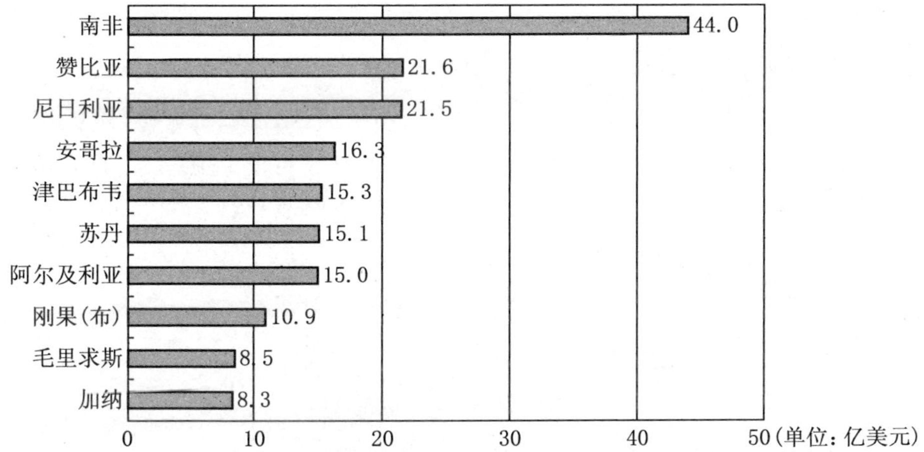

图 8-12　2013 年末中国对非洲直接投资存量前十位的国家（地区）分布

资料来源：商务部、国家统计局、国家外汇管理局，《2013 年度中国对外直接投资统计公报》。

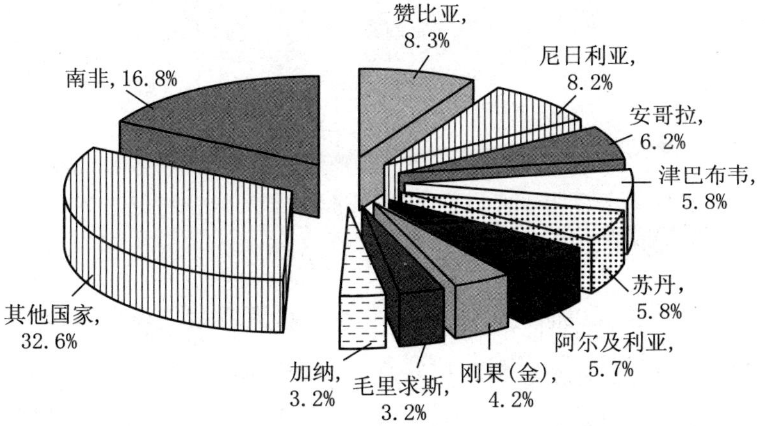

图 8-13　2013 年末中国对非洲直接投资存量前十位的国家（地区）占比

资料来源：根据商务部、国家统计局、国家外汇管理局，《2013 年度中国对外直接投资统计公报》数据编制。

截至 2013 年末,中国在南非、赞比亚等投资存量最大的十个国家(地区)累计投资达 176.5 亿美元(图 8-12),占中国对非洲投资存量的 67.4%(图 8-13)。因此,无论从流量还是从存量来看,中国对非洲直接投资的国别分布都较为集中。

(三) 投资领域不断拓宽,但行业分布仍相对集中

近年来中国企业在非洲投资的行业领域不断拓宽,几乎涵盖所有行业部门,但中国企业在非洲投资行业分布仍然较为集中。从流量来看,2013 年中国对非洲投资领域分布主要涉及建筑业、采矿业、制造业、科学研究和技术服务业、农林牧渔业、文化娱乐业等 17 个行业大类。建筑业、采矿业、制造业以及科学研究和技术服务业等 4 个行业占当年中国对非洲直接投资的比重达 90%(图 8-14)。其中,建筑业 12.4 亿美元,占当年中国对非直接投资的比重达 37%,位居首位;采矿业 8.3 亿美元,占比 25%,位居第二位;制造业 5.1 亿美元,占比 15%;科学研究和技术服务业 4.5 亿美元,占比 13%。

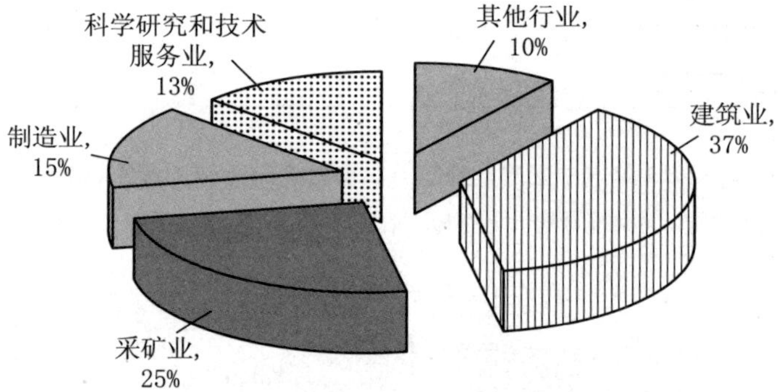

图 8-14　2013 年中国对非洲直接投资流量主要行业占比

资料来源:根据商务部、国家统计局、国家外汇管理局,《2013 年度中国对外直接投资统计公报》数据编制。

从存量看,截至 2013 年末,中国对非直接投资存量排名前 5 位的采矿业、建筑业、金融业、制造业以及科学研究和技术服务业,合计 222.7 亿美元,占中国对非直接投资存量的 85%。其中,采矿业 69.2 亿美元,占中国对非直接投资存量的比重为 26.4%,略高于建筑行业(26.1%)。少数媒体宣传中国对非洲投资是“掠夺资源”并不符合现实,具有误导性。事实上,2013 年的中国对非洲直接投资流量中，建筑业所占比重接近40%，远超过采矿业(25%)。从投资存量看，采矿业在中国对非洲投资存量中所占比重(26.4%)同建筑行业(26.1%)基本持平(图8-15)。

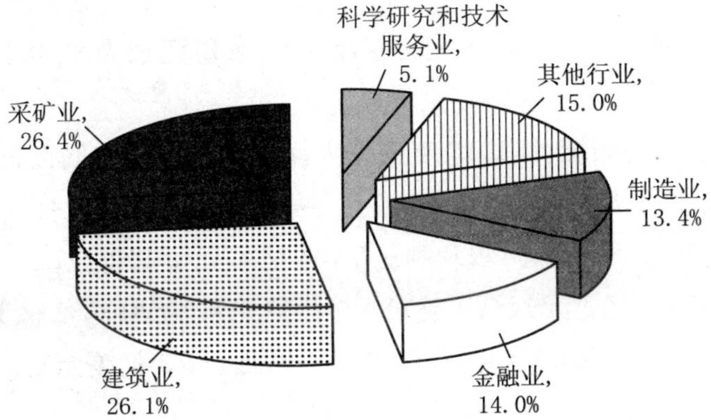

图8-15　2013年中国对非洲直接投资存量主要行业占比

资料来源：根据商务部、国家统计局、国家外汇管理局，《2013年度中国对外直接投资统计公报》数据编制。

(四) 民营企业和中小企业成为对非投资生力军

商务部统计数据显示，从在非洲投资的中国企业数量来看，民营企业和中小企业已经占据70%以上的比重。民营企业在对非投资过程中不断总结经验，在项目数量、投资金额和地域分布上都呈扩大趋势，出现了如华为、新希望集团、万向集团、力帆、创维等知名民营企业。此外，众多中小企业在非洲从事农副产品加工、零售、小商品生产等，对满足非洲人民生活需要，促进当地就业发挥着积极作用。

(五) 境外园区成为中国对非集群式投资的重要平台

目前，中国企业在全球13个国家建设的16个境外经贸合作区中，6个合作区位于非洲地区，占比接近40%。这些境外经贸合作区成为中国对非集群式投资的重要平台。比如赞比亚中国经济贸易合作区，这是中国在非洲设立的第一个境外经贸合作区。截至2014年5月底，该经贸合作区已有29家企业入驻，吸引投资近14亿美元，实际完成投资超过12亿美元。

(六) 对非承包工程业务稳中有升

近年来，随着对非直接投资的不断增长，中国对非洲的承包工程业务也持续增长，市场布局趋于均衡，经营主体实力显著提升，业务方式日趋多样，部分行业形成较强竞争优势，对非洲基础设施建设作出了积极贡献。统计数据显示，2013 年，中国对非承包工程业务新签合同额 678.4 亿美元，比上年增长 5.9%；完成营业额 478.9 亿美元，同比增长 17.3%。对非新签合同额和完成营业额分别占当年在各国（地区）新签合同总额和完成营业额的 39.5% 和 34.9%。

按照新签合同额统计，2013 年前十大国别市场新签合同额合计为 405.5 亿美元，占当年对非总额的 59.8%。主要国别市场包括：尼日利亚（新签合同额 81.1 亿美元，下同）、阿尔及利亚（70.1 亿美元）、安哥拉（40.3 亿美元）、埃塞俄比亚（35.8 亿美元）、乌干达（34.5 亿美元）、加纳（33.2 亿美元）、喀麦隆（29.7 亿美元）、刚果（布）（29.6 亿美元）、苏丹（27.3 亿美元）、尼日尔（23.9 亿美元）。

中国企业对非洲对外承包工程新签合同额行业分布中，交通运输建设项目占 31.7%，房屋建筑项目占 24%，电力工程建设项目占 12.7%。①

三、拉丁美洲是中国对外投资的重要区域

拉丁美洲国家总体经济增长稳定，未来发展态势良好。近年来伴随中国与拉丁美洲地区贸易联系的日益紧密，中国企业赴拉丁美洲地区投资整体呈上升趋势。2013 年，中国企业对拉丁美洲投资总额为 143.6 亿美元，相比上年大幅上升。但投资主要流入开曼群岛和英属维尔京群岛，对南美洲地区和中美洲及加勒比海地区的投资金额相对较低。投资行业仍以租赁和商务服务业、采矿业为主，对建筑业、制造业的投资有所上升。

（一）投资呈波动上升趋势

中国对拉丁美洲投资呈波动上升趋势。2005—2013 年来，对拉丁美洲投资的年均增长率超过 20%。2013 年，中国对拉丁美洲直接投资金额为 143.6 亿美元，比 2012 年上升 132.7%。其中对开曼群岛和英属维尔京群岛两个离岸金融中心的直接投资较上年上升 306.8%，是对拉丁美洲投资总额上涨的主要影响因素。剔除离岸金融中心影响，2013 年中国对拉丁美洲其他国家投资

---

① 中华人民共和国商务部：《中国对外投资合作发展报告》（2014）。

流量为 18.8 亿美元，相比上年下降 39.3%，主要原因是国际市场金属价格变化，导致对南美地区采矿业投资减少。

(二) 各区域投资金额不均衡

对拉丁美洲的直接投资在离岸金融中心、南美洲地区、中美洲和加勒比海地区间的分布不均衡。2013 年，投入开曼群岛和英属维尔京群岛这两个离岸金融中心的金额合计 124.8 亿美元，占当年投入拉丁美洲总量的 86.9%；投入南美洲地区的资金额合计 16.6 亿美元，占投资总量的 11.6%；对中美洲和加勒比海地区的投资金额总计 2.2 亿美元，占投资总量 1.5%。

从投资趋势来看，2013 年中国境外并购项目大幅增加，而部分项目通过设立在离岸金融中心的分支机构进行操作，导致对开曼群岛和英属维尔京群岛的投资大幅上涨；对巴拿马的投资猛增至 1.9 亿美元，是 2013 年对中美洲和加勒比海地区的投资总额上升的主要原因(表 8-2)。

表 8-2　2013 年中国对拉丁美洲直接投资流量国家(地区)分布

金额范围	流入国家(地区)
高于 10 亿美元	开曼群岛、英属维尔京群岛
1 亿—10 亿美元(不含 10 亿)	厄瓜多尔、委内瑞拉、巴西、巴拿马、秘鲁、阿根廷
1 000 万—1 亿美元(不含 1 亿)	墨西哥、哥伦比亚、圭亚那、苏里南、智利、玻利维亚
低于 1 000 万美元	巴巴多斯、伯利兹、哥斯达黎加、牙买加、尼加拉瓜、巴拉圭、古巴、多米尼克、特立尼达和多巴哥、乌拉圭

资料来源：商务部、国家统计局、国家外汇管理局，《2013 年度中国对外直接投资统计公报》。

(三) 投资领域逐渐扩大

2013 年，中国对拉丁美洲的非金融类直接投资主要分布于租赁和商务服务业、采矿业、批发和零售业等行业(图 8-16)。拉丁美洲自然资源丰富，采矿业等自然资源类行业一直是中国对拉丁美洲投资的主要行业。近年来从采矿业逐渐扩展到租赁和商务服务业、金融业、批发和零售业等其他行业。例如 2013 年下半年，中国建设银行出资 7.2 亿美元收购巴西工商银行 72%股权，这既有当地产业发展需求的影响，也是中国“走出去”企业综合能力提高的结果。

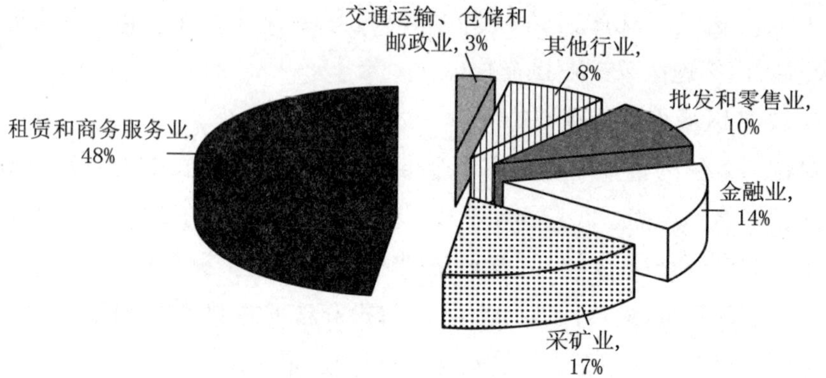

图 8-16　2013 年中国对拉丁美洲直接投资流量行业分布

资料来源：根据商务部、国家统计局、国家外汇管理局，《2013 年度中国对外直接投资统计公报》数据编制。

（四）对拉丁美洲承包工程具备一定合作基础

拉丁美洲地缘辽阔，电力、交通等基础设施较为薄弱，随着经济增长，对加快基本建设领域发展步伐的呼声日渐强烈。而中国在长期的基础设施建设和对外合作当中，积累了丰富的经验，技术和资金实力雄厚。中国企业扩大和深化同拉丁美洲各国承包工程和基础设施投资合作也已具备一定的基础。

2013 年，中国企业在拉丁美洲各国（地区）新签合同额 183.2 亿美元，同比增长 25%；完成营业额 133.1 亿美元，同比增长 17.6%。对拉丁美洲新签合同额和完成营业额分别占当年在各国（地区）新签合同总额和完成营业额的 10.7%、9.7%。按新签合同额排序，委内瑞拉、阿根廷和巴西是中国企业在拉丁美洲地区前三大国别市场，新签合同额合计 104.9 亿美元，占拉丁美洲市场的 57.2%。按完成营业额排序，委内瑞拉、厄瓜多尔和巴西为前三大国别市场，完成营业额合计 98.7 亿美元，占拉丁美洲市场的 74.2%。

中国企业对拉丁美洲对外承包工程新签合同额行业分布中，通讯工程建设项目占 24.2%，电力工程建设项目占 22%，石油化工项目占 19.1%，交通运输建设项目占 13.4%，房屋建筑项目占 11.4%。

四、北美洲正逐渐成为中国企业投资的主要区域

北美洲地区经济发达、政治稳定、法律制度健全，正逐渐成为中国企业

对外直接投资最主要的目的地之一。2013年中国企业对北美洲地区的直接投资与上年相比保持稳定,但投资区域进一步扩大,投资行业逐渐高端化,对北美洲企业的并购项目数和金额也有所增加。预期随着中国经济结构的调整和企业整体实力的增加,中国企业对北美洲地区的直接投资会保持上升趋势。

(一) 投资增长迅速

2005—2013年,中国企业对北美洲地区直接投资呈整体上升趋势。尤其在2008年金融危机之后,上升趋势较为明显。2013年,中国企业对北美洲直接投资额为49亿美元,比上年仅上升0.4%,远远低于对全球投资的增幅。但事实上,2013年中国企业跨境并购活动大幅增加,美国和加拿大都是主要的并购目标国。但中国企业跨境并购多通过离岸金融中心进行操作,未直接体现在对目标国的直接投资之中。

(二) 投资的区域覆盖范围扩大

截至2013年底,除格陵兰岛外,中国企业在北美洲3个国家和地区设立了境外机构,覆盖率为75%。位于北美洲的境外企业超过3 000家,占境外企业总数的12.1%,主要分布在美国和加拿大。而2012年在北美洲的境外企业数量为2 629家。其中,中国对美国投资覆盖美国50个州中的44个,与2012年对美国投资覆盖37个州的数据相比,投资区域范围大幅上升。对美国的直接投资主要分布在美国东海岸和西海岸地区,以及北部大湖地区。

(三) 投资的行业多元化

中国对北美洲地区的投资行业日益多元。金融业、采矿业和制造业一直占据中国对北美洲投资的重要地位(图8-17)。但随着中国企业实力增强,中国对北美洲投资逐渐覆盖更多领域和行业,房地产行业、文化行业和医药行业也成为中国企业关注的领域。

2013年,中国对美国投资主要流向采矿业、房地产业、制造业、批发和零售业、交通运输/仓储和邮政业等;对加拿大投资主要流向采矿业、金融业、房地产业、制造业、居民服务业等。截至2013年,中国对北美洲投资存量最大的五个行业分别是金融业、采矿业、制造业、批发和零售业、租赁和商务服务业。

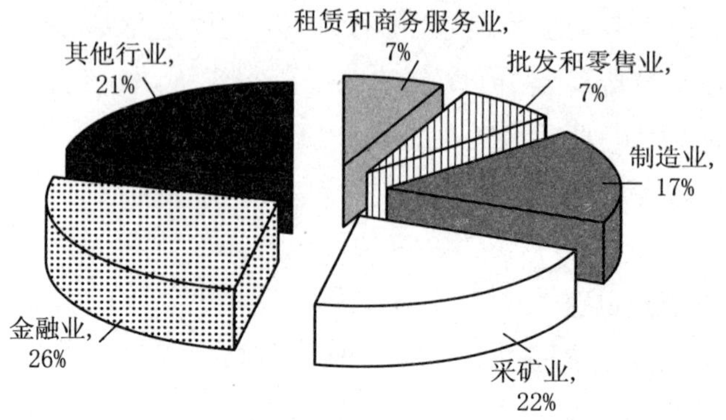

图 8-17　2013 年末中国对北美洲直接投资存量行业分布

资料来源:根据商务部、国家统计局、国家外汇管理局,《2013 年度中国对外直接投资统计公报》数据编制。

(四) 并购活动活跃

北美洲是中国企业境外并购最主要的目的地之一。2003 年 1 月至 2014 年 2 月,从项目总金额来看中国企业对北美洲地区企业的并购活动,占同期中国海外并购总金额的 23.5%;从项目数量来看,占同期中国企业海外并购项目总数的 17.5%。主要并购项目大多通过中国企业设立在离岸金融中心的境外企业再投资完成。

(五) 对北美承包工程有所突破

北美洲,特别是以美国为代表的建筑市场是世界上竞争最激烈的建筑市场。美国业主对承包商的信誉和能力要求颇高,而美国本土企业技术装备世界一流。以中建总公司为代表的中国企业不畏艰辛积极开拓,抓住美国产业结构调整的机遇,实现了在美国本土市场开展业务的夙愿。

《中国对外投资合作发展报告》(2014)统计数据显示,2013 年,中国企业在北美洲各国完成营业额 12.6 亿美元,同比增长 25.1%,超过对全球承包工程的增速,但新签合同额 10.7 亿美元,同比下降 40.5%。对北美洲新签合同额和完成营业额分别占当年对全球新签合同总额和完成营业额的 0.6%、0.9%,占比微小。

美国是中国企业在北美洲地区最大的市场,新签合同额 8.5 亿美元,占北美洲市场的 79.1%,完成营业额 8.9 亿美元,占北美洲市场的 71%。

在中国企业对北美洲对外承包工程新签合同额行业分布中,制造加工设施建设项目占 30.4%，通讯工程建设项目占 18.2%，交通运输建设项目占 15.8%，房屋建筑项目占 13.4%。

五、欧洲——中国企业未来投资的重点区域

近年来，中国公司加大赴欧投资力度的趋势日益明显（图 8-18）。2013 年中国对欧投资接近 60 亿美元，随着中国投资重心从获取资源向收购先进技术、专业知识和品牌的不断转移，欧洲必将成为更多中国公司的投资目的地。

（一）投资流量出现下滑

2013 年，中国对欧洲投资流量为 59.5 亿美元（图 8-18），同比下降 15.4%，占当年流量总额的 5.5%。截至 2013 年末，对欧洲投资存量为 531.6 亿美元，占总存量比重为 8.1%。从企业数量来看，欧洲地区拥有中国企业的数量仅次于中国香港地区，超过 3 000 家，占中国境外投资企业总数的 13.8%。中国对欧投资在中国对外投资总量中所占比重仍然较小，未来上升空间极大。

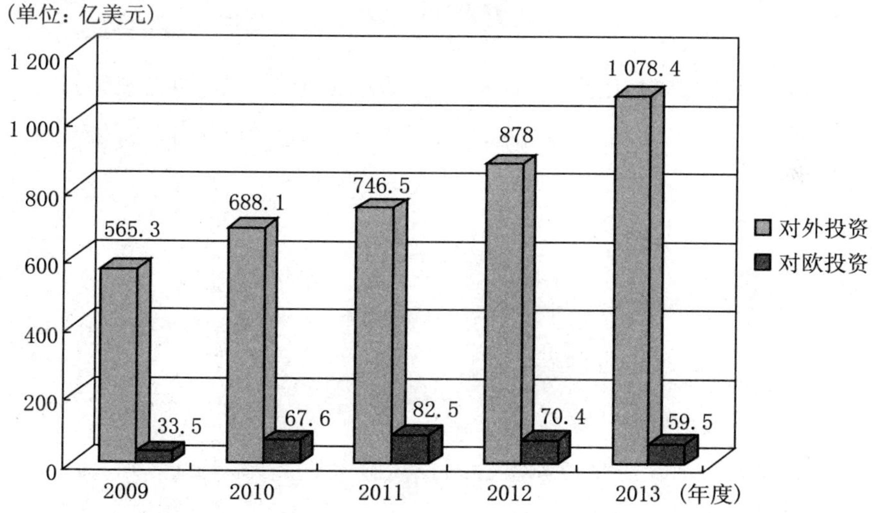

图 8-18　2009—2013 年中国对欧洲直接投资流量与中国对外投资流量对比

资料来源：根据商务部、国家统计局、国家外汇管理局，《中国对外直接投资统计公报》数据编制。

(二) 投资区域集中在欧盟国家

就地区分布而言,中国对欧洲投资主要集中在欧盟国家和俄罗斯两大经济体,其中又以欧盟为重。2013 年,欧盟 28 国当年吸收中国外资占欧洲吸收中国外资总量的 76%,占流量总额的 4.2%,约合 45.2 亿美元,同比下降 2.8%。2013 年吸收中国资金排在前六位的欧洲国家分别为英国、卢森堡、俄罗斯、法国、德国和挪威(图 8-19)。截至 2013 年年底,中国对欧洲投资最多的国家依次为英国、卢森堡、俄罗斯、德国、法国和挪威。从近五年的情况来看,这六个国家吸收中国直接投资额占中国对欧洲投资总额的 4/5 以上。

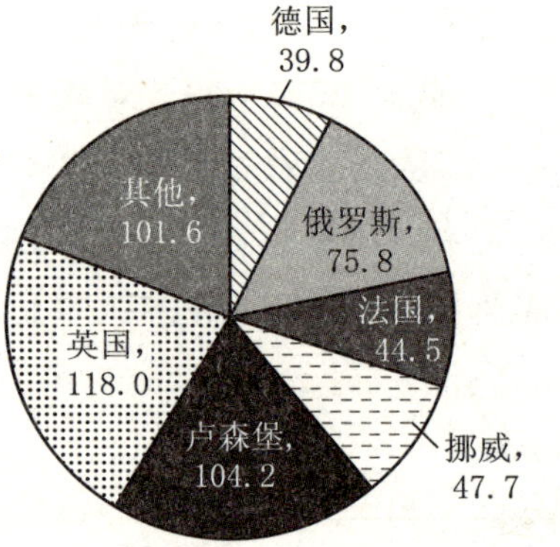

图 8-19　2013 年中国对欧洲直接投资存量国家(地区)分布(单位:亿美元)

资料来源:根据商务部、国家统计局、国家外汇管理局,《2013 年度中国对外直接投资统计公报》数据编制。

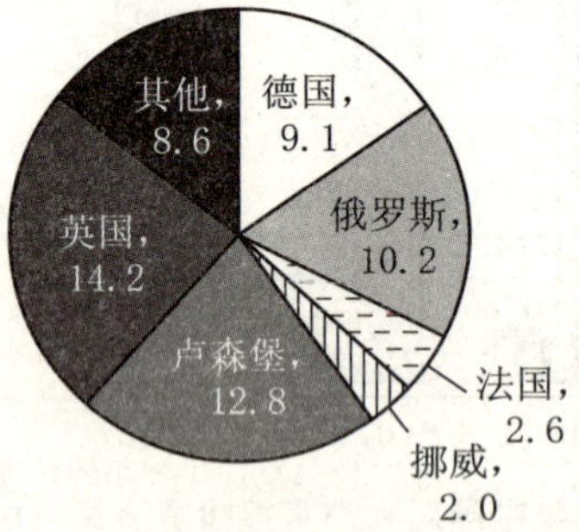

图 8-20　2013 年中国对欧洲直接投资流量国家(地区)分布(单位:亿美元)

资料来源:根据商务部、国家统计局、国家外汇管理局,《2013 年度中国对外直接投资统计公报》数据编制。

《中国对外投资合作发展报告》(2014)统计数据显示，2013 年中国对英国投资为 14.2 亿美元(图 8-20)，占对外投资总额的 1.3%，主要流向制造业、金融业、批发和零售业及商务服务业。截至目前，中国在英国投资的企业已达到 500 多家。包括私营企业和国营企业在内的中国投资者在英国进行了很多备受瞩目的投资，包括：华为已宣布决定未来几年在英国新增投资 13 亿英镑；大连万达集团收购了圣汐游艇公司和伦敦黄金地段地产，总部基地正在开发伦敦的皇家阿尔伯特码头；中海油和中石化都已投资北海油田；上海光明食品收购了维他麦食品公司等。

2013 年对卢森堡投资为 12.8 亿美元，占比 1.2%，主要流向金融业、商务服务业、采矿业、电力/热力/燃气及水的生产和供应业以及批发零售业。卢森堡具有天然的地理优势、灵活且安全的法律和监管环境、广泛的双边税收协定，以及国际化、专业化的劳动力，借此成为了欧洲的主要金融中心。因此，卢森堡吸引了大量包括中国企业在内的世界各地的投资。有超过 140 家国际银行，包括中国银行和中国工商银行，在此设立分支机构。同时，中国华夏资产管理公司和南方基金管理公司也在卢森堡拥有多个投资基金。

2013 年中国对俄罗斯投资 10.2 亿美元，占中国对外投资总额的 0.9%，主要流向农林牧渔业、采矿业、制造业、金融业和批发零售业。截至 2013 年底，中国对俄罗斯投资存量为 75.8 亿美元，占对欧洲投资存量的 14.3%，在俄罗斯的中国企业已经超过 1 000 家，雇佣了当地员工超过 1.5 万人。

2013 年中国对德国投资 9.1 亿美元，占中国对外投资总额的 0.8%，主要流向制造业、金融业、租赁和商务服务业、批发零售业。中国已经成为德国第三大投资项目的来源国。根据德国联邦外贸与投资署发布的国别投资项目排名，2013 年中国的投资项目为 98 个，名列第三。其中配件和机械制造行业最受中国投资者青睐。

(三) 投资行业呈现多元化格局

从行业分布来看，截至目前，中国对欧盟投资主要集中在租赁和商务服务业、采矿业、制造业，其次为金融业、批发零售业(图 8-21)。

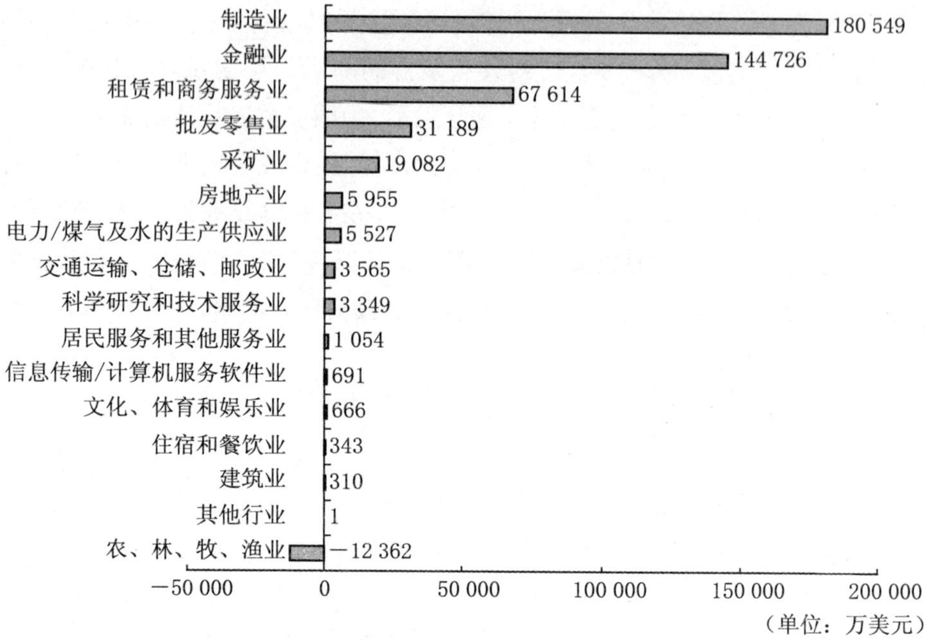

图 8-21　2013 年中国对欧盟直接投资行业分布

数据来源：根据商务部、国家统计局、国家外汇管理局，《2013 年度中国对外直接投资统计公报》数据编制。

（四）对欧洲承包工程保持增长

2013 年，中国企业在欧洲各国新签合同额 114.2 亿美元，同比增长 3.2%；完成营业额 82.3 亿美元，同比增长 16.5%。对欧洲新签合同额和完成营业额分别占当年中国在各国（地区）新签合同总额和完成营业额的 6.7%、6%。

按新签合同额排序，俄罗斯、法国和白俄罗斯位列中国企业在欧洲地区直接投资的前三位，新签合同额合计 52.2 亿美元，占欧洲市场的 45.7%。按完成营业额排序，白俄罗斯、法国和俄罗斯为前三位国家，完成营业额合计 44.7 亿美元，占欧洲市场的 54.3%。

中国企业对欧洲对外承包工程新签合同额行业分布中，通讯工程建设项目占 47.1%，交通运输建设项目占 14.4%，电力工程建设项目占 8.8%，石油化工项目占 6.3%。

第三节　中国企业“走出去”对外投资的主要特征

在经济全球化以及中国经济迅猛发展的大背景下，中国企业“走出去”对外投资的步伐亦呈日益加快的趋势，对外投资的规模不断扩大。而随着对外投资经验的积累以及为适应世界经济的发展变化，中国对外投资在主体、方式和行业结构等方面也在不断变化，并呈现出以下特征。

一、多元化、宽领域的对外投资格局逐渐形成

目前，对外投资、承包工程、劳务合作等对外经济合作业务遍及全世界 184 个国家和地区，覆盖全球 79%的国家和地区，基本形成了“亚洲为主，发展非洲，拓展欧美、拉丁美洲和南太平洋”的多元化市场格局。2013 年中国对外直接投资主要集中在亚洲，占流量总额的 70.1%，其中对中国香港地区的投资占对亚洲投资流量的 83.1%。对拉丁美洲、欧洲、北美洲、大洋洲、非洲的投资分别占 13.3%、5.5%、4.5%、3.4%、3.2%(图 8-22)。与上年同期相比，对各地区投资增速分别为对拉丁美洲投资增长 132.7%，对大洋洲增长 51.6%，对非洲增长 33.9%，对亚洲增长 16.7%，对北美洲增长 0.4%，对欧洲下降 15.4%。

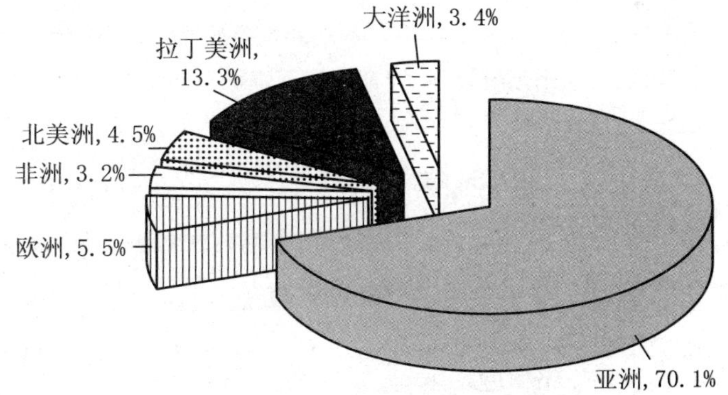

图 8-22　2013 年中国对外直接投资流量地区分布

资料来源：根据商务部、国家统计局、国家外汇管理局，《2013 年度中国对外直接投资统计公报》数据编制。

2013 年中国对外承包工程的主要市场依然是亚洲和非洲，分别占对外承

包工程营业总额的47%和35%,分别占新签合同额的41%和39%。亚洲是中国对外劳务合作的主要地区,2013年末在亚洲的劳务人员数量占中国年末在外劳务合作人员总数的82.1%。

二、非国有企业对外投资占比提升

国有企业实力和经验均相对丰富,在对外直接投资中占有重要地位。2013年,在中国对外直接投资主体中,国有企业依然占据半壁江山,但非国有企业占比显著扩大。

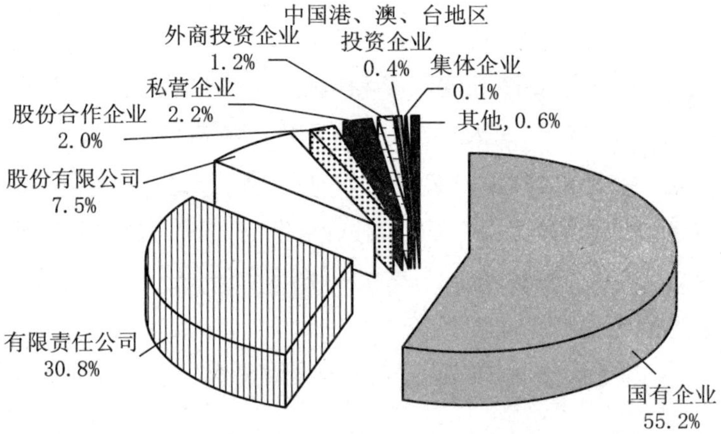

图8-23　2013年末中国非金融类对外直接投资存量主体分布

资料来源:根据商务部、国家统计局、国家外汇管理局,《2013年度中国对外直接投资统计公报》数据编制。

2013年末,在非金融类对外直接投资5 434亿美元存量中,国有企业占55.2%,非国有企业占比44.8%,较上年提升4.6个百分点,其中有限责任公司占30.8%,较上年增加4.6个百分点;股份有限公司占7.5%;股份合作企业占2%;私营企业占2.2%;外商投资企业占1.2%;港澳台投资企业占0.4%;集体企业占0.1%;其他占0.6%。

三、跨国并购规模继续增长

跨国并购继续成为中国企业对外投资的重要方式,单项交易金额再创历史新高。2013年全年共进行跨国并购项目多达424起,涉及70个国家(地区)，实际交易总额529亿美元，其中直接投资337.9亿美元，占当年中国对外直接投资流量总额的31.3%；境外融资191.1亿美元，占并购金额的36.1%。

中国企业海外并购涉及采矿业、制造业、房地产、租赁和商务服务业、信息传输、软件和信息技术服务业、批发和零售业等16个行业大类。从单个项目平均规模来看，继续保持增长势态，已由2012年的1亿美元上升至2013年的1.25亿美元。其中，中国海洋石油总公司收购加拿大尼克森公司项目，创下迄今中国企业海外并购金额之最。

四、地方企业对外投资活跃，投资占比首次过半

近年来，除央企外地方企业对外投资也表现得十分积极。2013年末，地方企业非金融类对外直接投资存量达到1 649亿美元，较上年增加1.8个百分点，占全国非金融类存量的30.3%，首次突破三成。其中，东部地区1 307.5亿美元，占79.3%；西部地区193.9亿美元，占11.7%；中部地区147.6亿美元，占9%。在2013年末对外直接投资存量前十位的省市区中，广东独占鳌头，达342.34亿美元，是中国对外直接投资存量最大的省份；其次为上海，为178.44亿美元；山东、北京、江苏、浙江、辽宁、福建、云南等位居上海之后。前十位的省市区合计为1 231.53亿美元，合计占地方存量的74.7%。

2014年，地方企业非金融类对外直接投资流量达547.26亿美元，同比增长50.3%，占全国非金融类流量的51.1%，首次超过中央企业和单位对外直接投资规模。①

五、国有跨国公司国际化进程加快

虽然全球国有跨国公司数量相对较少，但其海外子公司数量和所管理的国外资产规模却十分庞大。据UNCTAD估计，目前至少有550家国有跨国公司——拥有1.5万余家海外子公司，且所管理的国外资产超过2万亿美元。发达国家和发展中国家都有国有跨国公司，其中一些位列全球最大的跨国企业行列，如全球15家最大的非金融类国有跨国公司(表8-3)。

① 商务部、国家统计局、国家外汇管理局:《2014年度中国对外直接投资统计公报》，http://hzs.mofcom.gov.cn/article/date/201510/20151001130306.shtml。

表 8-3　全球 15 家最大的非金融类国有跨国公司(按 2012 年度国外资产排名)

排名	公司名称	国家(地区)	行　业	国有股份(单位:%)	国外资产(单位:10 亿美元)	跨国化指数
1	法国燃气苏伊士集团	法国	电力、燃气、水资源	36	175	0.59
2	大众汽车	德国	汽车	20	158	0.58
3	埃尼公司	意大利	石油和天然气	26	133	0.63
4	意大利国家电力公司	意大利	电力、燃气、水资源	31	132	0.57
5	法国电力公司	法国	电力、燃气、水资源	84	103	0.31
6	德国电信	德国	电讯	32	96	0.58
7	中国中信集团公司	中国	多元化	100	72	0.18
8	挪威国家石油公司	挪威	石油和天然气	67	71	0.29
9	通用汽车公司	美国	汽车	16	70	0.47
10	瑞典大瀑布电力公司	瑞典	电力、燃气、水资源	100	54	0.70
11	法国 Orange 公司	法国	电讯	27	54	0.42
12	空中客车	法国	飞机	12	46	0.64
13	淡水河谷	巴西	金属矿	3	46	0.45
14	中国远洋运输(集团)总公司	中国	运输仓储	100	40	0.50
15	马来西亚国家石油公司	马来西亚	石油和天然气	100	39	0.35

资料来源:根据联合国贸发会议,《2014 年世界投资报告》资料编制。

2013 年,中国国有企业在新增海外投资主体当中占比不高,但国际化进程加快,跨国并购增加,巩固了中国在全球 FDI 中的地位。在采矿业领域,中国国有跨国企业的跨国收购一直非常活跃,例如,中海油斥资约 150 亿收购加拿大尼克森公司。此外,中国国有企业在制造业、服务业、金融、建筑和房地产业等领域，开展的对外投资越来越多。

六、当期利润再投资显著增加

《中国对外投资合作发展报告》(2014)统计数据显示，2013 年中国对外直接投资流量 1 078.4 亿美元，同比增长 22.8%。其中，新增股本投资 307.3 亿美元，同比减少 1.3%，占当年流量总额的 28.5%，较上年下降 7 个百分点；当期利润再投资 383.2 亿美元，同比增长 70.5%，占 35.5%，较上年提升 9.9 个百分点；其他投资 387.9 亿美元，同比增长 13.5%，占 35.9%。

截至 2013 年末，中国对外投资存量 6 604.8 亿美元，其中，股本投资 2 059.9 亿美元，占 31.2%；利润再投资 2 633.5 亿美元，占 39.9%；其他投资 1 911.4 亿美元，占 28.9%。

2013 年，中国金融类对外直接投资 151 亿美元（表 8-4），占 14%，非金融类对外直接投资 927.4 亿美元，占 86%。截至 2013 年末，金融类对外直接投资存量 1 170.8 亿美元，占 17.7%，非金融类对外直接投资存量 5 434 亿美元，占 82.3%。金融企业在境外直接为实体企业提供服务的能力进一步提高。

表 8-4　2013 年中国对外直接投资分类构成

指标分类	流量			存量	
	金额（单位：亿美元）	同比（单位：%）	所占比重（单位：%）	金额（单位：亿美元）	所占比重（单位：%）
金融类	151.0	50.0	14.0	1 170.8	17.7
非金融类	927.4	19.3	86.0	5 434.0	82.3
合　计	1 078.4	22.8	100.0	6 604.8	100.0

注：金融类是指境内投资者直接投向境外金融企业的投资，非金融类指境内投资者直接投向境外非金融企业的投资。

数据来源：商务部、国家统计局、国家外汇管理局，《2013 年度中国对外直接投资统计公报》。

七、中国对外投资产业分布与全球资本存在差异

全球资本流动的产业分布，因绿地投资和跨国并购投资方式的不同体现出一定的差别。从中国境外并购投资的产业分布来看，2013 年，第一产业境外

并购金额为348.2亿美元,占比为66%(图8-24),与全球的19.5%相比,中国以农业和采矿业为主的第一产业境外并购投资占比明显较高。中国制造业境外并购金额为73.2亿美元,占比为14%,服务业境外并购107.6亿美元,占比为20%,同全球制造业36.1%和服务业44.4%的份额相比,明显偏低,显示出中国经济与世界经济在产业互补性方面的差异和特点。

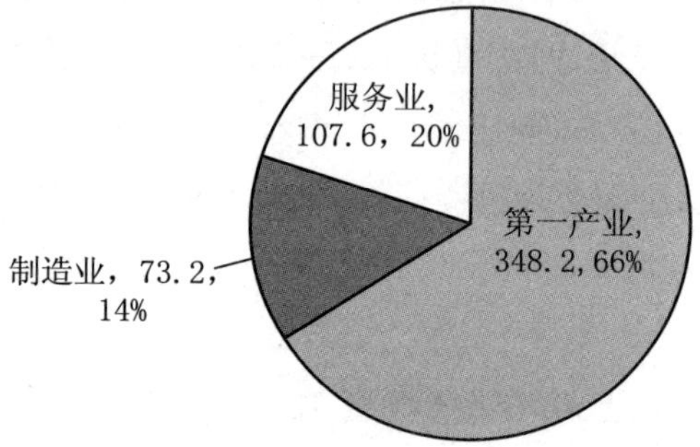

图8-24　2013年中国境外并购投资的产业分布(单位:亿美元)

注:2013年中国529亿的境外并购金额包含191.1亿美元的境外融资。

资料来源:根据商务部、国家统计局、国家外汇管理局,《2013年度中国对外直接投资统计公报》数据编制。

第四节　中国对外投资趋势展望

纵观国内外经济发展全局,从需求和供给角度判断,中国对外投资仍处于重要的战略机遇期。然而,国际投资环境复杂多变,机遇和挑战并存,对此我们必须要有清醒的认识。我们只有不断加大改革开放的力度,提升自身的软实力,才能有效地把握机遇,应对挑战。总之,在经济全球化、国家"一带一路"战略的背景下,中国企业"走出去"积极开展对外投资合作大有可为,前景广阔。

一、中国对外投资合作面临的机遇和挑战

当前和今后一个时期,全球经济将继续呈现缓慢复苏态势。发达经济体亟需吸收外资振兴经济;新兴经济体加速工业化和城镇化需要外国资金、技术和管理经验;中国经济稳中求进,产业结构调整和管理体制改革提速,对外投

资合作能力增强。同时，世界经济、政治、安全仍处于调整期，国际投资环境复杂多变，中国企业对外投资合作机遇和挑战并存。

（一）对外投资合作有利因素增多

当前中国发展对外投资面临诸多有利因素。从内部因素看，一是对外投资合作相关服务和保障体系将进一步完善。十八届三中全会提出要"扩大企业及个人对外投资，确立企业及个人对外投资主体地位"，同时明确要"改革涉外投资审批体制，完善领事保护体制，提供权益保障、投资促进、风险预警等更多服务"。随着"寓管理于服务"理念的不断深化，中央政府、地方政府、中介组织"三位一体"的新型促进服务体系将更加完善。中央政府提供公共服务能力将继续增强，投资便利化也将进一步推进，政策协调性显著提高，多双边投资促进机制也将逐步健全，对外投资制度环境将更加公平、稳定、透明；地方政府将更加重视对外投资，更重视其对国内经济发展的联动作用；对外投资咨询服务体系日趋完善，有关中介机构也将发挥更大作用。二是随着中国经济实力不断增强，中国对外投资大国地位将进一步确立。中国 GDP 在 2014 年已突破 10 万亿美元，与美国并列成为全球仅有的两个超越 10 万亿美元规模级别的国家；国家外汇储备则在 2014 年末达到 3.84 万亿美元，稳居世界首位；部分产业具备了一定的比较优势，非公有制企业对外投资日益活跃，企业国际竞争力明显增强；人民币国际化进程不断推进，"走出去"的条件更加成熟。三是国内经济进入"三期叠加期"，企业"走出去"内生动力增强。国内要素成本上升、资源环境约束加剧、企业核心技术缺失等多重压力正不断加大，加之中国经济进入新常态，企业"走出去"内生动力增强。

从外部因素看，一方面，世界经济延续缓慢复苏，全球跨国投资恢复增长，据联合国贸发会议预测，2015 年和 2016 年全球 FDI 流入将平稳增长，有望分别增至 1.7 万亿美元和 1.8 万亿美元，全球外国直接投资已呈上升趋势，跨国并购逐渐活跃并恢复增长。另一方面，全球基础设施建设升温，"一带一路"、周边互联互通、非洲"三网一化"等重大战略加快实施，中国企业"走出去"的机遇增多。

（二）对外投资合作风险挑战尚存

当前中国对外投资同时也面临着一些问题和困难。从内部因素看，一是企业跨国经营历程较短，国际化经验不足、风险防范能力不高、跨国经营管理中人才缺乏，运用东道国和地区法律及国际通行规则维护自身权益的意识不强。二是对外投资法律法规、政策体系尚不完备，事中事后监管有待加强。三是对外投资的社会服务业欠发达，中介组织亟待培育，行业协会服务和协调管理能力有待提高。

从外部因素看，一是随着美欧经济复苏，部分新兴经济体出现经济放缓的现象，国际资本开始更多向发达国家回流，外部市场竞争加剧，中国企业开展投资并购的机会较少，成本有所增加。二是世界经济复苏进程有很多不确定因素，新兴经济体也潜藏着较大经济风险。一旦形势生变，投资回报风险可能陡增。三是境外安全形势严峻复杂，各种地区冲突和局部战争此起彼伏。部分国家和地区安全局势恶化，社会治安较差，恐怖活动频繁，对中国企业开展对外投资合作造成威胁。

总而言之，中国对外投资合作仍处于重要的战略机遇期，只要我们把握机遇，扬长避短，大力开展对外投资合作，中国企业"走出去"一定大有可为。

二、中国对外投资合作的发展前景

全球经济继续呈现多轨复苏态势，美欧发达经济体和新兴经济体为振兴经济，都在调整经济政策和外资政策，中国企业"走出去"的外部环境总体向好。随着国内产业结构调整步伐加快，境外投资便利化逐步推进，"走出去"促进和保障体系进一步完善，中国企业将不断提升跨国经营能力和水平，继续保持对外投资合作的稳定发展。

（一）"走出去"战略加快推进，对外投资合作效能进一步提升

展望未来，对外投资合作规模将进一步扩大，对外投资仍将保持较快增幅。产业结构、企业结构明显改善，初步形成一批具有产业链上下游整合能力和国际竞争力的跨国企业，在全球范围内深耕市场、配置资源的能力明显增强；地方实施"走出去"步伐加快，占对外投资比重进一步提高，民营企业占对外投资的比重继续上升。

（二）对欧美等区域投资有望继续较快增长

2014 年前 11 个月，中国企业对欧美投资呈现快速上升势头，对欧盟和美国投资增幅分别高达 19.5%和 27.1%，远高于全国同期 11.9%的增幅。近期美国 PMI（采购经理指数）、LEI（经济领先指标）状态良好，就业、CPI 和新房

开工数不断向好，显示美国经济已重新步入活跃阶段。美国"再工业化"战略顺利推进，使得近年来美国吸收外资进入快速增长期，外国企业赴美"绿地投资"，"生产内包"大幅增加。中国企业在美国和欧盟市场进行投资并购，以获取技术、品牌、供应链、销售网络等战略资产，将继续保持跨越式增长的势头。

（三）"一带一路"战略成为"走出去"新引擎

2013年秋，习近平主席提出"一带一路"战略，得到沿线国家各界的广泛积极回应。"一带一路"战略契合沿线国家的共同需求，将为沿线国家实现优势互补、开放发展提供新平台，在满足沿途国家发展诉求的同时，也将为中国企业开展国际投资合作带来历史性的新契机。例如，中亚国家大多没有形成完善的产业结构，制造业竞争力较弱，对外贸易产品主要是能源类产品、初级产品，中国与中亚国家投资合作互补性较强。同时，中国对东盟国家、阿盟成员国等的投资明显增长。近年来，中国对东盟国家的直接投资流量保持增加态势。2014年前11个月，中国非金融类企业赴东盟投资流量43.5亿美元。不仅如此，中国还改善了对东盟的投资结构，对东盟的制造业投资有所增加，2013年占对东盟投资比重达到16.4%，比2008年提高了6.7个百分点。此外，中国与蒙古国及中东欧国家在资源、技术、市场等方面的互补性也在增强。未来，中国围绕"一带一路"沿线国家的投资合作还将不断深化。

（四）优势产能加快全球布局

未来几年，中国企业将以市场为导向建成一批境外加工制造基地。一些具有较强比较优势的加工制造业，将更加贴近市场，到市场需求规模较大的发展中国家建立生产基地；境外加工贸易和贴牌生产运行模式进一步成熟；一批更加贴近能源资源产地的境外重化工业园区将加快建成，钢铁、建材等优势产业在境外呈现规模化势态；一批综合运用海外并购、权益投资、战略联盟的资源合作项目稳步推进，多元化的能源资源进口战略格局将进一步完善。

（五）部分优势和特色产业价值链延伸

未来几年，装备制造、电讯等一些优势领域的对外投资合作将进一步有序展开；国内高端服务业开拓海外业务的热情还将继续保持；大型金融机构还将稳妥有序地拓展海外业务，提升全球金融运作和服务能力；国内会计师事务所、律师事务所等专业服务机构"跟随式"服务于"走出去"企业将更加紧密；部分文化艺术、中医药、中餐领域等特色服务贸易企业对外直接投资还将继续保持快速增长；企业利用全球资源促进自主创新已成趋势，各种通过自建、并购、合资、合作等多种方式设立研发中心，尤其是在欧美设立的研发中心将产生良好效果，新的竞争优势初步形成；新能源汽车、生物育种等行业高端合作渐成趋势；通过投资并购来建设国际化营销网络已成常态，并继续成为推动对外贸易转型升级和实施“走出去”战略的重要载体；一批大型流通企业、生产企业并购全球性或区域性流通企业，还将持续在中东欧、西亚、非洲等重点区域展开，并打造和整合中国流通产业链。

（六）海外集群式发展效应进一步显现

未来几年，在轻纺、机械制造、冶金、化工和信息产业领域，将继续形成一批国际竞争力强、市场影响力大、品牌知名度高、具备全产业链整合能力的跨国公司和若干全球一体化供应链体系，这些主体将成为中国参与经济全球化的骨干力量和重要依托；各类企业集群式“走出去”的脚步依然不减，产业间的协同能力和整体抗风险能力明显增强，类似于五矿资源、国新国际和中信金属联合收购秘鲁某铜矿项目的超大规模的收购还将不断出现；境外经贸合作区建设进一步推进，综合服务能力进一步提高，境外生产经营基地平台效应凸显；基于海外社区、园区而形成的中国企业海外聚集区域将不断增加，基于“侨缘”、“亲缘”、“学缘”、“地方缘”等“走出去”的运行模式还将进一步成熟。

（七）企业“走出去”模式创新增强

随着企业跨国经营水平的提高，企业跨国经营的模式愈加成熟，基于发展战略导向、国际化成长路径、产业价值链选择、跨国财务统筹、权益保护等方面的经营经验更加丰富。未来，中国企业将创新“走出去”模式，更为系统地设计“走出去”融资工具和税收工具，实现走出方式创新；基于“走出去”主体间的合作模式创新和完善，企业对外投资合作风险防范能力将大幅提高。

（八）海外可持续发展得到广泛关注

《2014世界投资报告》明确将“投资可持续发展目标（SDGs）”作为主题，由国际社会制定的可持续发展目标将继续对全球投资需求产生重要影响。同时，近年来在政府的倡议和引导下，中国企业“走出去”的可持续发展意识和社会责任意识普遍增强。一些企业主动将可持续发展理念和社会责任融入企业发展战略，设立企业社会责任的管理部门，确定明确的突破方案，安排相应的资金，组织有关培训，并发布履行社会责任的年度报告。可以预见，中国“走出去”企业海外可持续发展和海外社会责任目标将更加清晰，中国企业将更加关注与利益攸关方及东道国发展利益的互利共赢，更加重视经济、社会和环境的综合价值最大化。

第九章　中国企业对外直接投资的风险防范与案例研究

自20世纪90年代末实施"走出去"战略以来，中国对外投资合作持续快速发展。2013年，中国对外直接投资首次突破千亿美元，对外直接投资流量连续两年位列世界第三位。①2014年更创下1 231.2亿美元的历史最高值，同比增长14.2%，首次与吸引外资规模接近。截至2014年底，中国1.85万家境内投资者设立对外直接投资企业近3万家，分布在全球186个国家和地区。②毋庸置疑，中国企业"走出去"对外直接投资的成绩是显著的，但付出的代价也很大，面临的风险挑战更是十分严峻。因此，认真分析中国企业"走出去"对外投资面临的风险，以及通过案例分析找出问题的症结所在，对我们如何更好地化解风险，提高中国企业"走出去"对外投资的质量和成功率具有十分重要的意义。

第一节　中国企业"走出去"对外投资面临的风险

随着"走出去"步伐的逐渐加快，中国企业受各类事件的影响程度大幅提高。在美国危机阴云不散、欧洲深陷债务危机、全球经济面临重构的外部环境下，中国企业对外投资中所受外部风险显著提升，因此，有必要对中国企业对外投资所面临的各种风险做一梳理和分析，这对我们做好风险预警，正确识别风险并有针对地应对是十分有益的。

---

① 中华人民共和国商务部：《中国对外投资合作发展报告》(2014)。

② 商务部、国家统计局、国家外汇管理局联合发布：《2014年度中国对外直接投资统计公报》，http://hzs.mofcom.gov.cn/article/date/201510/20151001130306.shtml。

一、对外投资面临风险的主要类别和表现

企业投资易受外部环境变化的影响，给投资活动带来不确定性的风险因素错综复杂，种类繁多，但归纳起来，笔者认为可大致分为以下几种类型。

跨国经营风险的主要类别如下。

风险本质上是一种对未来的不确定性，如果能够对未来进行正确研判，并相应调整应对，就有可能把风险带来的损失降到最低。与国内经营相比，企业在跨国经营的过程中会面对更多的不确定性，而对企业在跨国经营活动中遇到的风险可以有多种分类方式。本章按照风险集聚爆发的外部环境和时间顺序把跨国经营风险分为传统型跨国经营风险和非传统型跨国经营风险两个大类。其中，传统型跨国经营风险是企业在开展对外投资活动中较为常见的风险，始终伴随着企业的跨国经营活动，主要包括政治风险、法律风险、社会风险、金融风险和其他风险；而非传统型跨国经营风险则是在特定的外部环境下，企业开展跨国经营活动时可能会遇到的问题，例如非传统的安全风险、境外人身安全风险、管理组织风险和专有技术失控风险等。

1. 政治风险

政治风险是指在国际经济活动中，由于政治因素造成经济损失的风险。通常指一个国家政权的更迭或者执政党的变更，以及国有化、战争与暴力事件、政策变化与政府违约、国际制裁或政府干预等给企业造成的风险。政治风险是海外投资中最大、最不可预期的风险。政治风险由东道国的主权行为所决定，是经营者不能控制的。政治风险在许多国家都存在，特别是在东南亚、中东、非洲、拉丁美洲等地区。政治风险危害性很大，一旦发生政治风险，企业将会蒙受很大损失，并且很难弥补。到海外投资的企业应高度重视政治风险。

2. 社会风险

社会风险是指来自东道国非政府方面的，并对外国企业可能构成价值损害的社会行为。受经济、政治、文化、宗教、风俗等各种因素的影响，从事跨国经营活动的外国企业，常常会遇到来自东道国民间的非政府组织（如工会、商会等）的排挤和抵制。这种排挤和抵制有时以民主的方式（如议会表决）出现，有时也表现为游行、骚扰甚至暴力等手段，造成对外国企业正常经营的滋扰。其中，较为典型的两种社会风险包括劳资对抗和民族主义排斥。长期以来东

道国社会动荡、罢工等事件的频频爆发给企业的正常运行造成了很大的风险，因而被视为对外投资社会风险的重要特点。如1998年印度尼西亚动乱使大批华人财产遭受损失，人身遭到攻击。2000年汤加发生骚乱，华人企业受损。此外，2004年的西班牙烧鞋事件也给中国商人带来巨大损失。社会动乱是投资所在国各种社会问题的总爆发。在海外的中国企业应时刻观察社会动向，及早采取措施，以免遭受损失。

3. 法律风险

法律风险是指由于企业不了解东道国的法律规定，或者虽然了解但不遵守，在开展经营过程中可能受到处罚或其他法律制裁所产生的风险。这主要表现为两方面：一是法律政策差异风险，即两国间法律体系、法理渊源、管辖范围和模式等的不同，给企业经营带来的挑战。企业不但需要熟悉两国法律的差异，还要使其经营活动满足两国法律的要求，这对企业提出的要求较高。二是法律政策变动风险，主要指东道国可能会根据外部环境，对法律政策进行调整。部分调整涉及外来投资者的利益，例如税种的增加、税率的调整和纳税程序的变动，都会给外资的正常经营造成影响，进而影响到企业原有计划的执行与实施。

法律风险主要是企业尚未建立尊重东道国法律规范的意识所引起的，特别是在法律条文烦琐、与中国法律存在较大差异的国家可能表现更为明显。企业在开展跨国经营过程中遭遇的法律风险主要来自东道国的商品进出口规定、产品商标及专利权规定、投资相关规定、价格管理条例、广告法律规定、产品责任法和环境保护法等。

4. 金融风险

金融风险是指金融活动中出现的风险。企业遭遇的金融风险是企业在从事金融活动时，由于汇率、利率或证券价格等金融指标在一定时间内发生预期外的变化，从而蒙受经济损失的可能性。按照金融指标及其相关经济活动的类别，可以分为汇率风险、金融投资风险、筹资和融资风险、利率风险，以及国家债务危机风险等。以利率和汇率为例，利率是金融借贷的资本成本，也是众多金融产品市场定价的基础。企业海外投资，需要获得外部的资金支持。利率的变动会导致企业未来需要偿还的利息发生变动，从而导致现金流发生变化，给企业带来不确定性。而汇率是两国货币的比值，汇率的波动对于海外投资企业的影响较大。企业未来收到的外币货款或服务费用会因为汇率变化而发生价值波动。对于涉及多种货币的交易，外汇与本币间的价格波动，以及不同种类外币之间的价格波动都会造成企业成本和现金流的波动。随着中国汇率制度的改革，汇率风险已成为企业“走出去”时刻关注的问题。在汇率风险方面，中国企业有着深刻的教训。例如，1997年东南亚金融危机期间，中国在泰国、韩国投资的企业也因汇率变化损失严重。去海外市场投资或承包工程的企业都会面临汇率变化的风险，随着人民币汇率机制的改革，汇率风险更加凸显，企业应掌握规避汇率风险的各种工具，以免遭受损失。

5. 经营风险

经营风险是指企业在经营过程中由于经营管理等内部问题或外部经营环境问题导致的风险。最典型的案例是中国某企业新加坡公司因经营期货导致5亿多美元亏损。20世纪90年代初期，第一轮到海外直接投资的中国企业大部分已经倒闭，其原因就是经营不善，致使亏损严重。经营风险涉及企业的各个方面，有决策失误造成的，也有经营过程中某一环节出问题的，如原材料成本高、销售价格低、收账款金额高、资金链断裂等。企业应充分研究经营过程中潜在的风险，找出可能出现的风险环节，并且实施有效的防范措施。

6. 市场风险

市场竞争环境变化频繁，无论是到海外投资建厂还是承包工程或劳务输出，都会遭遇激烈的市场竞争，来自竞争者、产业链上下游企业的不同作用，都会对投资企业的经营提出挑战，而且存在巨大的潜在风险。如TCL收购法国汤姆森电视机业务，由于市场变化快，导致销售下滑，市场份额萎缩，亏损严重。市场瞬息万变，机遇稍纵即逝，谁能把握机遇占领市场，谁就能生存发展，反之就会失去市场，就可能经营失败甚至被淘汰。对于制造业企业而言，产品从设计开发到测试量产，再到最后投向市场，被消费者接受周期不短，一旦方向选错会造成较大损失。企业要充分研究海外市场变化，只有掌握了市场变化方向才能及时调整经营策略，让企业立于不败之地。

7. 技术风险

获取先进技术是中国企业“走出去”兼并或购买国外企业的重要目的之一。先进技术是否能买到，购买的是先进技术还是即将过时的技术，值得企业深入研究。一般来讲，先进技术很难买到。如中国某企业收购法国同类企业业务的主要目的之一也是获取先进技术，但没料到技术更新如此之快，购买的是一种即将淘汰的技术。

8. 宗教、风俗、文化等风险

传统型风险中的其他风险主要包括企业在跨国经营过程中遭遇的宗教信仰差异风险、风俗习惯冲突风险、文化冲突风险、自然灾害风险等，也有因为市场波动或者对市场的前期判断不准而带来的市场风险。虽然这些风险并非十分突出，但如未加以重视可能给企业的经营活动带来不小的危害。

(1)风俗习惯冲突风险，由于历史沿革差异和民族人员流动频繁，各国风俗存在较大差异。企业到东道国投资，需要了解其特定的风俗习惯，否则不仅无法提供满足消费者需求的商品从而遭遇滞销，而且可能因为违反风俗遭遇当地人抵制。(2)宗教信仰差异风险，宗教反映了信仰，不少东道国有本土的宗教，难免有时会因为宗教信仰、宗教礼节的不同而发生冲突或有所冒犯，不利于企业的经营。(3)文化理念不同风险，文化价值观念与一国发展历史和人文风俗环境密切相关，有着较强的传承性和包容性。文化品位的不同影响着人们相互间沟通交流的氛围，也形成了不同的文化圈子和团体。文化理念也决定了人们的消费理念与价值观。(4)自然灾害风险，自然灾害也是企业对外投资中必须面对和处理的问题，包括地震、海啸、台风、洪水、干旱等各类极端的地质灾害或气象灾害都会影响到企业投资经营活动的延续性。

9. 非传统安全

非传统安全的关注点则从企业的经营活动的安全向企业相关的"人"的安全转移，强调国家或企业经营中"人"安全的重要性。非传统安全风险在当前时期主要表现为境外人身安全风险，即恐怖主义、社会治安等现实威胁公民海外人身安全的风险，主要包括因讹取赎金而发生的；因政治图谋，为针对中国而发生的；因种族歧视而发生的，以及因其他常规犯罪导致的风险。

二、当前对外投资风险的地区分布

当前中国企业对外投资面临的风险多种多样，后危机时代全球经济仍然处于不稳定的状态，再加上平衡周期漫长，多国政治局势发生变化，自然灾害频发，给中国企业对外投资合作带来了不小挑战。

（一）亚洲地区——地缘政治影响投资合作

亚洲地区经济活力较强，东北亚、东南亚、东亚、中亚、西亚和南亚等各个区域的经济发展速度较快，区域内和区域间的经贸合作机制较好。但是，邻国间领土、领海争端和外来大国势力的影响，给不少地区埋下了不利于经贸合作的影响因素。日本上演单方面收购钓鱼岛的闹剧，给中日经贸交流带来了严重的不利影响，也对中国在日投资企业的发展甚至人员安全产生威胁。如果不改变其错误做法，两国间的经贸活动可能遭遇更大阻碍。中国南海的岛屿主权争端以及东南亚、南亚国家间的领土纠纷也频频引起摩擦，一旦发生武装冲突，经贸活动必然受到冲击。

（二）欧洲地区——金融市场风险占据主导

欧债危机是全球经济危机二次探底的集中体现。由于前期政府债务压力较大，国内经济不振导致财源受限，且受制于欧元发放机制，货币政策自主权较小，开源的难度较大，只能通过紧缩的财政政策压缩开支。鉴于其经济的不稳定预期以及除德国外几乎所有国家经济陷入困难，欧洲金融市场整体表现预计难以在短期内有较大提升。中国企业对欧投资，在资金成本、当地消费市场消费力和市场整体表现等方面可能遇到较多的不利因素。

（三）中东地区——政治安全局势令人担忧

包括西亚和北非的中东地区自古以来就是各方争夺的焦点，发现丰富的石油储量后，这一资源诅咒更加剧了其他国家的觊觎与利益争夺。2011 年突尼斯爆发“茉莉花革命”，随后“阿拉伯之春”中埃及等国均遭波及，多国执政党更迭、国家领袖易位导致政策不延续甚至剧烈变化。迄今为止，这场以政治变革为特征的运动尚未结束，而叙利亚等国的内战还在延续，伊朗核危机更引发国际社会的广泛担忧，也存在外界武力干预的可能，在该地区的投资企业面临的战争风险、政党更迭风险和法律政策变动风险较大。

（四）北美地区——意识形态思想仍在作祟

自诩提倡自由贸易的美国在危机影响下出现矛盾心理。一方面希望其他国家降低关税门槛、扩大市场开放度，为扩大其产品出口创造有利条件；另一方面，又频频针对中国产品发起贸易救济措施，甚至不惜改变其一贯坚持的反倾销与反补贴不同时使用的惯例，对中国多项产品使用“双反”措施。在美国大选的背景下，“中国议题”成为两党热议的内容，似乎谁越坚持对中国说“不”

谁就可能获得更高的支持率。尽管冷战已然结束多年，不少政客仍然坚持隔着意识形态的有色眼镜审视中国的发展，动不动就扣上的大帽子给中国企业投资的外部环境造成不良影响。加之美国量化宽松措施的接连推出，通胀风险面临较大压力。

（五）中南美洲——风俗文化差异需要重视

中南美洲经济发展活力较强，但因曾主要为西班牙和葡萄牙殖民地，其风俗文化与英美有着较大不同。几十年来，中国企业和人员主要以了解和熟悉欧美等英语国家的文化为主，对中南美洲相对接触较少。企业对中南美洲的投资，不仅会面临当地居民相对特殊的消费习惯与偏好，更可能遇到与欧美和中国完全不同的法律法规体系结构，当地劳动者的宗教信仰和强大的工会力量也对外来投资企业造成不小困扰。中国对这一地区的投资可能遇到较为突出的宗教信仰差异风险、风俗习惯冲突风险和文化理念不同风险。

（六）大洋洲地区——政策不稳定依然存在

尽管澳大利亚是发达国家，但政策并不稳定，其中税收政策表现尤其突出。资源税、碳税的次第推出，改变了企业经营的预期成本。经济危机下，政府面临财政压力，国家层面和西澳原住民地区层面的政策协调与权益分配博弈继续，给企业的经营带来不确定。另外，中国与新西兰已然签署自由贸易区协定，为企业赴新投资提供了政策保障。而中澳之间尚未完成自贸区协议谈判，中国企业的对澳投资也可能会遇到缺乏政府间协议保障的风险。

（七）非洲地区——民族情绪有泛政治化趋势

非洲是中国对外能源资源投资大国，2009 年中国对非洲能源资源的投资要占中国对非洲整个非金融类直接投资总额的 55.2%。但是，中国对非洲资源能源类的投资面临着诸多问题。

一方面，由于近年来中国在发展中国家的资源能源类投资不断发展，引起了一些西方发达国家的警觉戒备，西方一些国家采用先发制人的干预手段，通过媒体宣传，以“新殖民主义论”、“掠夺资源论”等为借口，散布新的“中国威胁论”。企图利用东道国的民族情绪这一非经济因素对中国进行排挤，遏制中国资源能源类跨国投资的发展。

另一方面，中国开展资源能源类境外投资的目标国——非洲许多发展中国家正在进行所谓的“民主改革”，许多国家的“在野党”（或叫做“反对党”）政治势力借口资源能源被外国投资者控制而进行抗议活动，鼓动带有民族主义性质的民族排外情绪，以达到获取民众支持的政治目的。因此，非洲一些发展中国家近年的政局不稳，再加上文化、宗教、民族、部落、经济利益等冲突因素，社会矛盾较为尖锐，均可能对中国的资源能源类境外投资形成民族情绪阻力。①

第二节　中国企业对外投资遭遇风险的案例分析

作为发展中国家，中国企业"走出去"仍然处于初级阶段，由于缺乏经验、缺乏对外部世界以及东道国社会宗教、外资政策、法律规制，以及文化习惯等诸问题的足够了解，更由于企业自身能力不足，未能有效利用外部资源，在"走出去"过程中遭遇了一些风险。

一、东道国对跨国并购的主要规制

东道国在法律、政策层面对外来投资特别是跨国并购进行不同程度的限制，对跨国并购的前期、中期，以及并购完成后的利润汇回、全球资源整合和技术应用拓展都增加了不少的限制。

（一）最惠国待遇和国民待遇例外

在对外资并购提出最惠国待遇和国民待遇例外上，主要采取两种形式：一是直接规定禁止或严格限制外资并购的行业。大多数国家在国防或武器制造业，水、电等公用事业，广播、通讯事业以及铁路运输等领域禁止或限制外资的并购。另一种方式则是规定某些行业中外资并购时最高的持股比例。

美国限制外资在自然资源、能源等领域并购。法国禁止外资进入出版、公路运输等行业。德国则对包括食品、手工艺、医药等行业的外资并购实行特许管理。很长的时间内，日本的《关于外资的法律》规定，跨国公司参与合营企业的股份必须在50%以下，且必须引进技术。只有在特殊的情况下，跨国公司才能取得半数或半数以上的股权。现有的《外汇与外贸管理法》的实施，废除了旧的《外资法》，减少了对跨国公司并购的限制。澳大利亚的外资并购则较为

① 贺晓琴：《跨国并购与中国对外投资的国际环境》，《国际关系研究》2013年第5期。

特殊，通过《机场法》、《船舶登记法》等单行立法，对外资并购比例予以限制。

（二）外资并购的反垄断法律制度

发达国家大多对垄断有相关法律加以约束，在实际操作层面往往成为各国限制外资并购的依据。相比而言，中国企业规模普遍不大，一般在开展跨国并购时不会触及发达国家的反垄断警戒线。

赴美并购的交易适用于美国国内的反垄断法，它由投资法律及《谢尔曼法》、《克莱顿法》和《联邦贸易委员会法》三部法律构成。联邦贸易委员会和司法部联合实施反垄断法，共同提出企业并购准则，并根据不同时期国家经济发展具体情况适时调整。日本的《关于禁止私人垄断和确保公平交易法》严格限制外国投资者在日本成立控股公司，同时要求国外公司不论规模，只要持有国内股票即需向公平交易委员会报告。①澳大利亚的做法较为特殊，对国内并购和跨国并购制定不同法律，由不同部门进行审查。跨国并购适用于《外国并购法》(1975)，由联邦财政部负责实施该法，并成立外国投资审查委员会。

（三）跨国并购国家安全审查体制

国家安全在一定程度上成为部分东道国对外资进行规制的工具。由于其解释的模糊性和应用的随意性，各种规模或产业的跨国并购都可能受其影响和制约。

国家安全的理念在美国应用最为广泛，软件、石油、汽车、药品、粮食、电信、铁路等，无一不与其国家安全有关。美国国会于 1988 年通过的《综合贸易竞争法案》授权美国总统暂停或禁止任何被认为会“威胁美国国家安全”的外资并购。美国总统通过美国外国投资委员会对外资并购进行国家安全审查。尽管美国法律并未明确规定要求并购企业向外国投资委员会申报拟议中的并购活动，但由于美国总统和外国投资委员会在并购完成后任何时间都具有的否决权，外国投资者一般都会主动申报。而外国投资委员会在接到申请 30 日内进行的初步审查的要点在于是否有充分证据证明，拥有控制权的外国投资方可能危害美国国家安全。但是，由于对国家安全的定义并不明确，审核人员可以根据不同的情况进行不同解释，实际上增加了外国投资的难度。从目前的审查情况来看，国家安全因素主要包括：该项并购对美国国家安全领域的技

① 张运通、章建新：《浅析全球企业并购中的反垄断问题》，《天津纺织工学院学报》2000 年第 6 期。

术领先地位是否存在潜在影响；美国国防需求所需要的国内生产能力，以及国内产业是否能够满足该需求；外国人通过并购控制国内产业和商业对国内产业满足国防需求可能产生的影响等。

(四) 并购后雇员本地化比例要求

多数国家对并购后企业的雇员本地化比例都有相关要求。除了规定外来人员在被并购企业中的人数比例不得超标外，还通过劳动市场需求测试等方式对外来人员从事的行业领域进行限制。这在很大程度上影响企业对并购战略意图的实施能力，也会直接制约企业并购后改变被并购企业盈利状况的能力。

东道国往往对于外来人员在入境签证和工作许可两个渠道严格掌控。不仅美国继续严格控制入境签证，德国、英国等欧洲国家采取从紧的外籍人员入境政策，而且连一些发展中国家也对外籍劳务设置重重关卡。南美国家对并购后企业雇员的本地化要求较高，而印度的外籍劳务政策近年来则变得更为严格，大幅降低了签证审批通过的比例，并缩短了停留时间，在钢铁、电力项目限制外籍工人的入境。

(五) 投资利润和资本金汇出限制

虽然按照一般原则和各种投资保护协定，东道国允许投资者的资本及利润自由汇出，但在实际运作中，为防止资金大量外流，保护本国的外汇储备和国际收支平衡，东道国对外资公司利润和资本的汇出常加以一定限制，其中一些发展中国家的限制更严、更多。

少数发达国家对利润汇回有数额限制，如希腊规定利润汇出不得超过资本总额的10%—12%。而发展中国家的利润汇出政策大致有三种类型：第一种是原则上允许利润汇出，但有相关规定，如泰国要求资本入境后需到指定银行登记，并于7天内卖给银行，不得私自留汇，在汇出资金时也需要向中央银行申请审批(印度和巴西也有类似规定)；第二种是限制利润汇出比例，如安第斯条约组织规定外企年利润汇出不得超过投资额的20%，玻利维亚规定年利润汇出不得超过投资额的15%；第三种是征收超利润税，如阿根廷在对外资参股公司征收33%所得税(对外资公司征收45%所得税)的基础上，若纯利润超过注册资本的12%，则另征收超额部分的15%—25%作为超利润税。

多数发展中国家对外资公司的资本金汇出有严格限制，只有在符合一定的期限、限额及其他条件时才允许抽回资本金。如伊朗规定，在可能恶化伊朗国际收支平衡时，资本金只能汇出应汇额的 30%，在危及国际收支时不允许汇出。阿根廷规定汇出资本时必须保证公司继续经营，且每年汇出额不得超过总资本的 20%，且在投资前 5 年不允许汇出资本金。菲律宾规定每年汇出的资本金不得超过企业的纯外汇收入等。①

(六) 专利权保护与技术转让限制

经济较为发达的经济体对技术转让持保守态度，实际上影响了外资并购后全球技术的进步和发展水平的提升。专利类知识产权和技术的转让受到不同程度的限制。

日本政府就曾专门做过一个对华汽车技术输出的报告，要求各汽车厂家必须让中国的汽车技术落后 20 年以上。虽然日本在 1968 年颁布的《国际许可证合同的反垄断法准则》中禁止在国际技术转让合同中限制技术引进方的产品出口地区，但规定了三种例外，即在供方在所限制的地域内享有专利权，供方在所限制地域内从事经常性销售活动以及供方在该地域内已向其他人发放了独占性许可证。韩国在 20 世纪 90 年代颁布的《产业技术流出防制法》明确规定，LCD 液晶面板、半导体是韩国的核心战略产品，不仅韩国这些行业的企业在海外建设生产基地需要韩国政府批准，而且即便外资并购韩国企业后，也不能在境外使用相关技术。

(七) 广泛领域和方式的出口管制

冷战以来，从“巴黎统筹委员会”到“瓦森纳协议”，虽然法律强制力不同，但西方国家对中国在广泛的产品、服务清单和技术转移方面仍然进行严格的出口管制。管制不仅限制相关产品或技术的直接出口，也对其后续的使用者和用途以国内法和多国协议方式严格限制。

以美国为例，产品在涉及高新科技时会遇到“技术出口限制”的问题。一项基于美国的技术往往因担心他国在军事方面的应用而限制向他国出口是常有的事情，即使允许他国客户购买，该客户也要做出购买后服从美国法律要求的承诺。尽管美国正在对其出口管制制度进行简化改革，但目前的限制大大增加了中国企业通过跨国并购提升全球竞争力的能力。

---

① 闫定军、周德魁：《国际投资》，清华大学出版社 2005 年版。

二、中国企业跨国并购中遭遇的风险概览

中国企业在跨国并购中遭遇各类风险,风险的累积给企业带来经营的困难甚至导致跨国并购交易失败。究其原因,外界环境的多变和企业自身能力的不足增加了外部环境的不确定性,也降低了企业的风险抵御能力,多种风险的相互叠加最终导致了企业的跨国并购无法达到预先目标甚至失败。

(一) 首钢收购秘鲁铁矿:法律和社会风险交织影响

藤森出任秘鲁总统后推行私有化政策,首钢把握机遇对秘鲁铁矿完成了跨国并购。然而,投资之初,首钢就遇到了较大的政策风险和社会风险。秘鲁法律规定,企业开业 3 年后,聘用的秘鲁职工要占全体职工数的 80%,并要逐渐提高至 90%,这使得首钢原有全面接管秘鲁铁矿的想法无法实现。同时,自秘鲁铁矿被首钢收购开始,各种名目的罢工示威一直没有停过。首钢每次费力解决问题后又面临新一轮的罢工威胁,而涨工资、加福利则是贯穿始终的主旋律。各种工会组织的轮番抗议使得首钢秘鲁公司不得不频繁更换管理者,而游行的工人喊口号、砸玻璃、烧汽车也给员工带来了人身安全问题。频繁爆发的罢工活动,给首钢秘鲁铁矿的正常运营带来了巨大的挑战。与此同时,由于全球钢铁需求疲软,在并购后的相当长时期内,秘鲁铁矿都只能给首钢贡献极低的利润,而且为了压缩成本而减少的维修等部门投资反而使得铁矿的生产消耗逐年上升。

上汽收购韩国双龙汽车的投资时,同样遭遇了来自韩国工会的巨大影响。加之韩国对知识产权的保护较为严格,限制了企业通过跨国并购整合资源、提升技术的效果,在劳资双方无法就应对危机共同努力达成一致的情况下,上汽集团只能选择放弃该项目。

(二) TCL 收购汤姆逊和阿尔卡特:市场风险导致投资失败

1989 年,法国最大的电子产品制造商汤姆逊公司从 GE 手中接下了处于亏损状态的电视业务。经过十几年的发展,这些业务仍然未能扭亏为盈,反而成为汤姆逊拓展全球业务的包袱。2004 年 1 月,TCL 集团与汤姆逊公司签订了共同成立 TCL—汤姆逊电子有限公司的协议,正式收购了欧洲老牌的汤姆逊公司,成为世界上最大的彩电生产商。当时的 TCL 手握大量现金流,是中国电视制造行业中的领头羊,一举收购了汤姆逊的电视、DVD 影碟机业务和

阿尔卡特的手机业务。然而，在随后的2004年第三季度，TCL集团整体利润暴跌。TCL在连续两年大幅亏损后不得不重组欧洲部分的业务。TCL的跨国并购风险主要来自市场，由于对彩电消费市场从传统CRT向平板电视转换的速度缺乏把握。平板电视价格快速下降迅速侵蚀CRT电视消费市场，从而导致TCL的大量产品被迫库存。技术储备不够、产品转换速度较慢使得TCL未能跟上市场，最终选择重组。而在其对阿尔卡特手机的投资上，并未通过并购形成资源的整合，阿尔卡特手机和TCL手机互不相关，在品牌、技术、生产，乃至企业文化的整合上未能实现突破，造成人员流失，最终也不得不退出。

与以上因缺少对被并购方亏损原因深入探析，而对困难准备不足相类似，2005年6月，明基在收购西门子手机公司时本拟获得进军手机业务的钥匙，但由于缺乏经验，加之市场疲软，在完成并购还不到一年时，原先双倍计提的亏损准备金就迅速耗尽，明基不得不马上中止在德国的投资。

（三）联想收购IBM个人电脑：法律和市场风险影响巨大

IBM出售给联想集团的个人电脑业务，已持续亏损达3年半之久。在联想收购后，其2005年9月的第二财季营业额同比增长404%，仅用半年时间，联想就使得IBM个人电脑业务扭亏为盈。2007年8月，杨元庆表示，联想已顺利完成并购的整合阶段，销售额远高于预期。然而，竞争者并不愿意看到IBM个人电脑业务的顺利转移，通过宣传"联想是中国政府控制的公司"，引起反华势力的关注。尽管在收购审查上，美国外国投资委员会（CIFUS）提前完成对交易的审查，新联想也被允许按照现有业务模式向各级政府销售新公司的任何产品，以及提供产品服务，并在销售和服务方面得到保障，并购完成后新联想的总部也设在纽约，但是在并购后的实际业务拓展中却并不如其所愿。美国人眼中的联想还是一家中国公司，而恰逢金融危机的不利时期，Thinkpad商标的5年使用权到期，联想的经营出现问题。2008年，其利润出现大幅下滑，2008/2009财年出现净亏。

更为典型的法律风险表现在2004年中化集团竞购韩国仁川炼油厂时，虽然双方签署了排他性的谅解备忘录，但中化集团未意识到应增加附加条款，以法律手段约束对方的再提价行为，而使得其债权人有机可乘，再次提高要价，最终导致中化集团无功而返。

(四) 中铝收购力拓股份:政治风险、市场风险与金融风险叠加

2008 年 2 月,在金融危机席卷全球的情况下,能源和大宗矿产品价格快速下挫,力拓集团收入锐减。迫于 387 亿美元的债务压力,力拓希望寻求外来资本的注入。2 月 12 日,中铝集团宣布将以 72 亿美元认购力拓发行的可转债,并出资 123 亿美元与力拓就铁矿石、铜和铝三种矿产资源成立合资公司,合计向力拓注资 195 亿美元。若交易完成,中铝持有的力拓股份最多可升至 18%,并可以向力拓董事会派出 2 名董事。但力拓最终选择与必和必拓建立合资铁矿石公司,其董事会撤销了对中铝 195 亿美元交易的推荐,依协议向中铝支付 1.95 亿美元的违约金。然而,并购交易的中止产生了一连串的负面连锁反应。力拓支付的违约金远不足以支付中铝需要向国家开发银行、农行、中行等银行支付的违约赔偿,四家银行在专家咨询、评估、律师费、汇兑损失和汇率波动等方面损失颇大。澳大利亚对中铝控制其资源的担忧和"中国威胁论"等政治风险在很大程度上延缓了并购交易的审批进程,而国际资源价格的回升则大大减小了力拓的债务压力,加之澳元对人民币的升值等诸多因素的叠加,导致了这项跨国并购交易的失败。

第三节　中国企业"走出去"对外投资的风险防范

近 10 多年的实践表明,中国企业"走出去"面临诸多风险,笔者试图通过市场风险、知识产权风险、海外员工管理风险、政策风险的几个案例分析来探讨中国企业在"走出去"过程中有关安全风险方面的预防和应对,以期对企业更好地"走出去"对外投资有所启示。

一、发挥优势,谨慎拓展海外市场

国家电网公司近年来不断加快国际化步伐,凭借其世界领先的特高压和智能电网技术,及严谨高效的管理能力,在几年时间里实现了公司海外资产规模突破 1 000 亿元(截至 2013 年底)。国家电网先后在菲律宾、巴西、葡萄牙、澳大利亚、中国香港和意大利等国家和地区拓展电网投资建设运营业务。2009—2013 年,国家电网境外投资业务利润由不足 8 亿元人民币增至 32 亿元人民币,增长了 309%,投资回报率远高于国内水平。

(一) 发挥自身核心优势

在竞争力方面,特高压作为国家电网的核心优势,是其国际化战略的重要动力。特高压作为一种技术输出,具有相对较低的市场风险和政治风险。国家电网于2004年正式启动特高压研发项目,在特高压输电、智能电网和设备制造方面攻克了一系列技术难题,掌握了具有自主知识产权的特高压核心技术和全套设备制造能力。特高压输电的成功研发使国家电网占领了输电技术国际制高点,为企业开拓国际市场提供了坚强支撑,并大幅提升了中国在国际电工领域的话语权。2014年2月,国家电网与巴西电力公司以一定股比组成的联营体成功中标巴西美丽山水电特高压直流送出特许经营项目,该项目为美洲第一回±800千特高压直流输电线路,是国家电网在海外中标的首个特高压直流输电项目,标志着中国特高压技术"走出去"取得了重大突破。

(二) 运用专业服务优势

在专业服务方面,国家电网具有较为先进的技术经验和管理方式。在南澳输电网公司股权收购项目上,与当地竞标者相比,国家电网的优势体现在其不仅仅是财务投资,而且是战略投资,其收购更具诚意,并且在运营管理方式、技术创新等方面与目标公司契合度更高。同时,国家电网在国内已有的风电接入技术经验能够有效解决目标公司发展风电面临的间歇性和波动性等问题。

(三) 审慎把握投资机会

在投资市场选择方面,国家电网表现了其审慎的态度和战略性的考虑。国家电网组建项目团队,聘请外部顾问,通过案头和现场尽职调查、管理层访谈、估值及竞争态势分析等一系列工作,谨慎把握国际市场投资机会,在获得一定回报的基础上,重点关注政治和经济较稳定、市场机制较成熟的国家和地区。

二、积极运用法律规则应对知识产权风险

中国企业的自主创新能力整体上在近几年有了长足进步,在一些领域与发达国家相比已经基本没有差距,甚至实现了超越,但是因为历史的原因,在部分领域中发达国家的一些公司仍然保留了大量历史研发投入所产生的专利权,并以此收取高额许可费作为其公司主要业务和收入来源。美国交互数字

通信有限公司(Inter Digital Communications, Inc.,业内简称“IDC”)曾经是全球无线通信领域技术研发的重要参与者之一,拥有大量标准必要专利。其当前主要业务是收取专利许可费。华为公司与IDC公司进行了数年的谈判,期望通过友好协商以达成专利许可协议。然而,在双方谈判期间,IDC突然向美国特拉华州法院和美国国际贸易委员会(ITC)分别提起诉讼和“337调查”,指控包括诺基亚、三星、华为和中兴等公司在内的3G产品侵犯其7项专利,要求禁止上述公司在美国制造、销售被控侵权产品,并请求颁发禁令以禁止相关产品进入美国市场。

(一) 适时维护自身合法权益

为维护自身合法权益,华为公司随后向深圳市中级人民法院提起诉讼,诉请法院就IDC公司的中国标准必要专利确定“公平合理无歧视”的许可费率,并同时另案起诉IDC滥用市场支配地位,诉请法院对IDC公司关于中国和美国3G标准必要专利许可的过高定价、搭售等侵权行为,是否违反中国反垄断法进行裁判。经深圳市中级人民法院一审、广东省高级人民法院二审后,法院最终确定了“公平合理无歧视”的许可费率,并认定IDC公司在相关必要专利许可谈判过程中滥用其市场支配地位,其相关的过高定价和不合理搭售等行为,违反了中国反垄断法相关规定。法院最终判令美国IDC公司停止相关侵权行为并赔偿华为经济损失2 000万元人民币。该案以华为胜诉告终,美国联邦贸易委员会也初裁认定华为不构成专利侵权。

(二) 积极合理运用法律规则

在此案例中,华为积极运用知识产权的法律武器来维护本公司利益,一方面利用“公平合理无歧视”的国际规则终止了IDC公司对知识产权的漫天要价,同时使用反垄断规则请求法院制止其知识产权滥用行为。华为诉美国IDC公司案件成为中国法院受理的关于标准必要专利许可纠纷的先例,将对有关标准必要专利纠纷的解决提供有益的借鉴和参考。通过本案例可以发现,滥用与侵害知识产权均是侵权行为,是关于知识产权的两个极端行为,都会从不同层面损害行业发展的生态环境,尊重而不滥用知识产权才能促进有序竞争和持续创新。

因此,“走出去”的中国企业应具有知识产权保护意识,尊重他人知识产权,但在遭遇他人滥用知识产权时也应积极运用法律规则维护自己的合法权益。最重要的是,中国企业只有加强创新,占领标准必要专利的高地,才能在国际标准制定上具备话语权,不战而屈人之兵,为企业的长期可持续发展保驾护航。

三、加强员工属地化管理,避免矛盾和冲突

在中国企业进军海外市场的过程中,充分发挥当地人才优势,实现人力资源属地化发展是企业面临的重要课题。中鼎国际工程有限责任公司在"走出去"发展历程中,从一家"百年老矿"下仅有 7 名员工的出国筹备办公室,到 ENR 全球最大国际承包商 225 强之一,其成功经验之一就是充分发挥当地人才优势,有效进行员工属地化管理。

中鼎国际承包的朋古鲁煤矿位于印度尼西亚苏门答腊岛东南部,下属三个单位,共有本地员工 300 人左右,包括管理人员 6 人。印度尼西亚是世界上穆斯林人口最多的国家,约 87%的人信奉伊斯兰教。由于历史、宗教等原因,中国与印度尼西亚在政治、社会文化、生活习俗、就业观念等方面有很大差异,这给中资企业在当地的招聘、培训、人员管理等带来较多困难。为维护队伍的稳定、提高员工整体素质,中鼎国际结合当地政治、社会环境的实际情况和员工特点,使本地员工队伍成为公司在当地生产、建设和发展中不可或缺的重要力量,目前基本形成中印两国员工和睦相处、和谐共事的局面。具体措施主要包括以下几个方面:

(一) 保证企业稳定用工

委托当地劳务公司负责人员招录事宜,保证企业稳定用工。由于印度尼西亚员工的就业观与中国员工有较大差异,对工作和收入的期望值不高,再加上对煤矿工种较为陌生,最初中鼎国际在当地承包工程的员工流失率很高。经过近一年的探讨,中鼎国际摸索出适合本公司发展的用工模式:企业与当地劳务公司签订招、用工合同,依据所招员工人数付给劳务公司相应的服务费。由当地劳务公司负责招聘、体检(中方医生把关)、资格审查、合同签订、日常跟踪管理、社保和税收的缴纳、调解劳资纠纷以及员工解聘等事宜,为企业的稳定用工提供了保证。

(二) 任用当地管理人员

聘用当地管理人员负责项目的人事管理、对外沟通和交流。印度尼西亚

的劳动法较为完善，涉及劳务人员保护的条款多且细，人事管理制度与中国有很大不同。中鼎国际聘用当地管理人员具有明显的优势，包括管理人员与员工之间文化和观念差异小、熟悉当地管理方法、无语言交流障碍、具有相同的民族和宗教信仰等。在处理劳资纠纷的时候，当地管理人员显示出不可替代的作用。

(三) 加强当地员工培训

加强对当地员工的安全教育和技术培训。中鼎国际建立了较为完善的培训机制，通过对当地员工进行安全教育和技术培训，使其掌握技术的同时增强安全防范意识，对煤矿安全生产和企业在当地的可持续发展起着至关重要的作用。通过几年的实践，印度尼西亚当地员工的煤矿安全知识水平和工作技能得到迅速的提高，绝大多数员工能够适应矿区工作，员工流失率也由最初的40%—50%降到10%左右。

(四) 妥善处理员工矛盾

妥善处理两国员工之间的误解、矛盾，以及宗教问题。由于语言障碍、工作摩擦、生活观念的差异、宗教信仰的不同等，两国员工之间不时会出现各类误解和矛盾。对于这一问题的解决，中鼎国际主要采取以教育中方员工为主的方式，经常教育和提醒中方员工自觉遵守当地法律法规，尊重当地的民族习俗和宗教信仰；只要不是涉及民族尊严和人身伤害的事，都力劝中方员工尽可能忍让，避免发生不必要的矛盾和冲突，保护员工自身安全和企业财产安全。

四、深入了解东道国政策，降低投资风险

企业对东道国政策法规的不了解会阻碍境外投资活动或给企业造成损失。

(一) 掌握语言规范，规避资质办理障碍

公司英文缩写差异会导致资质办理障碍。由于国别差异，一些国家和地区的政策与中国有较大区别。例如，印度尼西亚规定有限公司的英文缩写为“PT”，而中国国内一般用“Co., Ltd.”表示。中国某企业在印度尼西亚申请办理企业资质时对这一差异没有了解，继续使用“Co., Ltd.”在当地申请资质，导致企业资质办理周期延长。

（二）了解土地政策，预防投资风险

未充分了解东道国土地政策会导致工作无法开展。柬埔寨矿权证由工业和能源部颁发，地表的种植园却由农业部颁发。若矿产位于种植园下方，由于种植园属私人用地，即使企业持合法矿权证也无法开展工作，致使境外投资活动陷入被动局面。

（三）执行劳工政策，避免投资受损

对劳工政策不了解会导致项目搁浅。受阿尔及利亚的矿业政策限制，某勘察院在该国的金矿项目虽然取得了详勘证，却由于无法进入施工现场而不得不搁置。原因是阿尔及利亚劳工政策规定外国员工与当地雇员比例一般为1∶7，而项目施工所需的作业层人员只能从当地招聘。由于未全面研究当地政策和充分计算人工成本，在衡量成本收益后，某勘察院放弃了该项目，损失了全部前期投入。“走出去”企业应充分利用专业机构来防范因不了解东道国政策法规而带来的投资风险，这有助于企业提高效率，少走弯路，以及规范、科学地运作项目。

五、在当地建立利益共同体

实现和谐共赢不是单方面妥协、让步，而是找到双方的共同利益，扩大共同利益，建立利益共同体，获得共同发展。同当地竞争者或者供应商分享利益，有利于同当地企业和谐共处，减少矛盾，降低经营风险，同时有利于降低中方企业在当地经营的综合成本，提升在当地市场的核心竞争力。中远集团在希腊同当地竞争者和供应商合作共赢的做法充分体现了这一点。

希腊的比雷埃夫斯港是全球50大集装箱码头之一，亦是地中海东部地区最大的集装箱港。中国远洋运输（集团）下属公司中远太平洋公司于2008年6月中标取得了希腊比雷埃夫斯港集装箱码头35年的特许经营权，于2008年10月成立中远希腊码头公司。2013年2月，中远比雷埃夫斯港集装箱码头正式接入希腊全国铁路系统，并与欧洲铁路系统相连，一时引发广泛关注。

中远希腊码头公司成立以来，公司始终秉承中远人“全球发展，和谐共赢”的理念，着眼竞争对手和供应商，积极实现与当地社会的“和谐共赢”。比雷埃夫斯港务局既是中远希腊码头公司在当地的港务事务的管理者，也是中远希腊码头公司市场业务的竞争者。比雷埃夫斯港务局的服务水平比较低下，竞争能力也比较弱。但中远希腊码头公司没有实行赢者通吃，把所有的客户都抢过来的做法，而是通过一些商务安排，将公司发展的部分业务分享给了港务局，使他们也能够维持稳定的发展，从而形成了较为和谐的关系。

中远希腊码头公司总经理傅承求经常意味深长地说："如果你的邻居一无所有，你的窗户就会经常被砸破。"通过发展与港务局的"和谐共赢"关系，中远希腊码头公司在一些关键问题上获得了港务局的支持，取得了非常好的经济效益。

DIAKINISIS 是中远希腊码头公司的最重要的外包商。公司码头操作的工人绝大部分来自 DIAKINISIS，因此，它也是成本管控的首要目标。从中远希腊码头公司成立至今，支付给这家公司的单箱外包劳务费下降了将近 60%。但是，公司每一次降低成本，都是采取协商和讲道理的方式，譬如，由于什么样的条件变化（如装卸效率的提高、新设备的投产等），因此应该有什么样的成本变化。同时还发挥专业长处，对他们在工作中如何提高效率提出有价值的建议。由于公司掌握的信息充分，意见合情合理，DIAKINISIS 每一次接受降低费率的条件都是既难过，也高兴。难过的是降低了费率，高兴的是确实也从中远希腊码头公司的措施中得到了好处。DIAKINISIS 还利用其在中远希腊码头公司获得的稳定的业务量和专业经验，在其他港口发展壮大了业务。

六、以诚信经营方式承担社会责任

诚信经营是企业最基本的社会责任，也是企业海外投资的立命之本。北京同仁堂通过诚信经营赢得了境外消费者对这家百年老店的充分信赖，充分表明"走出去"的中国企业，应该牢固树立诚信为本的经营理念，并将这一理念贯穿到日常经营活动中去。

北京同仁堂创建于 1669 年，在 300 多年的风雨历程中，始终恪守"炮制虽繁必不敢省人工，品味虽贵必不敢减物力"的古训，树立"修合无人见，存心有天知"的自律意识，打造了中国中药行业的金字品牌。自 1993 年在中国香港地区开设第一家同仁堂药店开始，同仁堂在境外累计咨询和诊疗的患者超过 2 000 万人次，数以亿计的境外人士认识了同仁堂。

同仁堂充分发扬了"以义取利，诚信为本"的传统经营理念。2006 年，由于供应中国澳门地区饮用水的珠海市水库海水倒灌，抽不到淡水，造成珠海、中国澳门长达四个月的“咸潮”期，自来水全部是咸水，根本无法饮用；矿泉水、纯净水价格上涨还时常脱销。同仁堂澳门药店有代客煎药服务，为了不影响疗效，药店改用纯净水煎药，并坚持煎药不涨价，宁可增大成本，也绝不降低疗效。那段时间煎药的顾客比平时明显增多，有位顾客说：“因为‘咸潮’，酒楼饮茶的茶位都涨价了，家里的水都咸了，喝你们煎的药味道还跟以前一样，真让我们放心。”同仁堂在澳门用纯净水煎药的做法，以实际行动诠释了同仁堂“以义取利，诚信为本”的经营理念，赢得了消费者对这家百年老店的充分信赖。

同仁堂将诚信为本的经营理念贯穿到其海外的日常经营活动中。2013年，在海外的同仁堂药店开业都举办了大型的义诊活动，药店经常开展中医专家到社区、学校举办中医药知识讲座活动。在新加坡，医师每月的第一个星期六为消费者提供义诊，每月定期举办健康讲座，围绕消费者普遍关心的问题提供中医药保健知识，并不因为义诊活动不收费而使服务质量打折。

七、积极参与当地公益事业，改善当地民生

“走出去”的很多中资企业在力所能及的范围内，义务为当地改善基础设施、医疗、教育等方面的落后状况，使东道国人民共享中国企业“走出去”成果。例如，在非洲，1/3 人口缺乏饮用水，有近半数的非洲人因饮用不洁净水而染病。为此，中国石化深入非洲边远地区，为村民建设饮水设施，安装太阳能发电装置，改善了当地健康卫生条件，提高了当地居民生活水平。在缅甸，中石油截至 2013 年底用于当地教育、医疗、卫生和赈灾的支出超过千万美元，累计援建 45 所中小学校，建成 24 个医院和医疗分站，改善当地 80 万居民的医疗环境，解决了他们用电难的问题。在苏丹，中石油集团累计捐建学校 35 所，为 7 万多名适龄儿童提供上学机会。在阿尔及利亚，中信建设公司在项目施工伊始就启动了巡回医疗义诊(所)，先后多次聘请多名国内的医疗专家组成中国医疗专家小组，义诊 6 000 多人次，解决项目沿线乡镇缺医少药，当地居民很多疾病不能得到及时治疗的难题，深受当地群众的赞扬和欢迎。在巴基斯坦，中冶建设集团在山达克地区的铜矿项目为周边村民提供免费医疗服务，每年投入超 5 万美元；并在该地兴建一所学校，免费供当地适龄儿童入学，学校全部费用由公司承担。在委内瑞拉，据不完全统计，中信建设公司在 2009—2012 年，在该国的社会住房项目帕玛索拉地块社会公益事业支出约 786.25 万玻利

瓦尔(约合 1 143 万元人民币)。在日本,2011 年 3 月发生 9.1 级地震和海啸后,联想公司为日本红十字会捐款 100 万美元,以支持救灾工作;此外,全球联想员工捐款 22 645 美元,联想日本捐款 11 700 美元,共计捐赠 34 345 美元的资金用以支持日本非营利组织 ASHINAGA 为日本孤儿提供经济和情感援助。在菲律宾,2013 年 11 月 8 日一场 5 级超强台风袭击给菲律宾带来了巨大的灾难:造成近 1 万人死亡,受台风影响的居民高达 1 600 万人,400 万人无家可归。因为通信线路等基础设施大规模损坏,受困群众很难联系亲人和救灾组织。毁灭性的台风发生后,菲律宾华为员工与当地运营商合作,迅速投入到恢复当地通信线路工作中,克服种种困难,在短短的两天内就恢复了各站点网络设备正常运作;除了竭尽全力为当地恢复网络通讯外,华为及当地员工还向菲律宾红十字会捐献了善款,为灾民提供经济援助,帮助灾民渡过难关。当地时间 2013 年 9 月 4 日清晨,中远集运"中远亚洲"轮在地中海西部海域收到阿尔梅利亚海事救援协调中心(MRCCALMERIA)转发的一艘游艇遇险信号后,立即调整航向,成功救助遇险游艇,受到西班牙海事救援协调中心的高度赞扬。

总而言之,中国企业"走出去"对外投资面临的风险固然很多,企业自身存在的问题也不少,但只要我们善于总结经验,不断地从失败中吸取教训,加强自身的修炼,中国企业"走出去"对外投资的路必将会越走越宽。

第十章 成为资本净输出国：从经济大国迈向经济强国

近年来，中国坚定不移地推进对外开放战略，在进一步敞开国门欢迎海外投资的同时不断加快企业走出去步伐，高质量“引进来”与大规模“走出去”同步进行正成为中国经济新常态的一大亮点。2014 年，中国对外直接投资继续高速增长，创下 1 231.2 亿美元的历史最高值，同比增长 14.2%。[①]自 2003 年中国发布年度对外直接投资统计数据以来，连续 12 年实现增长，2014 年流量是 2002 年的 45.6 倍，2002—2014 年的年均增长速度高达 37.5%。2014 年，中国对外直接投资与中国吸引外资仅差 53.8 亿美元，双向投资首次接近平衡，这对中国而言有着重大意义，标志着中国改革开放初期即遭遇的资金匮乏、外汇短缺的“双缺口”时代的彻底结束，进入国内资金相对充裕，有条件大规模开展对外投资，在全球范围内进行资源配置的新时代。中国从输出产品向输出资本的转变，对于全球投资格局、国际分工布局以及中国国内经济转型、产业结构升级等都将产生深远影响，这也是中国从经济大国迈向经济强国的重要标志。

第一节 中国对外直接投资实现高速增长

中国的对外直接投资，在改革开放之初经历了萌芽与初步发展之后，在加入世界贸易组织后实现了快速发展，最近 10 多年是中国对外投资的黄金时期，无论是数量、水平还是质量都达到了一个前所未有的新高度。

---

① 数据来源：商务部、国家统计局、国家外汇管理局：《2014 年度中国对外直接投资统计公报》。由于统计口径不完全相同，该数据与联合国贸发会议（UNCTAD）的统计略有出入，UNCTAD 发布的《世界投资报告(2015)》中 2014 年中国对外直接投资流量为 1 160 亿美元。

一、中国对外直接投资快速发展及其主要特点

改革开放以来,中国对外直接投资大致经历了萌芽(1979—1984 年)、起步(1985—1991 年)、发展(1992—2001 年)、起飞(2002—2007 年)、突破(2008 年以来)等几个阶段。在萌芽、起步和初期发展阶段,中国对外投资规模很小,20 世纪 80 年代年均不足 4 亿美元,90 年代年均只有 20 多亿美元。2001 年加入世界贸易组织后,在经济总量规模不断扩大和外汇储备大幅增长的背景下,中国政府正式提出"走出去"战略,对外直接投资开始进入稳定、高速、持续增长阶段,2008 年全球金融危机又为中国企业提供了跨国并购良机,推动中国对外投资实现突破性发展,2008 年中国对外直接投资流量突破 500 亿美元,2013 年突破 1 000 亿美元,2014 年达到 1 231.2 亿美元(图 10-1)。

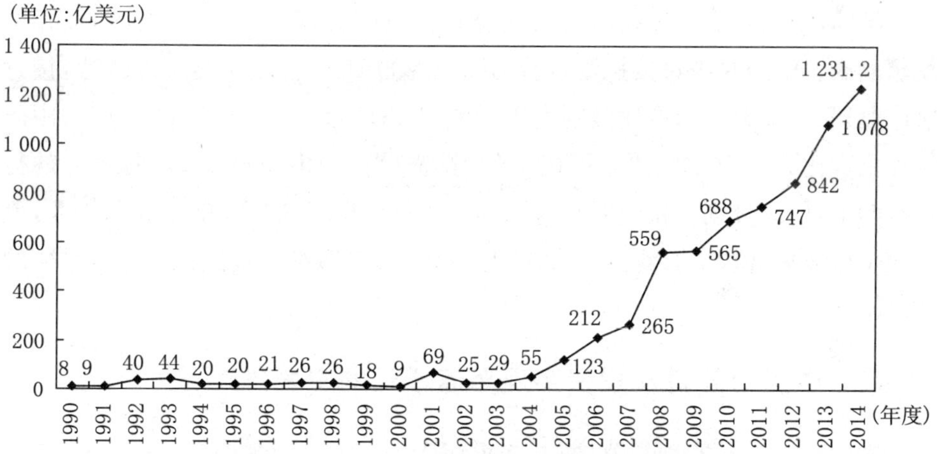

图 10-1　1990—2014 年中国对外直接投资的走势

数据来源:商务部、国家统计局、国家外汇管理局,《2014 年度中国对外直接投资统计公报》。

第一,中国对外投资流量快速增长,2014 年已接近中国吸收外商直接投资规模。2014 年,中国对外直接投资达到 1 231.2 亿美元的历史最高值,同比增长 14.2%。自 2003 年中国发布年度对外直接投资统计数据以来,连续 12 年实现增长,2014 年流量是 2002 年的 45.6 倍,2002—2014 年的年均增长速度高达 37.5%。2014 年,中国对外直接投资与中国吸引外资仅差 53.8 亿美元,双

向投资首次接近平衡。中国对外投资流量占全球比重从 2002 年的 0.5%大幅上升至 2014 年的 8.5%,位列全球第三位。

第二,中国对外投资存量规模不断扩大,首次步入全球前十行列。2014 年末,中国对外直接投资存量 8 826.4 亿美元,较上年末增加 2 221.6 亿美元,占全球外国直接投资流出存量的份额由 2002 年的 0.4%提升至 3.4%,在全球分国家地区的对外直接投资存量排名中较上年前进三位,位居第八,首次步入全球前十行列。

第三,中国对外直接投资遍布全球,已覆盖全球近八成的国家和地区。截至 2014 年底,中国 1.85 万家境内投资者设立对外直接投资企业近 3 万家,分布在全球 186 个国家(地区)。2014 年底,中国对外直接投资存量前 20 位的国家地区存量占总量的近 90%。据统计,对"一带一路"沿线国家的直接投资流量约为 136.6 亿美元,占中国对外直接投资流量的 11.1%。

第四,中国对外直接投资的行业分布比较广泛,第三产业投资流量、存量均超七成。中国对外直接投资涵盖国民经济的 18 个行业大类。2014 年,按三次产业划分,投资流量占比分别为 1.3%、25.3%和 73.4%;2014 年底三次产业存量占比分别为 1%、24%和 75%。投资存量规模超过 1 000 亿美元的行业有四个,依次分别为租赁和商务服务业、金融业、采矿业、批发和零售业,上述四个行业累计投资存量达 6 867.5 亿美元,占中国对外直接投资存量总额的 77.8%。

二、中国对外直接投资实现高速增长的主要推动力

中国对外投资实现高速增长,并正在逐步超过引资规模,即将成为资本净输出国,是全球化大趋势、中国经济发展、企业内生动力等多种力量共同推动的。

首先,近年来,投资超越贸易成为全球化的新特点,全球范围内投资便利化进程加快,无论是发达国家还是发展中国家对中国投资都有强劲需求。中国投资快速增长也带动了发展中国家整体对外投资的巨大发展,发展中国家对外投资流量总额从 2002 年的 446.7 亿美元大幅增长到 2014 年的 4 681.5 亿美元,占全球的比重从 2002 年的 8.5%大幅上升到 2014 年的 34.6%。

其次,中国通过 30 多年积极引进外资和鼓励商品出口,现已发展成为世

界第一货物贸易大国和第二大经济体,积累了巨额外汇储备,积聚了巨大生产能力,具备大规模对外投资的基本条件。与此同时,在加工制造和对外出口的成本优势逐步丧失以及金融危机后贸易保护主义抬头、贸易摩擦不断增加的情况下,中国加快推进"走出去"战略,扩大对外直接投资规模,以此优化在全球的资源配置,培育国际竞争新优势,促进国内经济结构调整,成为水到渠成的必然选择。

最后,中国企业在发展到一定阶段后,在资金、人才、技术等方面逐步具备对外投资的条件,并有着强烈希望到国际市场上整合战略资源、扩大市场份额、获取先进技术等内在动力。随着中国在对外投资领域改革步伐的推进,包括实行"备案为主,核准为辅"管理模式等,大大提高了中国企业境外投资便利化水平,特别是有利于促进民营企业和中小企业"走出去"。商务部统计显示,2013年中国对外投资存量中,非国有企业占比已达45%,中小企业渐成对外投资主角,企业自主对外投资的主体地位进一步确立。

第二节　中国成为资本净输出国意义重大

2014年11月28—29日,在中央外事工作会议上,习近平强调:"我们要坚持合作共赢,推动建立以合作共赢为核心的新型国际关系,坚持互利共赢的开放战略,把合作共赢理念体现到政治、经济、安全、文化等对外合作的方方面面。"中国对外直接投资蓬勃发展并将成为资本净输出国,这将可以为世界经济、贸易、投资的发展注入源源不断的资金与动力。遍布全球的中国境外投资企业给世界各国带去充裕的资本、成熟的制造能力、先进的基础设施以及充满活力的市场和大量的就业机会。中国企业在全球范围内投资布局和配置资源,不仅为中国经济的持续稳定增长提供能源、资源和市场的保障,同时还将为国内发展实现转型升级创造条件、拓展空间,推动中国企业向全球价值链中的高端进发,为中国经济获得国际竞争新优势提供可能。这是中国互利共赢开放战略的生动体现。

一、中国通过资本输出可以为世界繁荣与发展做出更大贡献

在中国开放型经济发展的前一阶段上,中国对世界经济的贡献主要是为

全球投资者提供巨大的市场、为全球消费者提供丰富多样的廉价优质产品，中国经济和贸易的高速增长成为拉动世界经济和贸易增长的重要引擎。

中国对外投资即将超过引进外资、成为资本净输出国，这标志着中国开放型经济发展将进入一个新阶段，中国给予世界的将不只是价廉物美的产品，还有巨大的投资与生产建设能力。2002—2013 年，中国对外直接投资高速增长，对全球和发展中国家对外直接投资流量的增量贡献分别达到了 11.9%和 25.7%。中国对外直接投资对东道国的贡献也十分突出，中国境外企业的销售收入近年来均实现两位数增长，中国非金融类境外企业销售收入从 2006 年的 2 746 亿美元大幅增长至 2013 年的 14 268 亿美元，增长四倍多。2013 年中国境外企业（含金融类）向投资所在国缴纳的各种税金总额达 370 亿美元，同比增长 67%。2013 年年末中国境外企业员工总数达 196.7 万人，其中直接雇用外方员工 96.7 万人，占 49.2%；来自发达国家的雇员有 10.2 万人，较上年增加 1.3 万人。

随着中国对外投资战略的持续推进以及中国企业国际化经营能力的不断增强，中国资本净输出的规模还会进一步扩大，其在全球发展的空间、发挥的作用、做出的贡献也将越来越大，中国的国际地位和国际影响力也将随之不断提升。

二、对外直接投资是培育中国国际竞争新优势的重要渠道

成为资本净输出国也意味着中国有条件通过在全球范围内的要素流动、资源整合、市场融合推动经济发展方式转型、产业结构升级、企业竞争力提升和国民收入增长。全方位、宽领域、多层次的对外投资可以为培育中国国际竞争新优势提供有力支撑和重要通道。

第一，通过对外投资，将中国一部分已经发展很成熟但国内产能相对饱和、生产成本不断提高的加工制造业和劳动密集型产业转移到该产业正在起步的国家，在中国资本优势的牵引下，充分利用东道国吸引外资的各种优惠措施，在这些国家里很快形成生产和出口能力，让低成本优势通过转移生产再次焕发生命力。

第二，通过对外承包工程或对外直接投资，充分发挥中国的工程建设能力与优势，在全球范围内建设性价比很高的基础设施，不仅可以为东道国的发展

创造条件、为其国民提供便利，也切实推动了中国装备制造业“走出去”。这一类投资还呈现出深化拓展的特点，比如铁路、核电等行业，通过近几年的大力推广与发展，开始具备全产业链“走出去”的条件，也即从原来承担工程建设为主延伸到产业链两端技术密集型的环节，从而可以从国际投资中获得更大收益。

第三，通过收购海外资源类企业股权，进行资源产业链的全球布局，这方面的投资既有国内企业独立或联合并购的形式，也有与东道国大型资源公司联合并购或与发达国家联合成立海外并购基金等形式。这一类并购不仅能弥补中国在资源方面的短缺，还有利于打通进入相应资源领域的渠道，一定程度上也能提升中国在全球资源市场上的定价权和话语权。

第四，有一部分中国企业通过对外投资，以委外加工、国外办厂等方式，可以有效应对来自贸易保护主义的挑战，规避对中国部分产品的“双反”调查。

第五，中国现在有越来越多在国内发展较好、有一定国际竞争力的国有企业和民营企业，依托资金充裕和国内产业链配套等优势，在欧美发达国家开展战略性投资，通过跨国并购等方式获取技术、品牌、营销网络等海外优质资产，逐步进入全球价值链的中高端，提升企业核心竞争力。这一类的对外投资是推动中国经济转型和产业升级最主要的力量，同时还能拉动国内上下游相关产业的发展。

第六，通过企业对外投资获得海外收益可以增加我们国家的国民总收入，在海外有投资业务的部分国内上市公司也为国内投资者提供了投资机会。中国对外投资还为国内直接或间接地提供了大量的就业岗位，2013 年在境外企业就业的中国员工就达到了 100 万人的规模，而国内为海外投资项目和工程建设提供中间产品和配套服务的上下游产业所增加的就业岗位就更多了。

第三节　中国对外投资道路将会越走越宽

一、中国对外直接投资存在进一步发展的巨大空间

一方面，我们要注意到，从量上看，中国的对外投资存量仅约占全球的 1/40、美国的 1/10、发展中国家的 1/8。中国与世界主要国家的差距依然很

大，而在质上的差距可能更大，与中国作为全球第二大经济体的地位还不太匹配。我们还注意到，从泰国“大米换高铁”的起伏波折到墨西哥高铁项目的频发变故，从缅甸政府叫停密松水电站项目到希腊新政府叫停比雷埃夫斯港股权收购项目，似乎都在告诉我们中国对外投资面临各种风险，中国企业“走出去”之路并不平坦。

另一方面，我们更需要看到的是，在全球对中国投资的吸引拉动下，中国企业走出去的内在涌动下，和中国政府在战略和政策上的积极推动下，中国资本走出去的势头正劲，对外投资发展前景广阔。

据估计，按照中国近年来对外投资的发展速度，从现在起，再经过 10 年左右的时间，中国对外投资流量有望达到 3 000 亿美元左右，对外直接投资存量有望接近 3 万亿美元。到那个时候，中国或许才能名副其实地成为对外投资大国和世界经济强国。

二、合力推动中国“走出去”战略，逐步实现由大走强

中国改革开放头 30 多年里，中国与世界的主要经济交往方式是引进外资和进出口贸易，中国政府和企业占据比较大的主场优势。未来 30 年，作为重要的资本净输出国，中国对外经济交往的重心将转向对外直接投资，中国将站在世界大舞台上，面对全球投资大棋局，中国企业不仅要凭借战略支持、资金实力、市场优势大规模地“走出去”，还要精通规则、遵循惯例、善于交流从而更深入地“走进去”，更要注重创新、打造品牌、赢得尊重进而更体面地“走上去”。

就当前而言，中国应该抓住欧美发达国家在经历较长时期低迷后经济复苏步伐有所加快、投资机会逐步增加的“窗口期”，把握新兴经济体整体性崛起、相互间投资大幅增加的“机遇期”，用好大一批亚非拉发展中国家正在进入高速发展前期的“时间差”，大规模推进不同类型、不同层次、不同领域的对外直接投资。

在这个过程中，中国“走出去”的企业需要有开阔的全球视野、清晰的发展战略、互利共赢的投资理念、强烈的社会责任意识、国际化运营的体制机制、严密的风险防范体系、一定规模的国际化人才储备和灵活多样的经营策略等，发挥在对外投资中的主体作用，逐步成长壮大为具有核心竞争优势的全球性跨国公司。中国企业的走出去，还离不开金融、会计、律师、保险、咨询等本土中

介机构的国际化、专业化服务，以及国内媒体舆论、行业协会、智库研究等社会力量的广泛支持。

中国政府则要为企业走出去提供坚强后盾，一是在规则上，积极参与全球经贸投资规则的制定与改革，同时建立我们国家更加广泛的自由贸易区和双边投资协定网络，为中国对外投资拓展更大空间；二是在管理上，进一步深化改革、简政放权，提高境外投资的便利化程度，加强事中事后监管，提供宏观指导，帮助企业、推动企业更好地“走出去”；三是在战略上，通过推动“一带一路”国家重大战略及亚洲基础设施投资银行、金砖国家开发银行和丝路基金等重大措施的落地与实施，为中国企业走出去提供广阔机遇和有力支撑；四是在维权上，切实加强海外利益保护机制建设，保障中国境外投资企业合法和正当的权益。

中国企业、政府、社会等各方力量共同配合、合力推动“走出去”战略，中国对外投资的道路就会越走越宽，中国经济强国建设的步伐就会越走越踏实。

主要参考文献

[1] Asian Development Bank(2012), Infrastructure for Supporting Inclusive Growth and Poverty Reduction in Asia, Printed in Philippines, ADB Press.

[2] Buckley, Peter(1996), "Government Policy Responses to Strategic Rent-seeking", pp.1—15.

[3] Dunning, John H.(1992), Multinational Enterprises and Global Economy[M], Addison-Wesley Publishing Company, pp.82—83.

[4] UNCTAD(2009), "Assessing the Impact of the Current Financial and Economic Crisis on Global FDI Flows", United Nation published.

[5] 白远.中国企业对外直接投资的动机演变——宏观和微观层面的分析[J].《国际经济合作》,2009(4):10—14.

[6] 布雷耶.规制及其改革[M].李洪雷等,译.北京:北京大学出版社,2008.

[7] 陈漓高.中国企业跨国经营环境与战略研究[M].北京:人民出版社,2009.

[8] 邓利华.我国外商直接投资发展历程、特征及评价分析[J].现代商贸工业,2010, 22(3):7—8.

[9] 古广东.对外直接投资与母国经济利益:理论分析与实证研究[M].中国社会科学出版社,2013.

[10] 国际货币基金组织.世界经济展望最新预测[R].2014 年 7 月 24 日.

[11] 国际贸易经济合作研究院联合课题组.谁审批谁监管　谁投资谁负责——中国企业"走出去"战略管理政策分析及改革思路[J].国际贸易,2002

(7):4—11.

[12] 国家发改委、外交部、商务部.推动共建丝绸之路经济带和21世纪海上丝绸之路的愿景与行动[R].2015年3月.

[13] 国家商务部、国家统计局、国家外汇管理局.2010年度中国对外直接投资统计公报[R].2011年9月.

[14] 国家商务部、国家统计局、外汇管理局.2002—2014年中国对外直接投资统计公报[R].中国统计出版社.

[15] 国务院.关于化解产能严重过剩矛盾的指导意见[R].2013年10月.

[16] 何帆、姚枝仲等.中国对外投资:理论与问题[M].上海:上海财经大学出版社,2013.

[17] 何力.中国海外投资战略与法律对策[M].北京:对外经济贸易大学出版社,2009.

[18] 黄益平、何帆、张永生主编.中国对外直接投资研究[M].北京大学出版社,2013.

[19] 金成华.国际投资立法发展现状与展望[M].北京:中国法制出版社,2009.

[20] 梁咏.中国投资者海外投资法律保障与风险防范[M].北京:法律出版社,2010.

[21] 刘志雄.中国对外投资的现状分析及路径选择[J].《中国物价》,2011(2):61—65.

[22] 卢进勇、李秀娥.中国双边及区域投资制度安排:特点、作用及建议[J].《亚太经济》,2013(1):99—104.

[23] 卢进勇、闫实强.中国对外投资促进与服务体系建设的演进、成绩和前景展望[J].《国际贸易》,2012(1):18—22.

[24] 卢力平.中国对外直接投资战略研究[M].北京:经济科学出版社,2010.

[25] 裴长洪、樊瑛.中国企业对外直接投资的国家特定优势[J].《中国工业经济》,2010(7):45—54.

[26] 裴长洪、郑文.国家特定优势:国际投资理论的补充解释[J].《经济研究》,2011(11):21—35.

[27] 裴长洪主编.中国对外经贸理论前沿(4)[M].北京:社会科学文献出版社,2006.

[28] 商务部.国别贸易投资环境报告[R].2003—2014.

[29] 商务部.中国对外投资合作发展报告[M].上海:上海交通大学出版社,2010—2014.

[30] 司徒凡.中国的海外投资:为何步履艰难?以及应如何应对[J/OL].香港中美聚焦网,2014年5月19日。

[31] 孙建中.资本国际化运营——中国对外直接投资发展研究[M].北京:经济科学出版社,2002.

[32] 田素华.外商直接投资进入中国的结构变动与效应研究[M].中央编译出版社,2013.

[33] 王峰.中国企业对非洲投资存在的问题与风险分析[J].《对外经贸》,2012(4):34—35.

[34] 王习农.跨国并购中的企业与政府[M].北京:中国经济出版社,2005.

[35] 吴先明.中国企业对外直接投资论[M].北京:经济科学出版社,2003.

[36] 习近平.共同维护和发展开放型世界经济——在二十国集团领导人峰会第一阶段会议上关于世界经济形势的发言[R].俄罗斯圣彼得堡,2013年9月5日.

[37] 谢皓.跨国并购与中国企业的战略选择[M].北京:人民出版社,2009.

[38] 辛清泉.政府控制、资本投资与治理[M].北京:经济科学出版社,2009.

[39] 杨春桃编.中国企业海外并购及东道国法律规制典型案例分析[M].北京:首都经济贸易大学出版社,2014.

[40] 杨大楷、李增春、杨晔.中国企业对外直接投资研究[M].北京:立信会计出版社,2006.

[41] 余劲松.跨国公司法律问题专论[M].北京:法律出版社,2008.

[42] 张为付.国际直接投资比较研究[M].北京:人民出版社,2008.

[43] 张幼文等.金融危机冲击下的世界经济格局[M].上海社科院出版社,2010.

[44] 张幼文等.金融危机后的世界经济:重大主题与发展趋势[M].人民

出版社，2011.

[45] 张幼文等.开放升级的国际环境[M].上海社科院出版社，2013.

[46] 张幼文等.开放转型的政策创新[M].上海社科院出版社，2014.

[47] 张幼文等.强国策[M].人民出版社，2013.

[48] 赵晓笛.中国对外直接投资长期发展趋势[M].北京：新华出版社，2008.

[49] 中共中央、国务院.关于构建开放型经济新体制的若干意见[R].2015年5月5日.

[50] 中共中央.2014年中央经济工作会议[R].2014年12月9日.

[51] 中共中央.中共中央关于全面深化改革若干重大问题的决定[R].2013年11月18日.

[52] 中共中央.中华人民共和国国民经济和社会发展第十二个五年规划纲要[R].2011年3月16日.

[53] 中共中央.中华人民共和国国民经济和社会发展第十个五年计划纲要[R].2001年3月15日.

[54] 中共中央.中华人民共和国国民经济和社会发展第十一个五年规划纲要[R].2006年3月14日.

[55] 中华人民共和国商务部、中华人民共和国国家统计局、国家外汇管理局.2013年度中国对外直接投资统计公报[M].中国统计出版社，2014.

[56] 中华人民共和国商务部.国别贸易投资环境报告2014(国别系列)，2014年，国家商务部网站，http://gpj.mofcom.gov.cn/article/d/cw/201404/20140400552638.shtml.

[57] 中华人民共和国商务部.中国对外投资合作发展报告(2014)[R].

[58] 周立群、李京晓.海外投资整体战略布局亟待调整[J].《经济研究参考》，2011(66)：4—7.

[59] 周立群、李京晓.中国企业海外直接投资的难题与应对策略[J].《东岳论丛》，2012(11)：158—162.

[60] 朱华.中国对外直接投资的发展路径及其决定因素研究[M].北京：中国社会科学出版社，2012.

图书在版编目(CIP)数据

中国企业对外直接投资与全球投资新格局/赵蓓文等著.—上海:上海社会科学院出版社,2016
ISBN 978-7-5520-1366-5

Ⅰ.①中… Ⅱ.①赵… Ⅲ.①企业-对外投资-直接投资-研究-中国②国际投资-研究 Ⅳ.①F279.23 ②F831.6

中国版本图书馆 CIP 数据核字(2016)第 080383 号

中国企业对外直接投资与全球投资新格局

著　　者:赵蓓文等
责任编辑:王　勤
特约编辑:张　晶
封面设计:黄婧昉
出版发行:上海社会科学院出版社
　　　　　上海顺昌路 622 号　邮编 200025
　　　　　电话总机 021-63315900　销售热线 021-53063735
　　　　　http://www.sassp.org.cn　E-mail:sassp@sass.org.cn
照　　排:南京理工出版信息技术有限公司
印　　刷:上海信老印刷厂
开　　本:720×1020 毫米　1/16 开
印　　张:13
插　　页:2
字　　数:205 千字
版　　次:2016 年 10 月第 1 版　2018 年 6 月第 2 次印刷

ISBN 978-7-5520-1366-5/F·389　　定价:45.00 元